책 선택 전략을 활용한 다양한 책 읽기 지도

— 자기 주도적 독자의 탄생 —

한국초등국어교육연구소 미래엔 연구총서 ㉞

책 선택 전략을 활용한 다양한 책 읽기 지도
— 자기 주도적 독자의 탄생 —

초판 1쇄 발행 | 2024년 5월 15일

지은이 | 신의경

펴낸이 | 신광수

펴낸 곳 | (주)미래엔

등록 | 1950년 11월 1일(제16-67호)

주소 | 06532 서울특별시 서초구 신반포로 321

전화 | 02.3475.4092(영업) 02.3475.4079(편집)

팩스 | 02.541.8179

홈페이지 | www.mirae-n.com

ISBN 979-11-6841-838-7

※ 잘못된 책은 구입처에서 바꾸어 드립니다.

한국초등국어교육연구소
미래엔 연구총서 ㉞

책 선택 전략을 활용한 다양한 책 읽기 지도

- 자기 주도적 독자의 탄생 -

신의경

✱ 머리말

질문으로부터: 책 선택 학습이 필요한가?

나의 연구 주제 '자기 주도적 독서력을 기르는 책 선택 학습'에 대하여 설명할 때면 동료들은 늘 "책 선택 학습이 필요한가?"라고 묻는다. 독서 교육에 열정적이며 능숙한 독자이기도 한 교사들은 독서 방법 못지않게 책을 읽고 즐기는 태도가 중요하다고 여기며 독서 능력에 따라 책 선택 능력도 자연스럽게 길러진다고 생각한다. 나 또한 이 생각에 동의하지만 독서를 지도하는 교사로서 늘 독서 능력이 자연스럽게 길러지지 않는다는 문제에 직면하고 있다.

독서의 가치는 독서를 통해서만 획득되기에 독서 교육 현장에서는 독서의 매튜 효과✱를 기대하며 다양한 방법으로 지도하고 있다. 초등학교 고학년만 되어도 긍정적인 독서 태도를 갖추고 독서 능력이 뛰어난 학생들이 있으나, 독서 교육 현장에는 반매튜 효과 역시 나타난다. 많은 학생이 책을 즐겨 읽지 않으니 독서 능력과 독서 태도에서 벌써 차이가 나타나고 향후에 독서와 학습의 격차가 점점 심해질 것이 분명해 보인다.

열정적인 교사의 바람과는 달리 독서라는 즐겁고 신나는 일은 그저 쉽게 습관화되지 않는다. 독서의 반매튜 효과를 일으키는 요인은 개별적이고도 복합적이겠지만 나는 오랫동안 독서의 시작점이라고 할 수 있는 책 선택 단계에서 어려움을 겪는 학생들을 발견하였다. 자신에게

✱ 독서의 매튜 효과(Matthew effect)는 긍정적인 독서 태도가 독서에 미치는 영향을 나타낸다. 책을 많이 읽을수록 읽기의 기능이나 전략을 활용하여 읽는 독서 경험이 축적되므로 주도적인 독자로 성장할 것으로 기대된다.

맞는 책을 선택하는 데 시간이 오래 걸리며, 겨우 책 읽기를 시작하더라도 독서에 만족감을 느끼지 못하는 학생들은 결국 독서의 즐거움을 깨닫지 못한다.

그러나 지금까지 독서 교육에서는 책 선택을 독자의 주도적인 독서 행위로 다루지 않음으로써 책 선택 단계의 어려움을 독서를 방해하는 요인으로 인식하지 못하였다.

나는 독서의 시작점에서 학생들이 겪는 책 선택의 어려움을 해결한다면 성공적으로 독서의 즐거움을 알게 되지 않을까 기대해 보았다. 책 선택은 독자가 가장 먼저 해야 할 행위이므로 학생들이 자신을 '독자'로 인식하고 스스로 '자신에게 맞는 책을 선택'하도록 독자 교육에 초점을 두어 지도하였다.

책 선택 학습에서 가장 먼저 발견되는 변화는 학생들이 자신이 선택한 책에 높은 독서 동기를 갖는다는 점이다. 학생들은 스스로 선택한 책이 조금 어렵더라도 끝까지 읽으려고 노력하며 성공적인 독서 경험을 통해 스스로를 '책을 잘 읽는 독자'라고 여기기 시작한다.

학생들은 "책 읽기가 재미있어졌다."라고 독서의 변화를 성찰하는데 그 이유를 물으면 "재미있는 책을 선택했으니 당연하다."라고 말한다. 다시 어떤 책이 재미있는 책이냐고 물으면 학생들은 "나에게 맞는 책이 재미있는 책이다."라고 대답한다. 독서 전반에 긍정적인 변화로 나타나는, '나에게 맞는 책'을 선택하고 읽는 '재미'를 의미 있게 받아들이고 해석할 수 있다.

먼저 학생들은 자신의 수준에서 읽을 수 있고, 이해할 수 있고, 해석할 수 있는 책을 읽으면서 성공한 독서의 만족감을 재미로 표현한다. 이제 저마다 관심과 흥미, 독서 능력에 따라 독자에게 적합한 책은 다르다는 관점을 갖게 되면서 더 이상 자신이 읽는 책의 수준을 비교하거나 부끄럽게 생각하지 않고 독서를 즐기게 된다.

또한 책을 이해하고 해석하는 과정에서 발견한 다양성에서 재미를 찾는다. 책 속에서 자신이 이해하고 있는 세상의 다양성을 문학적으로, 비문학적으로 연관 지어 해석할 때 학생들은 재미있다고 표현한다. 그 이해를 바탕으로 지금까지 알지 못했던 새로운 다양성과 관점에 접근하면서 독서의 재미를 알아 가게 된다. 바로 스스로 선택한 책은 독자의 비계(scaffolding)에 있어서 독자와 세상을 연결하는 독서가 가능해지기 때문이다.

그리고 학생들은 자신에게 맞는 책을 선택하는 과정 또한 재미있다고 표현한다. 책 선택 과정은 자신의 독서 능력에 대한 메타 인지를 바탕으로 책의 난이도와 흥미도를 결정하는 성찰의 과정이기 때문에 학생들은 책을 선택할 때마다 자신의 독서 능력이 진화하고 있음을 깨닫게 된다. 책을 잘 선택할 수 있다는 자신감은 독서를 조절하는 적극적인 태도로 나타난다.

이렇게 독서의 재미를 발견하고 주도적 독자로 탄생하는 학생들의 변화로부터 나아가 비판적 사고력을 기르는 독서 지도의 가능성을 찾을 수 있다. 독서를 통해 비판적 사고력을 기르기 위해서 독자는 우선적으로 자신의 독서 수준에 맞는 책을 선택하고 읽어야만 자신의 관점과 정체성을 파악할 수 있다. 그리고 다양한 관점을 끌어와 작가의 관점을 비판적으로 해석해 나아갈 수 있다. 독자 중심으로 주도적으로 책을 선택하고 읽어 나갈 때 독자와 작가의 관계에 동등한 지위를 부여하며 능동적으로 의미를 해석하게 하는 비판적 사고력이 길러진다.

　그러므로 독서 교육에서는 책 선택이 독서의 주체인 독자의 첫 독서 행위이며, 독서의 전 과정에 영향을 미치는 독서의 시작점임을 인식할 필요가 있다. 우리는 책을 읽을 때마다, 책을 선택할 때마다 그 책의 독자로 탄생하는 순간으로부터 학습자가 독자로서 배워야 할 지식과 기능을 지도할 수 있다. 바로 독서의 중심에 독자를 두고 책 선택의 주도성을 바탕으로 자기 주도적으로 독서를 조절하는 학습을 구성할 수 있게 된다.

　이 책의 목적은 책 선택 학습에서 발견한 자기 주도적 독서 지도의 가능성을 새로운 관점과 방법으로 제시하는 것이다. 기본적으로 독자 중심으로 다양한 책을 찾아 읽는 주도적인 독서 상황을 구성하고 독자가 자신의 독서를 조절하는 과정을 학습하는 데 중점을 두었다.

　이 책에서 제시한 방법과 관점이 동료들의 뛰어난 독서 지도 능력과 협력적으로 활용되기를 바란다. 독서와 학습의 맥락에서 다양한 관점을 해석하는 독서 교육이 가장 잘 이루어질 수 있는 곳이 바로 문식 공동체인 교실이기 때문이다. 학생들이 어떻게 독자로서 능력의 진화를 경험하고 독자 효능감을 길러 가는가에 초점을 맞추어 이 책을 활용해 주길 부탁드린다.

　처음에 나는 학생들이 정성스럽게 가꾼 도서관에서 아이들이 책을 골고루 읽기를 바랐다. 그러려면 책을 읽히는 게 아니라 학생들에게 다양한 책이 있음을 알게 하고 다양한 책을 찾아 읽는 독서 방법을 지도해야 했다. 그런데 책 선택 학습에 대한 학생들의 피드백을 분석하고 정리하다 보니 책 선택 학습의 중심은 책 선택 전략이 아니라 학생들에게서 발현된 선택의 주도성이라는 성찰에 이르렀다.

학생들은 자기 주도적인 책 선택을 통해 선택에 대한 개념적 이해를 배워 나간다. 선택이란 주어진 선택지 중에 택일을 의미하지 않는다. 더 나은 선택을 위해 자신에게 필요한 정보가 무엇인지 파악하고, 그 정보에 접근하기 위해 필요한 기능을 갖추고 정보를 활용한 결정을 피드백하는 것이다. 나는 이제 학생들이 주도적 독자로서 자신을 성찰하고 조금씩 선택의 개념에 접근해 가기를 바란다.

이 책의 출판을 위해 적극적으로 지원해 준 미래엔 출판사에 감사를 드린다. 자료를 정리하면서 거듭한 성찰에 따라 수정을 반복하였고, 교사들이 이해하고 현장에서 활용하기에 적합한 책을 만들고 싶은 의지를 공감하고 도와주셨다. 이 연구를 통해서 독서 교육 현장에서 독자 효능감을 기르는 책 선택 학습에 대한 논의가 더욱 활발해지길 기대한다.

연구를 시작한 때부터 오랜 시간이 걸려 이 책을 마무리하게 되었다. 책을 쓰는 동안 내내 스스로 부족함을 깨달았으며, 성찰의 결과로 지금 여기에 있음이 기쁘다.

책 선택 학습의 연구에 대하여 초등 교사의 책무를 일깨우고 늘 응원해 주신 신헌재 교수님, 처음부터 끝까지 부족한 학생의 공부를 이끌어 주신 이경화 교수님께 감사의 말씀을 올린다. 그리고 초등 교사로서 연구자로서 국어 교육 현장에서 성찰하는 모습으로 나를 가르쳐 온 소중한 벗 김윤옥 박사님께 사랑을 전한다. 늦깎이 학생의 모자란 공부를 도와준 한국교원대학교 선후배님들과 동기들께 오래된 마음을 전해 드린다.

실로 오랜 기간 연구 주제를 품고 다녔다. 덕분에 교사로서 늘 아이들

옆에 있을 수 있었고 외로운 날에도 슬프지 않았다. 이 연구의 시작과 끝, 모든 과정에 있는 미르초등학교와 동료들께 감사드린다. 교육의 답은 늘 현장에 있기에 나의 연구는 늘 미르초등학교와 도서관에서 한 걸음씩 발전했다. 아픈 기간 동안에 큰 배려를 받았고, 언제나 응원해 주고 적극적으로 도와준 동료들 덕분에 아이들 옆에서 이 책을 만들어 갈 수 있었다. 베풀어 주신 은혜에 고개 숙여 감사드린다.

책 선택 연구의 필요성을 공감하고 아낌없이 도와준 윤보영 선생님께 깊이 감사드린다. 책 선택 학습 방법을 현장에 적용하고 학생의 반응을 적극적으로 피드백해 준 김묘정 선생님, 성하정 선생님께 깊이 감사드린다. 학생의 주도성을 이끌어 내는 교사의 성찰을 깨닫게 해 준 Katherine Khan 교수님께 행복한 학생으로서 감사를 드린다. 더불어 항상 따뜻하게 감싸 준 친구들에게 사랑의 말을 전한다.

"엄마는 책 선택을 공부해."라고 말하던 용찬이와 현채에게 마무리하는 모습을 보여 줄 수 있어 다행스럽고 기쁘다. 나의 엄마도 기뻐해 주셨으면 좋겠다. 걱정 끼친 가족들에게 미안함과 오랜 동안 가정을 돌보느라 애쓴 미스터 손에게 고마움을 전한다. 아직도 마음에 남은 고마운 이름들을 하나 둘 불러 본다. 소중하고 고마운 마음 옆에서 마냥 좋다. 지금까지 '늘 힘내'라는 목소리에 기대어 왔다. 이제 씩씩한 목소리로 대답한다.

"사랑하는 님도 늘 힘내세요."

2024년 5월
신의경

차례

일러두기 ·· 12

1부 독자의 책 선택 – I Choose My Books

1장 I – 독자 ·· 17
  1. 나는 독자다 ·· 17
  2. 책 선택 권리 ·· 24

2장 Choose – 선택 ·· 33
  1. 주도성과 선택 부담 ·· 33
  2. 판단 – Throw it away! ·· 35

3장 My Books – 독자의 책 ·· 38
  1. Right Book ·· 38
  2. 의사소통하는 책 ·· 52
  3. 선택되는 책과 금지되는 책 ·· 58

2부 책 선택 학습의 방향 및 교수·학습 접근

1장 다양한 책 읽기 탐구 ·· 79
  1. 실제적 독서 상황 ·· 79
  2. 배경지식 활성화하여 읽기 ·· 83

2장 리서치 기능 87
  1. 시스템 리터러시와 정보 리터러시 87
  2. 출처 정보 다루기 88

3장 선택의 개념과 기술 91
  1. 선택의 개념적 이해 91
  2. 독립적이고 협력적으로 성찰하기 94

3부 책 선택 전략 학습

1장 독자 자기 인식 104
  1. 학습 중점 105
  2. 독자의 탄생 109
  3. 독자 자기 점검 112
  4. 학습 독자의 반응 및 기대 효과 116

2장 북매치 125
  1. 학습 중점 126
  2. 북매치 - 독자와 책 연결하기 131
  3. 문학책 찾아 읽기 139
  4. 학습 독자의 반응 및 기대 효과 156

3장 한국 십진분류표 · 163
1. 학습 중점 · 165
2. 한국 십진분류표(KDC) · 170
3. 정보책 찾아 읽기 · 187
4. 학습 독자의 반응 및 기대 효과 · 213

4장 주제 통합 자료 검색 · 223
1. 학습 중점 · 224
2. 주제 통합 자료 검색 – 독서로 · 230
3. 주제 통합 독서 방법 · 245
4. 학습 독자의 반응 및 기대 효과 · 253

4부 다양한 책 읽기 지도의 실제

1장 다양한 책 읽기 지도 절차 · 262
1. 책 선택 전략 안내하기 · 264
2. 책 선택하기 · 265
3. 책 읽기 · 267
4. 공유와 평가하기 · 270

2장 다양한 책 읽기 프로그램 · 272

1. 독자 자기 인식 전략 ABC · 273
2. 북매치 전략 ABC · 274
3. 한국 십진분류표 전략 ABC · 276
4. 주제 통합 검색 전략 ABC · 277

3장 교과 연계 지도 사례 · 280

1. 그림책 찾아 읽기 · 281
2. 교과 독서 시작하기 · 284
3. 독서 단원과 국어과 내 통합 · 288
4. 독서 단원과 내용교과 통합 · 293

참고 문헌 · 303

부록 · 312

일러두기

　이 책의 내용은 책 선택 학습에 대한 필요성과 방법에 대하여 학교 현장에서 발견한 장면을 바탕으로 분석하고 해석한 결과이다. 책 선택 과정은 책, 독자, 상황 맥락 등 다양한 요인이 복합적으로 작용하면서 독자의 인지적이고 정서적인 요인이 함께 적용되는 독서의 과정이다. 책 선택 학습 또한 이러한 다양한 요인이 상호 작용하고 있기에 독서 교육 현장에서 발견되는 장면들에서 여러 요인을 찾고 안내하고자 한다. 이는 나의 관점에 따른 발견과 해석이기에 이 책을 읽는 동료들은 같은 장면에서도 나와 다른 해석을 하고 다른 방법을 개발할 수도 있을 것이다.
　이 책에서는 독서 교육의 장면에서 관찰된 의미를 분석하고 안내하고자 우리가 교실에서 발견할 수 있는 장면들을 해시 태그를 달아서 설명한다.

　# 학습 독자들에게 – 수업의 장면에서 학생들에게 설명하는 부분이기에 동료 교사에게 수업의 장면이 보이듯이 썼다. 책 선택 학습에서 학생들의 수준에 맞게 활용할 수 있다.

　# 독서 교육의 장면 – 책 선택 학습과 관련된 장면에서 발견되는 학생과 교사의 행동과 시각을 제시하고 지도 방법과 연결하여 설명하였다.

 # 학생의 반응 – 책 선택 학습을 진행하면서 학습의 요소와 관련하여 나타난 학생의 반응을 중심으로 지도 방법과 연결하여 설명하였다.

 # 확장하기 팁 – 책 선택 과정과 방법을 지도할 때는 복합적인 요인에 의해 학습 결과가 나타난다. 따라서 학생이 이해한 수준에 따라 학습을 적용하고 확장할 필요가 있다. 교사가 학습의 맥락에서 학생의 반응을 바탕으로 지도 요소를 확장할 수 있는 팁을 제시하였다.

 # 제안하기 – 책 선택 학습에서 교사로서 학습 활동으로 조절하지 못하는 부분을 개선점으로 제안하였다.

 # 교과 연계 지도 사례 – 책 선택 방법을 교과와 연계한 지도 사례를 제시하였다. 동료 교사가 운영한 사례도 함께 포함되며, 독서 준비 단계에서 책 선택을 다루는 2022 개정 국어 교육과정의 '독서 단원'과 연계하여 제시하였다.

우리가 책 선택의 주도성을 학생에게 주는 손쉬운 방법은 학생들의 독서 과정에서 늘 '책 선택'에 대해 말하는 것이다.

1부

독자의 책 선택

1장 I - 독자
2장 Choose - 선택
3장 My books - 독자의 책

읽기는 폭넓은 맥락에서 반복되는 학습의 과정이기에 다양한 책을 읽어 가는 동안 독서 능력이 길러진다. 그래서 책 선택 학습에서는 다양한 책의 특성과 읽기 방법을 탐구한다. 책 선택 학습의 목적은 독서 교육을 시작하는 초급 독자[1]가 독자 중심의 책 선택 방법을 활용하여 다양한 책의 특성을 알고 읽기 방법을 다르게 읽어야 한다는 것을 알게 하는 것이다. 학생들은 독서 상황에서 문학책과 정보책을 읽으면서 다양한 책의 특징에 맞는 읽기 방법을 학습하게 된다. 그 결과로 초급 독자는 다양한 책의 특성을 알고 책의 특성에 맞는 읽기 방법을 적용하여 읽어야 함을 알게 된다.

그러므로 책 선택 학습은 독자가 다양한 책을 선택하고 읽는 데 필요한 지식과 기능을 익히는 것을 목표로 한다. 1부 '독자의 책 선택'에서는 '읽을 책을 내가 선택한다(I choose my books.)'는 독자의 관점에서 책을 선택하는 과정과 의미를 살펴보고자 한다. 특히 독서 교육 현장에서 학생들이 독자로서 책을 선택하는 과정과 의미를 분석함으로써 책 선택 학습에 반영해야 할 학습 요소를 파악하고자 한다.

---

[1] 이 책은 자신을 독서의 주체로 인식하는 '독자'가 갖추어야 할 기능과 역할을 기르는 방법에 관한 책이다. 이 책에서 '초급 독자'는 독서 교육을 시작하는 단계의 독자로, 기본적으로는 초등학교의 읽기 학습자를 의미한다. 초급 독자는 읽기 학습과 독서 경험을 통해 읽기 기능을 기르고 읽기 기능을 전략으로 활용하여 다양한 책을 능숙하게 읽는 독자로 성장하게 된다. 따라서 이 책에서는 능숙한 독자의 기능과 역할을 배워 가는 단계에 있는 독자로 '초급 독자'를 지칭한다.

1장 | I - 독자

1 나는 독자다

　독서, '책을 읽는다'는 행위를 하는 사람이 독자다. 독자가 책을 읽기 위하여 하는 행위는 '책 선택하기'와 '책 읽기'이다. 지금까지 독서 교육에서는 학습자가 책을 잘 읽을 수 있게 독해 방법을 가르치고, 책을 많이 읽어 독서 태도가 길러지도록 지도해왔다. 즉 책을 많이 읽고 잘 읽을 수 있도록 지도하는 데 중점을 두었다.

　대부분의 독서 과정 지도 모형에서는 텍스트와 독자를 주어진 결합으로 간주하면서 독자가 텍스트를 인식하기 시작하는 지점을 읽기 행위의 시작점이라고 본다. 주어진 텍스트를 해석하는 방법에 대한 학습에서 학생들이 선호하는 텍스트를 선택하거나 설명하는 것을 기반으로 학생들과 텍스트를 일치시키는 과정을 거치지 않았음에도 읽기 행위의 첫 번째를 실행한 것으로 간주된 채 학생들은 전체적으로 나머지 읽기 행위를 정해진 대로 따라간다. 그 결과 읽기 교육에서 책 선택이 독서 능력의 필수 요소라는 사실과 선택의 자율성이 독서를 강력하게 만든다는 것을 깨닫지 못하였다(Frnak Hatt, 1976: 66~67).

　제한된 텍스트, 특히 교과서에 제시된 텍스트로 읽기 방법을 익히는 읽기 학습에서 텍스트를 선택하는 독자의 행위는 존재하지 않았다. 그러므로 읽기 교육에서 텍스트(책) 선택이 독자가 자신의 독서를 조절하기 위한 필수 과정임을 학생도 교사도 인식하지 못하였다. 책 선택 학습에서는 읽기 학습에서 다루지 못하고 있는 독자의 책 선택을 독서 능력의 필수 요소로 다루고자 한다. 책 선택 학습에서 학습자는 초급 독자로서 다양한 책을 선택하고 읽는 능숙한 독자가 가진 독서 능력을 익혀 나가게 된다.

읽기 교육에서는 학습의 제한점에 따라 텍스트 수준에서 읽기를 위해 학습한(Learning to Read) 읽기 전략을 실제 독서에서 활용하기를 기대한다. 국어과 학습에서 읽기 방법을 배우는 장면에서 학생들은 학습자이지만, 실제 개별 독서를 하는 장면에서 학생들은 비로소 독자가 된다. 학습한 읽기 방법을 활용해 실제 독서를 해야만 읽기 기능이 길러지는 읽기의 특성을 고려할 때 실제 읽기 장면에서 주도적으로 개별 독서를 하는 독자를 기르는 것이 읽기 교육의 목표가 된다. 그러나 실제적인 개별 독서가 쉽게 일어나지 않음에 따라 학습자가 모두 주도적인 독자로 전환되지는 않는다. 그러므로 읽기 학습에서 읽기 방법을 배우는 학습자는 실제 독서 상황에서 스스로 읽을 책을 선택하여 읽는 독자와 조금은 다른 층위에 있음을 인식할 필요가 있다.

읽기 학습에서 학습한 읽기 방법을 실제적인 읽기에 적용하여 읽으면서 독서의 기능과 방법을 배워 가는 초급 독자는 책 선택 학습의 장면에서 학습자와 독자의 중간에 해당하는 특징을 가지고 있다. 바로 학습자로서 배운 읽기 방법을 주도적으로 실제 독서에 적용하여 읽는 독자로 연결하는 학습 독자[2]의 지위가 요구된다.

---

[2] 책 선택 학습에서는 학습자가 책 선택과 독서를 배우는 독자로 스스로를 인식할 수 있도록 학습자를 '독자'로 호명하고, 국어과 학습에서 학습한 읽기 전략을 실제적 읽기에 적용하는 학습 독자의 역할을 수행할 수 있도록 학습을 구성한다.

학습 독자는 책 선택 학습에서 독자의 역할과 독자가 갖추어야 할 기능을 주도적으로 학습하여 평생 독자의 소양을 갖추어 가길 요구받는다. 따라서 읽기 학습과 독서, 학습자와 독자를 연결하여 실제적인 읽기가 일어나기 위해서는 무엇보다도 학습자가 스스로를 독자로 인식해야 한다. 왜냐하면 자신의 독서를 조절해 가는 독자의 역할을 배워야 하기 때문이다.

 독자는 독서의 행위자로서 자신의 책을 선택하고 읽는 독서의 전 과정을 주도적으로 수행해야 한다. 따라서 독서 교육을 시작하는 초급 독자가 독서의 과정에서 자신을 독자로 인식하고 독서의 전 과정을 독자의 관점에서 이해하도록 지도할 필요가 있다.

학습 독자들에게

 여러분은 독자인가요? 여러분이 독자가 되는 순간은 언제인가요?
 그렇습니다. 독서를 하는 사람이 독자입니다. 독서를 하고 있는 순간에 여러분은 독자입니다. 독서라는 행위를 하는 사람이 독자이니까요. 그럼 독자가 하는 행위는 무엇일까요? 책을 읽는다고요? 그래요. 독자는 독서를 합니다.
 학생들에게 독자가 하는 행위인 '독서'를 떠올리면 가장 먼저 떠오르는 생각이 무엇이냐고 물었을 때 많은 학생이 "책 좀 읽어라!" 하는 부모님과 선생님의 목소리라고 대답했어요. 학생들은 부모님이, 선생님이 "책을 읽어라."라고 하는 말을 가장 많이 들었을 듯합니다. 맞아요. 독서는 '책'을 읽는 행위니까요. 어른들은 독서가 중요하다고 하면서 읽기 싫은 책을 자꾸 읽으라고 하지요.

때론 부모님이 "책 좀 그만 읽어라."라고 한다는 학생들이 가끔 있어요. 그 친구는 아마 책을 즐겨 읽는 학생이고 눈이 나쁜데 자꾸 어두운 곳에서 몰래 책을 읽기도 하나 봐요. 학생들은 "책을 그만 읽어라."라는 말을 듣는 친구를 별종인 것처럼 쳐다보면서 '흥칫뽕, 어지간히 잘난 체를 하는군.' 그런 표정을 보이기도 해요. 그건 아마도 여러분이 독서가 중요한 줄 알면서도 잘 안 되는 걸 경험으로 잘 알고 있기 때문일 거예요.

독서는 책을 읽는 행위니까 자주 읽고 많이 읽어서 책 읽는 습관이 들면 정말 좋겠지요. 그래서 어른들은 여러분이 책에 흥미를 갖기를 바라고, 집에서, 도서관에서, 교실에서 다양한 방법으로 여러분이 책을 즐겨 읽을 수 있도록 꼬드기는 거예요. 어른들도 독서 습관이 형성되기까지 많은 노력이 필요한 걸 알기 때문이지요.

그런데 여기서 저는 여러분의 독서 습관을 형성하기 위해서 부모님과 선생님들이 애쓰는 노력 말고, 독자 여러분이 해야 할 노력에 대해서 이야기하고 싶어요. 독서를 하는 주체는 독자이니까요. 독서는 독자가 하는 주도적인 행위이니까요.

여러분은 독자이지요?

먼저 여러분이 독자라면 독자일 때 갖는 권리에 대해 이야기해 볼게요. 독자에게는 권리가 있어요. 뭐냐고요? 그건 '책을 읽을 권리'예요. 책 읽는 것이 과제나 의무처럼 느껴지는데 권리이냐고요?

여러분이 독자라면, "책 좀 읽어라."가 시켜서 억지로 책을 읽는 인형이 아니라, 스스로 책을 읽는 독자라면 여러분은 '읽고 싶은 책을 읽을 권리'가 있어요. 조금 신나지 않아요? 이쯤에서 '아! 나는 내가 좋아하는 만화책을 실컷 읽을 권리가 있어!'라고 하면서 기분이 좋아지는 친구가 있지요? 그래요. 독자라면 읽고 싶은 책을 읽을 권리가 있습니다.

그리고 두 번째 독자의 권리가 있어요. 뭘까요? 그건 바로 '책을 읽지 않을 권리'예요. "책을 안 읽어도 된다는 말이지요? 아싸, 좋아요!" 하는 친구들이 있네요. 읽고 싶은 책을 읽을 권리처럼 읽고 싶지 않은 책을 읽지 않을 권리가 독자에게 있어요. 왜요? 책을 읽는 사람이 독자이니까요.

아무리 유명한 책이라 할지라도, 베스트셀러나 스테디셀러라고 광고를 하거나 유명한 상을 수상했고, 많은 사람이 좋아하는 책이라도 나는 그 책을 읽을 수도 있고 읽지 않을 수도 있어요.

친한 친구가 깊은 감동을 느낀 책이라며 추천을 해 주어 읽는데, 읽다 보니 지금 자신의 상황에는 오히려 상처가 되는 내용의 책이라면 어떻게 해야 할까요? 모든 책은 읽으면 감동과 재미와 배움을 얻는다는데 그 책을 읽는 중에 슬픔과 절망을 느낀다면 어떻게 해야 할까요?

그래요. 그 독서는 멈추어야 해요. 독자는 자신의 독서를 멈출 수 있어요. 바로 '읽고 싶지 않은 책을 읽지 않을 권리'가 있기 때문이에요. 그렇다면 읽고 싶지 않은 책의 독서를 멈추고 나서는 어떻게 하면 좋을까요? "이 책은 나의 책이 아니야."라고 하면서 던져야 해요. "Throw it away! 던져요, 던져 버려요!" 어디로요? 어떻게요? 내 마음에 상처를 주었으니 마음으로 던져야겠지요. 책 내용이 지금 내가 처한 상황에 맞지 않아서 나에게 절망감을 준다면 그 책은 던져야 해요.

또한 지금 나의 독서 능력으로 읽기에 어려워서 이해할 수도 없고 자꾸 독서에 대한 자신감을 떨어뜨린다면 그 책도 던져야 해요. 지금 독자의 관심과 흥미를 끌지 못하는 책도 던져야 해요. 세상에 재미있고 좋은 책이 아주 많기 때문에 독자의 관심과 수준에 맞는 책을 선택해서 읽으면 되니까요. '책을 읽지 않을 권리'란 책을 안 읽는 것이 아니라 나에게 맞지 않은 책을 읽지 않기로 스스로 결정하는 권리예요.

저는 독자에게는 '읽고 싶은 책을 읽을 권리'와 '읽고 싶지 않은 책을 읽지 않을 권리'가 있다고 말하였습니다. 그렇다면 '읽고 싶은 책'을 찾아서 읽고, '읽고 싶지 않은 책'은 마음으로 던져 버리기 위해서 독자는 무엇을 알아야 할까요? 독자가 책 선택 권리를 갖기 위해서 독자는 무엇을 어떻게 해야 할까요?

먼저 독자는 스스로 자신이 무엇을 읽고 싶고, 무엇을 읽고 싶지 않은지 알고 판단할 수 있어야 하겠지요. 그래야 '독자의 권위'를 가질 수 있습니다. 세상에 나온 책이란 작가가 자신의 생각을 글로 적어 둔 것이고, 독자는 그 책을 읽는 사람이지요. 책이란 종이(또는 전자 화면)에 얌전히 앉아 있지만 독자가 읽어 주었을 때, 비로소 의미가 생기고 살아납니다. 책이 훌륭해서 읽는 것이 아니라 독자가 책을 읽을 때 비로소 아름답고 훌륭한 의미가 생깁니다. 책의 의미와 가치를 찾아내는 것이 독자의 권위라고 생각해요.

그러므로 독자는 독자로서 자신에 대해 잘 알 필요가 있습니다. 제가 말한 독자란 읽어야 할 책이나 주어진 책을 억지로 읽는 사람이 아니라, 자신이 읽고 싶은 책을 읽는 사람이기에 자신이 원하지 않는 책이 무엇인지 스스로 알아야 해요. 그래야 던질 수 있으니까요.

'이 책은 너무 어렵군. 내가 좀 더 책을 잘 읽게 되면 나중에 꼭 다시 보자 안녕!', '이 책은 내 수준에 너무 쉽고 시시하잖아. 나는 점점 더 책을 잘 읽게 된 독자라고!', '뭐야? 친구가 재미있다고 추천해서 골랐는데 나한테는 하나도 재미없잖아. 난 나에게 맞는 책을 찾을 거야, 안녕!', '이 책은 요즘 가장 인기가 많다고 하지만 나한테는 불편하고 슬픈 마음을 준다. 나는 지금 왜 마음이 이렇게 불편한지 그 이유를 정리해서 말할 수 없지만, 내가 그 이유를 작가에게 말해 줄 때가 오면 그때 다시 보자.'라고 하면서 던지는 거예요. 그 지점에서부터 독자는 자신을 이해하는 독서를 시작할 수 있으니까요. 어때요? 독자의 권위와 품격이 느껴지나요?

독자는 자신이 원하는 책을 읽을 권리가 있다고 하였습니다. 이것을 '책 선택 권리'라고 합니다. 여러분은 독자로서 '자신이 읽을 책을 선택할 권리'가 있습니다. 그럼 여러분이 책 선택 권리를 가지고 자신이 원하는 책을 선택하기 위해 무엇을 알아야 할까요?

그래요, 책을 선택하는 방법을 알아야 해요. 많은 책 중에서 독자에게, 나에게 맞는 책을 선택하는 방법을 알아야 합니다. 여러분이 책을 선택할 때 독자로서 자신의 관심과 흥미, 자신의 독서 수준에 대해 스스로 생각하고 판단하는 일이 가장 중요합니다. 그래야만 자신에게 맞는 책과 자신에게 상처를 주는 책이 무엇인지 판단하여 책을 선택할 수 있으니까요. 독자에게 맞는 책은 사실 독자가 가장 잘 알 수 있습니다. 그러므로 독자는 자신의 책을 선택하는 방법을 알고, 자신에게 맞지 않는 책을 던지면서 자신의 책을 찾는 '책 선택 권리'를 누려야 해요.

2 책 선택 권리

사실 지금까지 독자는 책 선택권을 가진 것처럼 보였다. 독서, 책을 읽는다는 행위는 그 앞에 책을 선택했다는 과정이 반드시 전제되어 있기 때문이다. 책을 읽으면 당연히 책 선택을 하였다고 간주되었으며, 따라서 지금까지 우리 독서 교육은 "많이 읽어요, 어쨌든 많이 읽어서 독서 습관을 길러요."를 목표로 삼았다. 그래서 가정과 학교, 도서관에서는 다양한 책을 준비하고 학생들이 독서에 관심을 가지고 습관화할 수 있도록 노력해 왔다.

나 또한 오랫동안 도서관과 독서 교육을 담당한 교사로서 한정된 학교 도서관 예산으로 좋은 책을 구비하려고 노력하고 보람을 느꼈다. 그런데 잘 차려 놓은 도서관과 학생들의 독서 역량이 그저 비례하지 않음을 오랫동안 관찰하였다. 서가를 하염없이 배회하면서 오래도록 책을 고르다가 미처 못 고르고 마는 학생들을 자주 보게 된다. 책은 모두 다 훌륭하고, 어떤 책을 읽든 읽기만 한다면 성공이라고 생각하는 교사의 시각에 그 모습은 다소 충격적이면서 실망스러운 느낌마저 준다.

그 이후 나는 학생들이 도서관에 와서 책을 선택하는 모습을 관찰했는데 학생들은 자신이 읽을 책을 적극적으로 탐색하기보다 도서 검색대에서 이미 알고 있는 책 제목을 검색해서 책을 찾거나 권장 도서 목록 등을 활용하여 책을 찾았다. 다양한 책을 구비해 놓은 도서관에서 광범위한 영역의 독서를 즐기는 학생들을 만나기란 참으로 어려운 일이다. 학생들이 손쉽게 코믹스나 학습 만화를 즐겨 읽기에, 출판계에서는 더 많은 코믹스와 학습 만화를 상업적으로 만들어 내는 흐름이 나타난다.

그동안 우리는 아이들이 다양한 책을 읽기를 바라면서도 다양한 책을 선택하는 방법을 가르치지 않았다. 도서관에 가서 책을 읽는 시간을 마련하고, 다양한 책을 선택하여 읽으라고 하면서도 흔히 "선생님, 학습만화 읽어도 돼요?", "왜 만화책 읽으면 안 돼요?"라고 묻는 아이들에게 "안 돼!, 다른 책을 읽어."라고 할 뿐 적절한 책을 선택하도록 지도하지 않았다.

나는 많은 학생이 책을 선택하는 단계에서 느끼는 어려움들이 결국 독서의 어려움으로 이어지는 것을 발견하였고 학생들이 먼저 책 선택 방법을 알아야만 책 선택권을 가진 독자로 성장할 수 있음을 깨달았다. 이렇게 책 선택 지도의 필요성을 인식하고 독서 교육을 시작하는 초급 독자가 독서의 과정에서 책 선택 방법을 학습한다면 좀 더 책을 잘 읽을 수 있으리라는 기대로 책 선택 학습에 대한 연구를 시작하게 되었다.

독서 교육의 장면

1학년 아이들은 대부분 그림책 읽기를 좋아한다. 그런데 1학년 담임 교사는 한 아이가 유독 게임북인 『마인크래프트』만 보려고 하니 다른 아이들에게 미치는 영향이 점점 커져서 고민이라고 하였다. 책 선택 학습을 진행하고 난 이후에 아이는 자신이 흥미를 느끼는 제목과 그림이 있는 책을 찾는 과정을 자신 있게 시범 보이면서 말했다.

"제가 글자를 잘 몰라서 그동안 글자 없는 책만 보았어요."

담임 교사는 미안함과 당혹감을 나타냈지만 언어적·비언어적인 방법으로 학습하는 초등학교 1학년 교실에서 경험 있는 교사라도 학생들의 기초 문식성 수준을 정확하게 파악하기란 쉽지 않다.

초등학교 1학년 학급에는 한글을 읽을 줄 아는 학생들과 한글을 읽지 못하는 학생들이 함께 있다. 한글 해득 정도뿐만 아니라 언어 발달 수준과 가정에서 습득한 언어문화의 차이도 크다. 이렇게 다양한 학생을 대상으로 기초 문식성 지도를 해야 하는 초등학교 1학년 담임 교사는 어려움이 많다. 따라서 국어 수업을 진행하면서 기초 문식성을 지도하는 시간을 확보하여 지도하는 등 다양한 노력을 기울이고 있다.[3]

도서관을 활용하는 독서 수업에서도 학생들의 기초 문식성 발달을 고려할 필요가 있다. 아직 한글을 완전히 해득하지 못하고 읽기 유창성이 발달하지 못한 학생들에게 넓은 도서관에서 독서의 기회만을 준다고 하여 즐거운 독서 경험이 저절로 생기지는 않는다. 1, 2학년 학생들의 경우에 학습만화나 코믹스에 집중하는 경향이 자주 발견[4]되는데 학생의 수준에 맞는 책을 선택하는 방법을 안내할 필요가 있다.

연구를 처음 시작했을 때 나와 같이 '책 선택'이 '성공적인 독서'에 영향을 준다고 생각한 연구자를 발견하고 기뻤다.

'BOOKMATCH'(2005) 연구를 발표한 Wutz와 Wedwick은 나와 같은 고민에서 학생들에게 책 선택 방법을 지도하였다. 그 연구를 2017년에 처음 접하였는데 교사로서 그들의 고민이 나의 오래된 고민과 같았고, 책 선택의 지도 방법 또한 비슷한 점이 있었다. 다음에 자세히 소개할 텐데 그들의 연구에서 'Throw it away!(던져 버려!)'가 가장 신선하게 다가왔다. 금과옥조와 같은 책을 '던져라', '던질 수 있는 것이 독자의

---

[3] 김윤옥·신의경(2022)

[4] 학교 도서관에서 학생들이 책을 선택하고 읽는 모습을 관찰하다 보면 금세 학생들이 가지고 있는 어려움을 발견할 수 있다. 학생들마다 가진 책 선택의 어려움을 학습의 차별화 요인으로 파악한다면 교사는 개별적이고 효과적인 지도 방법 또한 찾을 수 있을 것이다.

권리'라는 목소리가 경쾌했다. 그래서 나도 어떻게든 읽기만 하면 도움이 되는 책이 아니라 독자가 원하는 책, 독자가 선택하는 책을 읽는 독서를 지도하고 싶었다.

"선생님, 결국 내 책이 아닌 책을 던지는 방법을 알아야 나의 책을 선택할 수 있는 거네요."

책 선택 학습을 마무리할 즈음에 학생들은 책을 던진다는 의미를 이해하게 된다. 그렇다. 독자는 자신의 책을 선택하기 위해서 자신의 책이 무엇인지를 스스로 판단해야 한다. 따라서 독자의 책이 아닌 책을 스스로 알아낼 수 있어야 한다. 학생들이 독자로서 독서의 과정을 조절해야 함을 알게 되어 무척 기뻤다.

대부분의 학생들은 '책 선택 학습'을 통해 자신에게 맞는 책을 선택하여 읽는 즐거움을 알게 되고, 평생 쓸 수 있는 방법을 알게 되었다고 한다. 책 선택 학습을 통해 독자에게 책 선택 권리의 사용법을 가르치면서 자기 주도적인 독자의 역할과 소양을 가르칠 수 있다.

지금까지 독서 교육에서는 독자의 책 선택권을 소홀하게 여기고 책 선택 학습의 중요성을 크게 인식하지 않았다. 거의 모든 학교에서는 사서(교사)를 배치하고 좋은 도서관 환경을 구비하며 독서 시간을 제공하지만 다수의 학생들이 책 선택 단계에서 머뭇거리고 쉽게 책을 선택하지 못한다. 이는 독서를 시작하지 못하는 어려움으로 나타난다. 다수의 학생들은 책을 선택하는 데 시간이 많이 걸릴 뿐만 아니라 자신의 관심과 흥미, 수준에 맞는 책을 선택하지 못한다. 그래서 독서의 즐거움을 알지 못하고 스스로 독서 능력이 없다고 여긴다. 학생들은 실패한 독서 경험을 반복하는 동안 독서를 점점 멀리하게 되며 독서 능력을 기르기

는커녕 독서에 대한 효능감을 떨어뜨리게 된다.

성공적인 독서 경험을 통하여 긍정적인 독서 습관이 형성된 학생의 경우라 할지라도 책 선택이 늘 성공적으로 이루어지는 것은 아니다. 연구에 따르면 학생들은 책을 읽고 있기 때문에 자신이 스스로 책을 잘 선택한다고 여기지만, 우연히 서가에서 발견한 책을 재미있게 읽고 그 서가 주변에서 흥미 있는 책을 선택하는 경향이 있다(정진수, 2011).

지금까지 책 선택 학습의 필요성에 대한 인식이 부족함으로써 학생들의 책 선택 기회가 효과적으로 적용되지 않았다. 그럼에도 불구하고 책 선택권이 늘 학생에게 주어져 있는 것처럼 여긴다.

학생들에게 책 선택권이 중요하게 주어지지 않은 이유는 모든 독서는 의미가 있으니 무조건 많이 읽으라는 우리 독서 교육의 경향성과 관련이 깊어 보인다. 도서관과 서점에는 읽어야 할 책들이 이미 산처럼 쌓여 있고, 이 책들을 많이 읽으라고 권장 도서 목록으로 안내하고 있다.

우리는 주변에서 여러 독서 관련 기관에서 선정한 권장 도서 목록을 쉽게 찾아볼 수 있다. 교과 관련 도서 목록이나, 성격 유형별 선호 도서 목록이라든지 독서 치료를 위한 상황별 독서 목록 등 다양한 종류의 권장 도서 목록이 추천되고 있다. 읽어야 할 책이 너무 많은 세상에서 효율적인 독서를 위해 권장 도서 목록을 사용한다고 한다. 현장의 교사들은 학교 도서관의 도서를 구입할 때 권장 도서 목록을 활용하고 있으며, 학부모도 권장 도서 목록을 활용하여 자녀에게 읽힐 책을 제시해 왔다.

그런데 학생 독자가 권장 도서 목록을 활용할 때 도서 선정을 위해 누군가의 관점에서 결정된 '독자 수준'과 '도서 수준'에 대한 근거를 명확하게 파악할 수 있는지 의문을 가질 필요가 있다. 학부모가 주도하여 자녀를 지도하는 독서에서는 학부모가 자녀의 '독자 수준'을 파악하고 독서 그룹이나 권장 도서 목록의 수준을 고려하여 활용하기가 비교적 용이할 수 있다. 그러나 대부분의 학생 독자들은 학년별 권장 도서 목록표로 제시된 도서의 선정 기준을 추론하여 자신에게 독서 목적에 맞게 활용할 수 있는 능력을 갖추고 있지 못하다.[5]

일각에는 세상에 쏟아져 나오는 책이 너무나 많기 때문에 읽어야 할 책을 고르는 일이 쉽지 않아서 권장 도서 목록을 활용한다고 한다. 그러나 학년별로 추천된 도서 목록은 그 학년의 학생들이 읽어야 할 필독 도서로 쉽게 탈바꿈되어 학생들에게 학년 수준의 독서 능력을 요구하는 기준이 되기도 한다. 이러한 권장 도서 목록은 개인의 독서 능력과 관심이 고려되지 않았기에 대다수 학생들이 독서를 어렵게 느끼게 하고 독서에 대한 자기 효능감을 잃게 만드는 원인이 된다.

학부모 주도의 독서 지도에서 자녀에게 읽어야 할 책을 제공하고 '독자 수준'을 학부모가 파악하여 권장 도서 목록을 활용하는 것 또한 자기 주도적 독자를 기르는 방향과 다르다. 이미 읽어야 할 책 목록이 주어지기 때문에 학생 독자들은 스스로 책을 선택하여 읽는 주도성을 획득하지 못한다.

이제 책 선택 권리는 독자에게 주어야 한다. 세상에 무수하게 쏟아져

---

[5] 권장 도서 목록과 같은 제한된 목록에서 책을 선택해야 할 경우, 목록 자체가 구성되는 데 적용된 책 선택 전략이 왜, 어떻게 적용되었는지를 토론한다면 유용할 수 있다. 즉 항상 책에 대해 이야기하는 방법의 일부에 선택하는 행위를 포함시킬 필요가 있다(Mackey, M., 2014). 권장 도서 목록을 생성한 출처에 대하여 인식하고, 출처 정보를 활용하여 목록에 반영된 관점과 의도를 파악하는 것 또한 학생들에게 적극적인 책 선택 행위로 지도할 수 있을 것이다.

나오는 책 중에서 독자는 자신의 책을 스스로 선택할 수 있어야 한다. 독자는 자신의 독서 목적과 수준, 흥미에 맞는 책을 가장 잘 선택할 수 있으며 독자에게 맞는 의미 있는 독서 자료는 독서의 효과뿐만 아니라 자기 주도적 독서 태도를 기르는 데 도움이 되기 때문이다.

자기 주도적 독서(Independent Reading)는 독서 교육의 목표이면서 방법이다. 올바른 독서 습관과 태도를 지니고 스스로 선택한 책을 읽는 독자는 가장 이상적인 독자의 모습이다. 따라서 자기 주도적 독서에서는 독자의 독서 동기를 이끄는 자율적인 책 선택을 강조한다.

그동안 자기 주도적인 독자를 기르기 위해 다양한 독서 방법이 개발되고 강조되었다. 그중 SSR(Sustained-Silent Reading)은 1970년대에 일정 시간 동안 학생이 자유롭게 선택한 책을 지속적으로 읽는 활동으로 시작되었다. 이는 이후에 하루 15~20분간 지속적인 읽기 시간을 장려하는 독서 방법으로, 서구 여러 나라에서 오랫동안 자기 주도적 독서 방법으로 활용되었다. 이 독서 방법은 우리나라에서도 '하루 20분 책 읽기 운동' 등으로 나타났다.

이후 많은 연구에서 자유롭게 책을 선택하여 읽는 SSR의 성공적인 결과를 위해서는 학생들이 선택하고 읽을 책이 잘 갖추어져 있고 독서에 집중할 수 있는 환경이 중요하다고 강조하였다. 그리고 지속적으로 책을 읽는 SSR의 효과는 단기간에 학습자의 읽기 태도를 기르는 데 매우 긍정적인 영향을 미칠 수 있으나, 읽기 이해나 읽기 기능 향상에는 별 영향을 미치지 못한다고 한다(원진숙 외, 2002).

이 연구 결과의 시사점은 먼저 자유롭게 책을 선택하는 공간에 구비된 독서 자료의 질이 독서의 질과 관련이 있음을 의미하고 있다. 그리고 무조건 많이 읽거나 꾸준히 독서를 하면 책을 가까이하는 독서 태도는 기를 수 있으나 독서 능력을 향상시키는 데는 부족함을 나타낸다. 학생이 읽는 책이 그저 읽을거리가 아니라 의미 있는 독서 자료일 때 독해의 기능이 향상될 수 있기 때문이다.

한편, 자기 주도적 독서(Independent Reading) 지도에서 학생들이 의미 있는 독서 자료를 선택하여 읽도록 지원하는 교실과 교사의 특성을 연구하여 SSR과의 차이점을 밝힌 연구가 있다(Sherry Sanden, 2014).

그 첫 번째 차이점은 학생들이 자신이 원하는 읽기 자료를 선택할 때 동기 부여와 참여도가 가장 높다는 것을 잘 알고 있는 교사는 학생들에게 책을 '선택할 수 있는 자유'를 주며 다양한 방법으로 자신의 독서 수준에서 즐겁게 읽을 수 있는 책을 선택하도록 격려한다는 것이다. 이를 위해 교사들은 넓은 범위의 관심 분야와 수준의 다양한 책을 가지고 있는 교실 속 도서관을 운영하면서 학생들이 책의 수준을 고려하여 선택하도록 다양한 방법으로 지도하였다. 교사들은 학생들에게 적정한 수준의 책을 읽는 중요성에 대해 인지하도록 하고 학생이 필요한 책을 찾을 수 있도록 지도하였다. 그리고 다수의 학생들이 독립적 읽기 시간에 적정한 수준의 책을 읽고 있는지 직접 학생들의 선택을 검토하였다.

두 번째, 독서의 책무성이 없는 SSR과 달리 읽기 기능을 신장시키는 목적으로 자기 주도적 독서 시간을 활용하였다. 의도적으로 학습을 계획할 때 읽기 학습(Learning to Read)과 학습 독서(Reading to Learn)를 목적으로 하면서 독서 기능을 신장시키는 데 중점을 두었다. 그리고 자기 주도적 독서 시간에 읽기 수업에서 학습한 읽기 기술과 전략을 활용하여 실제적인 읽기가 이루어지도록 지도하였다.

　이 연구의 시사점은 책을 읽는 시간을 확보하여 무조건 책을 많이 읽는다고 자기 주도적 독서의 효과가 나타나지는 않는다는 것이다. 책 선택권이란 아무 책이나 선택하여 읽는 자율권이 아니라 의미 있는 독서 자료를 선택하는 권리이다. 따라서 책 선택 학습에서는 독자에게 의미 있는 독서 자료가 무엇인지, 의미 있는 독서 자료에 접근하는 책 선택 방법이 무엇인지 지도할 필요가 있다. 그리고 학생들이 의미 있는 독서 자료를 선택하여 읽으면서 국어과에서 학습한 읽기 기술과 전략을 활용하여 독서 기능을 신장시킬 수 있도록 지도 방법을 마련해야 한다.

2장 | Choose – 선택

1   주도성과 선택 부담

선택의 특성을 연구한 학자들은 자신이 선택권을 가지고 선택할 때가 남이 선택해 줄 때보다 만족도가 더 높다고 한다. 그리고 자신이 스스로 결정한 일에 대해서 더 잘하고자 하는 동기가 생긴다고 한다. 선택은 주도성이 바탕이 되기 때문에 잘하고자 하는 마음, 동기까지 주도적으로 연결되는 특징이 있다. 이는 날마다 크고 작은 선택을 하는 우리가 이해하는 선택의 개념이기도 하다.

마찬가지로 책 선택에서도 이러한 선택의 주도성이 나타난다. 자기가 읽을 책을 스스로 선택한 독자에게서 그 책을 적극적으로 읽으려는 독서 동기가 나타난다. 책 선택권을 가지고 스스로 선택한 그 책이 조금 어렵더라도 학생들은 끝까지 읽어 보려고 노력한다.

이렇게 책 선택의 주도성을 바탕으로 자유 독서를 증진시킬 수 있다. 수업 시간의 읽기만으로 읽기 유창성을 기르는 시간이 충분하지 않다. 학생의 자발적인 자유 독서 시간이 읽기 기능을 기르는 데 필수적이므로 학생들에게 책 선택권을 주면 독서 동기가 신장되어 독서는 자신이 하고 싶은 일이라고 여기게 될 가능성이 높아진다(Mackey, M., 2014).

그러나 선택이 마냥 쉽지만은 않다. 선택에서 동기를 신장하는 주도성은 책임의 몫도 함께 가지기 때문이다. 선택은 많은 선택지 중에 기준을 정하여 하나로 초점화하는 과정이다. 우리가 무엇인가를 선택할 때는 시간이나 돈을 들이게 되는데 오랜 시간과 돈을 들여서 한 선택은 만족감을 주기도 하고 후회로 남기도 한다. 선택의 결과는 일정 시간이 지난 이후에 알 수 있으며 선택할 때는 미처 고려하지 못한 요인을 뒤늦게 발견하기도 한다. 이렇듯 스스로 한 선택은 결과에 대한 책임의 몫도 가지게 되기 때문에 크든 작든 선택은 늘 어렵다. 특히 선택의 책임을 염두에 둘 때 선택의 범위와 질은 선택 결과에 영향을 주는 요소이다.

선택 범위가 좁고 질이 낮을 때에는 선택의 주도성이 발휘되기 어렵다. 선택지가 별로 없거나 매력적이지 않음에도 선택을 해야만 하고 그에 대한 책임까지 져야 한다면 선택의 만족도가 떨어지고 동기를 신장시키는 주도성이 발현되기 어렵다. 책을 선택할 때도 마찬가지이다. 좋은 책을 다양하게 갖추지 못한 선택 범위에서 요구되는 읽기는 독자의 독서 동기를 불러일으키기 어렵다. 더욱이 독서 효과와 결과까지 요구된다면 책 선택과 독서의 만족이 떨어질 것이다.

반대로 선택의 범위가 너무 넓고 수많은 선택지에서 한두 개를 선택해야 하는 상황에서는 주도성에 앞서 선택이 부담으로 작용하기도 한다. 아주 많은 선택지를 하나하나 확인하고 비교하며 결정하는 과정은 머릿속을 복잡하게 해 '인지 부하'가 일어난다. 이러한 인지 부하는 선택 부담으로 나타난다. 시간과 돈을 들인 선택이 과연 만족감을 줄 수 있을지에 대한 불확실과 선택 책임이 오히려 선택의 주도성을 방해하기도 한다. 그런 이유로 선택의 부담과 책임을 피하고자 '베스트셀러 목록'이나 '소비자 평점 후기' 등을 활용하기도 한다.

어쩌면 이런 이유로 차라리 추천받은 책이나 권장 도서 목록을 활용하여 읽는 것이 더 효과적이지 않을까 생각할 수도 있다. 그러나 시간을 아낀다는 효율성 때문에 스스로 책을 선택할 기회를 포기한다면 책 선택의 주도성이 갖는 독서 동기를 경험할 기회를 영원히 갖지 못하게 된다.

책 선택의 주도성이 독서 동기를 신장하는 효과에도 불구하고 많은 학생이 책 선택의 방법을 모른다는 것이 걸림돌이다. 책을 선택하는 능력은 독서 기술의 필수 요소이다. 독립적이고 유능한 독자는 자신의 책을 선택하는 기술을 가지고 있다. 그러나 책 선택 기술을 학교에서 가르치지 않는 경우가 많다. 책을 거의 읽지 않고 독서력이 낮은 사람들은 사실 읽기 자료를 제대로 선택하지 못하는 사람일 뿐이다. 개인의 독서 선호도에 관계없이 책 선택 능력은 중요하다. 그것은 중요한 삶의 기술로 독자로서 자율성에 대한 투자이다(Mackey, M., 2014).

2 판단 – Throw it away!

선택의 과정에서는 기준에 따라 선택의 여부를 판단하게 된다. 크고 넓은 옷가게에서 자신이 입을 옷을 선택할 때는 먼저 어떤 장소에서 그 옷을 입을지 목적을 먼저 결정한다. 그다음 좋아하는 색이나 디자인, 그리고 가격 등을 고려하여서 옷을 선택해 간다. 이렇게 선택의 과정에서 판단 기준에 따라 선택의 범위를 좁혀 간다. 선택의 범위를 결정하면 한 편으로는 선택하지 않은 범위가 함께 결정되는 셈이다. 선택이란 선택하지 않을 범위를 버리는 것과 같다. 따라서 선택은 목적에 따라 기준을 정하여 판단하고 버리는 과정이라고 할 수 있다.

그러나 선택은 여기에서 끝나지 않는다. 우리는 선택 후에 만족도를 바탕으로 선택의 결과를 평가한다. 어떤 선택 기준이 적합했는지, 고려하지 못한 기준이 무엇이었는지 자신의 선택 과정을 깊이 생각하고 피드백한다. 이러한 성찰의 결과로 다음번에 비슷한 선택을 하게 된다면 다시 그 기준을 사용할 것인지, 또는 무엇을 바꾸어 볼 것인지 피드백을 정리한다. 그리고 다음번의 선택에 이 피드백의 내용을 적용함으로써 선택의 기술과 방법을 익혀 나간다. 이렇게 우리는 새로운 맥락에서 반복되는 선택의 과정을 통해 선택의 기술을 익히고 적용할 수 있게 된다. 이는 우리가 선택의 경험으로부터 성찰을 통해 선택의 개념을 습득해 가는 방법이다.

책 선택 또한 수많은 책 중에서 기준에 따라 책 선택의 범위를 좁혀 가는 판단의 과정이다. 독자가 정한 기준에 따라 '이 책은 내게 맞지 않아'라고 판단해 가며 던지는 것이다. 던지고 또 던지면서 독자는 읽을 책을 선택한다. 앞서 말한 대로 책 선택 또한 이 책을 던질 것인지 판단하는 기준을 적용하는 과정이다.

이때 책 선택의 경험을 통해 책 선택 방법을 익히려면 책을 선택하고 버리는 판단을 하기 위한 지식과 기술이 필요하다. 따라서 책 선택 학습에서는 책 선택에 대한 자율권만을 주는 것이 아니라, 책 선택에 필요한 새로운 관점 및 지식과 기술에 대한 정보를 책 선택 전략으로 제공해야 한다.

책 선택 전략을 기준으로 사용하면 어떤 결과가 예상될지 생각하면서 정한 기준에 따라 책을 버릴 수 있다. 그렇게 기준을 적용하여 책 선택의 범위를 좁혀 가면서 독자에게 맞는 책을 선택해 갈 수 있다.

책 선택 학습에서는 새로운 관점과 지식으로써 제시한 책 선택 전략을 학생들의 기존 지식과 더불어 책 선택에 어떻게 정보로 사용할지 결정(informed decision)하는 방법과 과정을 학습하게 된다.

학생들은 책 선택 전략을 활용하여 선택한 책을 읽고 난 이후에 독서 결과의 만족도를 바탕으로 정보를 활용하여 결정한 과정을 성찰한다. 책 선택 전략이 독자에게 적합한 책을 선택하는 데 도움이 되었는지 평가하고, 이러한 성찰의 결과로 다음번 책 선택에서는 책 선택 전략의 기준을 정보를 활용한 결정(informed decision)의 소스(source)로 활용할 것인지 또는 바꾸어 볼 것인지 피드백함으로써 책을 선택하는 데 필요한 지식과 기술을 늘려 가게 된다. 더불어 학생들은 책 선택에 필요한 성찰의 과정을 반복하면서 선택에 대한 개념적 이해를 함께 습득해 나가게 된다.

책 선택은 독자의 독서 목적에 따라 자신의 관심과 흥미, 독서 수준에 대하여 도서의 수준을 결정하는 과정이다. 주도적인 책 선택 과정에서 독자는 책 선택 전략을 활용하여 자신의 독서를 성찰하면서 메타 인지를 활용한다. 이것은 우리가 책 선택을 해 나가면서 선택의 개념을 습득하는 방법이기도 하다.

3장 | My books – 독자의 책

1 Right Book

책 선택권을 독자의 권리로 인식하는 독자는 자신이 읽을 책을 선택한다. 이때 독자는 그 책이 자신에게 맞는 책인지 스스로 '독자 수준'과 '도서 수준'을 맞추어 선택할 수 있어야 한다. 이번 장에서는 자기 주도적인 독자가 스스로 선택한 'my books'는 어떤 의미와 특징을 가지는지 살펴보고자 한다. 여기 독자가 스스로 선택하는 'my books'를 독자에게 '적합한 책(Right Book)'으로 이해한 예가 있다.

> 유능한 독서 지도 교사들은 교육 현장의 경험을 통하여 학생들이 스스로 읽고 싶은 책을 선택할 때 독서 동기와 참여도가 가장 높다는 것을 알고 있다. 따라서 학생들에게 '선택할 수 있는 자유'를 주고 독자로서 학생들이 좋아하는 책을 읽을 수 있게 한다. 그러나 한편으로 학생들이 자유롭게 선택하는 책이 때로 너무 쉽거나 어려워서 적당히 어려운 수준의 책을 읽는 효과를 얻지 못할까 우려한다. 독서 지도 교사들은 학생들이 선택한 책이 그들에게 적합한 책(Right Book)이기를 바란다(Sherry Sanden, 2014).

무수히 많은 책들 중에서 독자가 선택하는 책(my books)은 독자에게 적당히 어려운 수준이어서 독서 효과를 얻을 수 있을 때 적합한 책(Right Book)이라고 한다. 그렇다면 독자의 읽기 수준에 적합한 정도는 어떻게 판단할 수 있을까?

출판계에서 책을 출판할 때, 아동 도서와 성인 도서를 분류하고 각 학령이나 독서 수준에 맞게 책을 분류하여 소개한다. 규모가 큰 도서관이나 서점에서도 독자에 따라 어린이책, 청소년책, 성인책을 분류한다. 그러나 이렇게 큰 틀의 분류가 독자의 개별적인 독서 수준에 맞는 책을 선택하는 데 도움을 줄 수 있을까?

일찍이 미국 도서관은 'Right Book, Right Time, Right Child'라는 문구를 통해 'Right Book'의 개념을 내세워 독서 습관을 형성하는 아동기에 적절한 책을 읽을 수 있도록 강조해 왔다. 나는 아동의 관심에 맞고, 현재 아동의 독서 시기와 독서 능력에 맞는, 난이도가 적절한 책이 아동에게 제공되어야 한다는 의미로 미국 도서관의 'Right Book'을 이해하였다.

미국은 인구 구성의 특성상 영어에 익숙하지 않고, ESOL[6] 환경에 있는 어린 학생이 많다. 단어를 알아야만 책을 읽을 수 있고, 또 책을 읽는 과정에서 단어를 습득할 수 있는 독서의 특성을 고려할 때 'Right Book'의 의미가 책의 난이도에 좀 더 집중되어 있는 느낌을 받게 된다.

미국 도서관에서도 우리나라와 비슷하게 어린이책, 청소년책, 성인책으로 분류하고, 책을 주제별로 도서관에 배가하는 편이다. 그러나 학교에서 읽기 교재의 의미로 사용되는 책은 좀 더 세분화되어 철저하게 난이

---

6   ESOL(English for Speakers of Other Languages) Course: 영어를 모국어로 사용하지 않는 학생들에게 영어 학습을 지원하는 프로그램이다.

도별로 분류되는 경향이 강하게 나타난다. 렉사일 지수(lexile measure)[7]나 각종 언어 능력 레벨에 맞게 이독성을 따져서 책을 난이도별로 분류하고 제공한다. 미국에서는 책표지나 분류 안내서에 'K-Grade2 가능'[8]이나 'A~Z+'[9] 단계'를 구분하는 문구들을 쉽게 찾아볼 수 있는데 모두 가이디드 리딩(guided Reading)을 위해 활용되는 레벨이다.

독자가 책을 선택할 때 텍스트의 특성을 아는 것은 매우 중요한 요인인데, 가이디드 리딩(guided Reading)에서는 텍스트의 요소를 기반으로 텍스트의 복잡성 수준을 결정하여 텍스트를 제공한다. 이러한 가이디드 리딩은 학생의 읽기 능력을 판단하는 교사가 그 학생의 읽기 기능과 수준에 적합한 범위의 책을 제공할 때 사용하며,[10] 학생들은 그 범위에서 안내된 책을 선택하여 읽는다. 이러한 방법은 학생의 독서 기능을 교사(프로그램)가 판단하여 가독성 있는 도서를 선택하게 함으로써 책에 접근하는 시간을 줄이고, 너무 쉽거나 어렵지 않은 책을 읽는 데 효과적으로 보인다.

미국의 일부 공공 도서관에서도 책의 난이도별로 서가를 분류해 놓은 모습을 볼 수 있다. 어린이책의 일부를 수준별 독서(Leveled Reading)

---

[7] lexile measure: 렉사일 지수는 처음 미국의 Merramerrics사에서 계발한 학생의 독서 능력 평가 지수로, 도서의 난이도 기준을 표시하는 데에도 쓰인다. 학생은 렉사일 평가로 부여받은 렉사일 지수에 맞는 도서를 선택하여 읽도록 활용한다.

[8] 유치원부터 초등학교 2학년의 읽기 수준에 적합하다는 뜻으로 학년별 읽기 수준을 구분하는 기준이다.

[9] Fountas & Pinnell text level Gradient™의 레벨로 난이도에 따라 텍스트를 A에서 Z+까지 구분하여 제시한다.

[10] 가이디드 리딩에서는 읽기 수준에 적합한 책을 학생의 읽기 수준보다 약간 어려운 책으로 난이도를 결정하여 제시한다.

코너로 마련한 도서관[11]을 방문한 적이 있는데 모든 책을 다 그렇게 분류하지는 않고 '초급 독자(early readers)'의 언어 수준에 맞추어 읽을 수 있는 책을 난이도에 따라 크게 4단계로 구분한 것을 볼 수 있었다.

　이렇게 책 선택에서 책의 난이도를 고려하는 것은 미국이라는 나라의 특징을 잘 나타낸다. 이민자가 많은 나라에서 영어를 이제 막 제2언어로 배우기 시작하는 학습자를 고려하여 학습자의 독해 수준과 책의 난이도 수준을 맞추는 일은 필요하고도 효율적인 절차로 보인다.

[그림 1] Leveled Reading[12] Corner in Castlewood Library

11　Castlewood Library(Denver Arapahoe Libraries)에서는 'Leveled Reading' 코너를 따로 두어 책의 난이도에 따라 책을 수서하고 있다.
12　Castlewood's Leveled Reading section is separated into emergent readers(levels A-F), beginning early readers(green dots on the spines), intermediate early readers(red dots), and advanced early readers(yellow dots) (Arapahoe Libraries, 2024. 1. 6.).

물론 학교에서는 다소 책 내용이 학생의 독해 수준보다 어려울 때라도 독자가 관심과 흥미를 가진 주제이고 읽고자 하는 의욕이 있다면 읽기를 권장한다. 더불어 학생들이 스스로 그 책을 읽을 수 있는 것인지 판단하는 방법으로 'Five-fingers rule'이나 'Goldilocks rule'과 같은 기초적인 책 선택 전략을 가르친다.

'Five-fingers rule'은 읽고 싶은 책의 아무 페이지나 펴서 읽는 동안 자신이 모르는 단어가 나올 때마다 손가락을 꼽아 가며 난이도를 판단하는 전략이다. 학생들은 손가락을 1개 꼽으면 너무 쉬운 책, 2-3개 꼽으면 적당한 책, 4-5개를 꼽으면 지금 읽기에 너무 어려운 책으로 판단한다. 또 유명한 'Goldilocks' 동화를 이용하여 '너무 쉬운 책'은 안 되고, '너무 어려운 책'은 안 되고, '지금 딱 맞는 책'을 골라서 책을 읽어야 함을 이해한다.

이 방법들은 책 선택을 난이도에만 집중하고 있는 듯하지만, 학습자가 자신의 수준에 맞게 책의 난이도를 파악하므로 독서가 실패할 확률이 크게 줄어든다. 뿐만 아니라 텍스트의 이독성은 결국 독자의 수준에 의해 결정되는 것임을 지도하기에 효과적인 전략이다. 미리 정해지고 제시된 책의 난이도를 이용하지 않고 이렇게 자신의 읽기 능력에 비추어 책의 난이도를 판단하는 전략은 어린 독자에게 주도적으로 읽기 자료를 선택한다는 인식을 가르치기에 충분하다.

많은 교사가 초등학교 연령기는 독서 기술을 개발하고 평생 독서 습관 형성하기에 결정적인 시기라고 한다. 이 결정적인 시기에 학생들에게 맞는 책을 고르고 스스로 선택할 방법을 가르치는 것이 성공적인 독서 프로그램의 필수 요소라고 믿는다(Kathleen Rogers, 2008). 따라서 학생들이 성공적이고 독립적인 독자가 되기 위해 자신에게 너무 쉽지도 어렵지도 않고 적합한 책 'Right Book'을 선택할 수 있는 전략들[13]을 가르친다.

학생들이 독립적인 독자로서 자신에게 적합한 책(Right Book)을 선택하기 위해서는 무엇보다도 스스로 자신의 독자 수준에 따라 도서 수준을 파악할 수 있어야 한다. 가이디드 리딩(guided Reading)에서는 텍스트의 요소를 기반으로 텍스트의 복잡성 수준을 결정[14]해서 안내해 주지만, 자기 주도적 독서에서는 학생들이 스스로 텍스트의 특성을 파악할 수 있어야만 자신에게 적합한 책을 선택하고 성공적인 독서를 이끌 수 있기 때문이다.

따라서 독자는 책의 특징을 알고 다루는 기술을 길러야 한다. 학생들은 책을 읽어 가면서 책의 특징에 대하여 관심을 가짐으로써 책에 대한 지식을 습득하고 자신의 책을 선택하는 데 활용할 수 있다.

가. 책의 형태적 특성

학습 독자들에게

우리가 '책'이라고 부를 때 머릿속에 그려지는 것은 무엇입니까? 책의 겉모양이 떠오를 것이고 책에 담긴 내용이 생각날 것입니다. 우리가 일컫는 책은 음식을 담은 그릇에 해당하는 형태적 특성과 음식에 해당하

---

13 'IPICK', 'Five-fingers rule', 'Goldilocks rule', 'CLICKS' 등의 전략을 개발하여 가르치고 북마크와 포스터로 제시하여 학생들이 활용할 수 있게 지도한다.
14 Fountas & Pinnell text level Gradient™에서는 장르/형식, 텍스트 구조, 내용, 테마 및 아이디어, 언어 및 문학, 기능, 문장 복잡성, 어휘, 단어, 삽화 및 도서 및 인쇄 기능 등 열 가지 텍스트 요소를 기반으로 텍스트의 난이도를 결정한다.

는 내용적 특성을 가지고 있습니다. 책의 겉모습을 그릇이라고 한다면 크기와 두께, 표지의 디자인이 매우 다양합니다. 음식의 종류에 따라 담는 그릇의 모양이나 크기가 조금씩 다르기는 하지만 음식을 담는 역할을 하는 그릇의 형태적인 특성이 있습니다. 책을 선택하려는 독자는 그릇과 같은 책의 형태적인 특성에 대해서 알 필요가 있답니다.

그리고 음식에 해당하는 책의 내용적인 특성에 대해서도 알아야 하겠지요. 음식은 조리법에 따라 맛과 형태가 달라집니다. 음식의 형태(모양)에 따라 젓가락이나 숟가락 또는 포크와 나이프를 사용해서 먹는 방법이 달라집니다. 책에 담긴 내용은 음식처럼 그 내용을 표현하는 형태(유형)에 따라 특성이 있습니다.

먼저 책의 형태적 특성에 대해서 알아보겠습니다. 한 권의 책을 이루는 각 부분에는 명칭이 있어요. 책에는 등, 배, 머리, 아래(꼬리), 날개, 귀가 있다는데 이런 명칭들을 그림에서 찾아봅시다.

[그림 2] **책의 구조와 명칭**

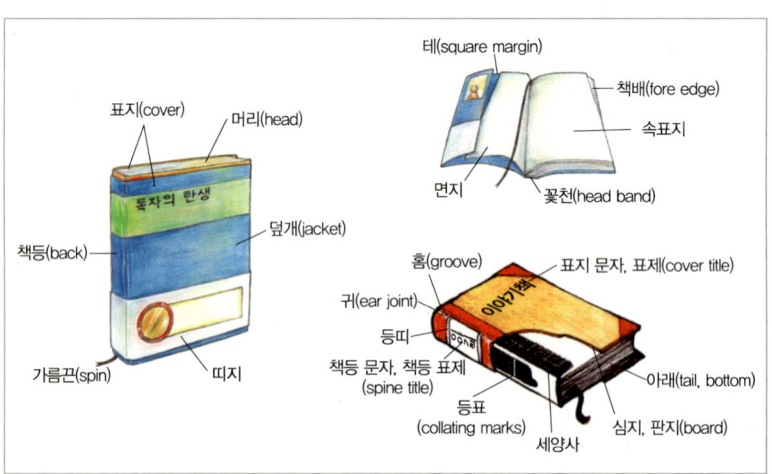

이 그림에서는 책의 형태를 이루는 부분의 명칭을 표시하고 있어요. 여러분이 가진 책과 한번 비교하면서 각 부분의 명칭을 알아봅시다.

도서관 서가나 책장에 꽂힌 책은 대개 등을 보이고 꽂혀 있지요. 이 부분을 '책등'이라고 해요. 책등의 맞은편, 우리가 책을 한 장 한 장 넘길 수 있는 곳은 '책배'예요. 책등과 책배가 이어지는 윗면을 머리, 아랫부분을 꼬리 또는 아래라고 해요. 책 중에서는 책등이 없이 등 표지가 재미있게 드러난 책이 있고 책배가 반듯하지 않고 우툴두툴한 책도 있어요. 머리와 책배, 그리고 아래에 특별하게 색이 칠해진 책도 있어요. 도서관에 그런 책이 있는지 한번 살펴보세요.

책의 겉면을 둘러싼 앞뒤 부분을 표지라고 해요. 앞표지에는 보통 책 제목이 있는데 이걸 표지에 있는 제목이어서 표제라고 불러요. 보통은 앞표지에서 제목을 볼 수 있지요? 그런데 가끔 뒤표지에 제목을 있는 경우가 있더라고요. 그런 책은 뒤에서부터 읽을까요? 글쎄요. 여러분이 한번 찾아보세요. 보통 제목이 있는 곳이 한 곳 더 있는데, 바로 책등에 있는 책 제목을 책등 표제라고 해요. 고전적으로 책등 표제만 있고, 앞표지에 표제가 없는 책도 있어요. 도서관에 그런 책이 있는지 한번 찾아보세요.

표지에서 우리가 책에 대하여 찾을 수 있는 정보는 많아요. 무엇이 있을까요? 책 제목, 작가의 이름과 또 무엇이 있을까요? 여러분은 책의 앞표지와 뒤표지를 자세히 살핀 적이 있나요? 앞표지와 뒤표지는 그 책에 대한 정보를 나타내기 때문에 자세히 살핀다면 책을 선택할 때 도움을 됩니다. 지금 여러분이 가진 책의 앞표지와 뒤표지를 보면서 무엇이 있는지 살펴보세요. 다음에 책을 선택할 때 책 표지를 살피는 방법에 대해서 다시 자세하게 안내할게요.

책 표지를 넘기면 안쪽에 면지가 나타나요. 앞뒤 표지 안에 앞뒤로 면지가 있어요. 면지는 책 내용이 인쇄가 된 속지와 책표지를 단단하게 연결하는 역할을 합니다. 보통 면지는 접혀서 반쪽은 표지 안쪽에, 반쪽은 속지에 붙어 있어요. 면지는 속지보다 두꺼운 종이로 색이 있거나 그림이 그려져 있습니다. 책표지와 붙어 있어서 책을 펼쳤을 때 가장 처음 보이는 부분으로 면지는 색으로 책의 분위기를 나타내기도 하고 책의 내용과 연관된 그림이 그려져 있기도 해요. 여러분이 책을 고를 때 면지의 분위기도 한번 살펴보세요.

속지는 책의 내용이 인쇄된 부분을 말해요. 속지가 많을수록 책 두께가 두껍겠지요. 본격적인 책 내용을 읽기 전에 속지의 앞부분과 마지막 부분에 무엇이 있는지 살펴보세요. 면지를 넘기면 시작되는 속지에는 대부분 책 제목이 크게 적혀 있거나 작가 이름, 출판사 표시가 있습니다. 그다음 면에는 그 책에 대한 출판 정보가 자세하게 나옵니다. 물론 책의 마지막 부분에 출판에 대한 정보가 표시되기도 해요. 이 부분은 그 책이 태어난 과정을 자세하게 표시합니다. 그 책을 쓴 작가, 그 책이 처음 출판된 해, 여러 차례 인쇄된 횟수, 출판사의 정보, ISBN 등의 정보가 있어요. ISBN(international standard book number)은 국제적으로 표준화된 방법에 따라 전 세계에서 생산되는 모든 도서의 초판 및 개정, 증보판의 도서에 부여된 고유 번호를 뜻하는데 국명·출판자·도서명 등을 13자리의 숫자로 표시합니다.

다음에는 책의 특성에 따라 바로 본격적인 내용이 시작되기도 하지만 목차(目次) 또는 차례(次例)라고 부르는 부분이 나타납니다. 목차는 영어로 'table of contents'라고 하는데 책에서 다루는 내용을 알기 쉽게 장(chapter) 제목과 절(unit) 제목을 순서대로 나열해 놓습니다. 목차는 식당에서 제시하는 차림표와 비슷해서 독자가 목차를 보면 책에서 작가가 다루려는 내용과 제시되는 순서를 파악할 수 있습니다. 책에 따라서는 목차가 없는 책도 있고, 책의 특성이 잘 드러나도록 개성적으로 표현된 목차도 있습니다. 목차를 읽는 방법에 대해서는 다음에 안내하겠습니다.

어떤 책은 본격적으로 책의 내용이 시작되기 전에 그 책을 추천하는 '추천사'가 있거나 그 책을 읽는 방법에 대한 안내인 '일러두기'가 있습니다. 또 어떤 책의 책 뒷부분에는 책의 내용을 쉽게 찾을 수 있는 '찾아보기'가 있는데 이 부분은 국어사전처럼 단어로 나열이 되고 그 부분이 나오는 페이지가 표시되어서 찾아보기 쉽게 안내하고 있습니다. '찾아보기'를 살펴보면 책을 쓴 저자가 중요하게 생각하는 아이디어가 무엇인지 알 수도 있답니다.

책에는 책날개가 있는데 어떤 부분인지 알 수 있나요? 책 표지나 덮개에 연결되어 있어 펼치면 날개처럼 보이는 책날개에는 작가에 대한 정보나, 관련 서적 등에 대한 안내가 있어요. 우리나라 도서관에서는 보통 책 덮개나 띠지를 제거하고 책표지에 도서관의 표식을 붙여 놓는 편입니다. 그래서 책 덮개에 연결된 책날개에 작가 정보가 있는 경우에는 도서관 책에서는 책날개에 안내된 작가의 정보를 볼 수 없는 경우도 있어요.

독자 여러분은 도서관에서 책을 선택하는 경우가 있기에 도서관에서 책 표지에 붙인 표식에 대해서도 알 필요가 있습니다. 다음에 자세하게 안내할게요.

그림과 비교하여 여러분이 가진 책의 각 부분들을 살펴보았나요? 재미있는 이름이 많지요. 헤드밴드에 해당하는 꽃천은 두꺼운 책을 묶은 부분을 가려 주면서 책을 견고하게 하는 역할을 해요. 그리고 보통 두꺼운 책의 머리 부분에 달려서 책갈피 역할을 하는 줄을 가름끈이라고 부르는데 순우리말로 '보람줄'이라고 불러요. 이름이 예쁘지요? 왜 보람줄이라고 부를까요? 우리는 책을 읽다가 모르는 단어가 나올 때는 국어사전을 찾아보면서 읽기도 하지요. '보람줄'이 무엇인지 '보람하다'로 찾으면 뜻을 찾을 수 있을 거예요.

한 권의 책을 이루고 있는 각 부분의 명칭을 알아보았습니다. 책등이 두꺼운 책 또는 얇은 책, 책 표지가 길쭉하거나 널따란 책 등 다양한 모양의 책들이 있습니다. 전통적으로 책은 네모난 모양인데 요즘은 동그란 모양, 세모난 모양 책도 있고, 종이가 아닌 재질로 만들어진 책이 있습니다. 책을 선택할 때 책의 디자인이나 모양 등이 독자 여러분이 관심을 끌기도 합니다. 책을 선택할 때 여러분을 향해 손짓하는 책을 잘 살펴보세요.

책의 형태적인 특성은 책이 담고 있는 내용의 특성에 따라 조금씩 달라지기도 합니다. 여러분이 책을 선택할 때, 책을 읽을 때 책의 내용뿐만 아니라 형태적인 특성에도 관심을 갖는다면 더 유능한 독자로 성장하는 데 도움이 될 것입니다.

■ 전자책, 오디오 북의 모습

요즘은 전자책 서점이나 전자책 도서관에서 디지털 북 형태의 책을 찾아볼 수 있어요. 그리고 소리로 듣는 오디오 북의 모습도 있지요. 다양한 책의 형태를 경험해 보도록 합시다.

나. 책의 내용적 특성

책의 형태적 모습이 다양한 것처럼 책에 담긴 내용도 또한 다양하다. 책은 작가가 자신의 생각과 연구의 결과를 글로 쓴 것이다. 그러니 책은 작가의 창작물로서 다양한 관점과 내용을 담고 있다. 작가는 자신의 생각과 연구의 결과물을 잘 드러낼 수 있는 표현의 형식, 유형과 문체를 선택하므로 책의 내용은 다양한 형식으로 표현된다. 실로 세상에 있는 의미를 가진 모든 책은 내용과 형식에서 다양하다.

우리의 독서 교육은 다양한 책을 읽는 학습자를 기르는 것을 목표로 삼고 있다. 그렇다면 다양한 책이란 무엇인가? 그리고 다양한 책읽기란 무엇인가?

■ 다양한 책이란 무엇인가?
- 다양한 내용
- 다양한 학문적 주제
- 다양한 문학적 형태
- 다양한 비문학적 텍스트 유형
- 다양한 시대의 창작
- 다양한 문화권에서 창작
- 다양한 언어로 창작

다양한 책을 어느 기준에 맞추어서 나누는 일은 무의미하다. 실로 세상에서 의미를 가지고 있는 다양한 책을 읽는 독서가 의미를 가진다. 다양한 책 읽기란 독자의 다양한 읽기 목적과 읽기 상황에서 선택하여 읽는 책 읽기이다. 독자는 자신이 읽고자 하는 책을 읽을 수도 있지만 학문적으로 또는 특정 목적에 따라 다양한 읽기 상황에서 요구되는 책을 읽게 된다. 다양한 읽기 목적에 따라 다양한 책을 읽을 수 있는 기능은 책을 읽으면서 길러진다. 다양한 책 읽기가 독서 교육의 본질인 이유이다. 그렇다면 다양한 책 읽기의 효과는 무엇이고 다양한 책 읽기를 강조하는 이유는 무엇인가?

　다양한 문학 텍스트를 읽으면서 문학의 심미적 언어와 표현을 향유하게 되며, 문학에 대한 심미안을 기르고 문학을 즐기게 된다. 그리고 다양한 비문학 텍스트를 읽으면서 지식을 탐구하는 능력, 즉 다양한 학문적 문식성을 길러 자기 주도적 독서를 가능하게 된다. 이렇게 독자는 다양한 책 읽기를 통해 길러진 문식성을 바탕으로 다양한 학문적 주제와 문화를 접하면서 비판적 사고력이 길러지며 다양한 관점을 추구하고 평가하는 능력이 길러진다. 즉 다양한 책을 읽는 것은 세상과 소통할 수 있는 지식과 방법을 얻는 것이며 그 결과로 세상을 비판적으로 보는 사고력을 기르게 한다.

　비판적 문식성은 독서와 학습을 통해 길러야 하는 사고력이다. 저자의 관점이 유일한 것이 아니라는 비판적 인식은 독자를 텍스트에 능동적으로 참여시키고, 저자의 목적, 사고, 형식에 의문을 제기하도록 하여 텍스트에 대한 독자의 이해를 심화시킨다. 독자와 저자의 관계에 동등한 지위를 부여하며 능동적으로 의미를 해석하는 비판적 사고력은 책, 신문, 잡지와 같은 전통적인 인쇄 형식뿐만 아니라 하이퍼텍스트, 음악, 영화, 대화 및 일상 상황까지로 확대되어 적용된다. 저자의 메시지를 비판적으로 이해하기 위해서는 출판물에 나타나는 것 너머에 있는 다양한 관점을 끌어와야 한다. 학생들은 액면 그대로 글을 받아들이지 않고 저자의 의도와 글에 제시된 정보에 질문을 제기하는 것으로 비판적 이해를 시작할 수 있다(이경화 외 역, 2018).

따라서 독서 교육은 다양한 책을 읽으면서 비판적 사고력을 기르는 데 중점을 두어야 한다. 그런데 비판적 읽기는 글이 쓰인 관점을 파악하는 데서 시작하므로, 초급 독자의 경우 먼저 '관점'의 개념을 인식해야만 한다. 우선적으로 책을 읽고 해석할 때 독자로서 자신의 관점을 파악할 수 있어야만 작가의 관점을 이해하고 다양한 관점을 끌어와 비판적으로 읽을 수 있을 것이다.

그러므로 자신이 읽을 책을 선택한 독자로서 저자와 동등한 지위를 가짐을 인식할 필요가 있다. 독자는 책을 읽으면서 자신이 흥미를 가지며 좋아하는 부분에 대하여 자신이 그 부분을 좋아하게 된 이유를 생각해 보면서 자신의 관점을 알게 되고 정체성을 성찰하게 된다. 이런 자신의 관점에 대한 이해를 바탕으로 자신과 같거나 다른 작가의 관점이 있음을 통해 관점이란 하나가 아님을 개념적으로 이해해 나갈 수 있다. 독자는 다양한 책을 읽으면서 타인의 관점에 대해 공감하고 이해하며 결국 광범위한 세상의 일과 내가 '연결'되어 상호 작용하고 있음을 알게 된다.

그렇기 때문에 독자는 '독자, 책 그리고 작가'가 상호 작용하는 독서에서 능동적이고 주도적으로 책을 읽어야 한다. 무엇보다도 독자가 자신의 관점을 이해하고 해석할 수 있는 비계의 책을 선택하여 읽는 것이 중요하다. 독자의 수준에서 텍스트를 바르게 이해할 때만 세상과 소통할 수 있는 지식과 방법을 얻을 수 있으며 그 결과로 세상을 비판적으로 보는 사고력을 길러 갈 수 있기 때문이다.

2 의사소통하는 책

그렇다면 독자의 읽기 수준에 맞아서 읽을 수 있다면 모두 'Right Book'이라고 할 수 있을까? 물론 독자에게 적합한 책은 난이도가 독자의 독서 능력에 맞아서 끝까지 읽을 수 있는 책이어야 한다. 읽을 수 있는 책에 더하여 독자의 독서 목적에 맞아야 하며, 무엇보다 독자가 관심과 흥미를 가져서 읽고 싶은 책이어야 한다.

그런 의미에서 최근의 연구에서는 독자가 선택한 책이 독자의 사회·문화적 배경에 상처를 주지 않는 내용(contents)이어야 한다고 밝히고 있다. 독자에게 독서의 즐거움은커녕 고통을 주는 독서에서 어떠한 의미를 찾을 수 있겠는가? 대다수의 독자들이 열광하는 내용과 주제를 다룬 책이라 할지라도 특정 독자의 개인적이고 사회·문화적 상황에 따라 상처가 되는 책은 그 독자의 'Right Book'이 될 수 없다. 그러한 내용(contents)을 읽는 독서 경험은 독자에게 부정적인 독서 경험으로 남게 된다. 따라서 독자는 책을 선택하여 읽는 중에라도 자신에게 상처가 되는 내용을 만났을 때는 책 읽기를 멈출 수 있음을 알아야 한다. 어쩌면 자기 주도적 독서를 위해서 가장 먼저 자신에게 상처를 주는 책은 읽지 않을 권리가 독자에게 있음을 안내해야 할지도 모른다.

한 권의 책이지만 책을 읽은 독자마다 반응이 다르게 나타나는 이유는 책을 선택한 독서의 목적과 의도, 독자의 맥락이 저마다 다르기 때문이다. 또한 같은 책을 반복하여 읽더라도 독자의 나이와 상황에 따라 의미 해석이 달라지는 이유는 독자의 사회·문화적 맥락이 변해 가기 때문이다.

책을 읽고 독자가 발견하고 해석한 의미를 통해서 독자는 자신이 그렇게 느끼고 생각하게 된 자신의 사회·문화적 맥락을 이해하게 된다. 그리고 새로운 해석과 의미의 발견으로 자신의 사회·문화적 맥락의 변화를 이해하게 된다. 독서를 통해서 독자는 자신에 대해 이해하게 될 뿐만 아니라 독자의 맥락에 의해서 책의 새로운 의미를 비판적으로 해석하고 창조하기도 한다. 독서가 의사소통 행위이기 때문이다.

의사소통이란 일방적인 전달이 아닌 사고 과정을 포함한다. 학습 독자는 Right Book을 찾고 읽는 과정에서 불편함[15]을 주는 책을 던지는 순간 지금 자신의 관점과 맥락을 알아차리게 된다. 작가가 쓴 책을 읽는 독자가 불편함을 느끼고 그것을 알아채는 것만으로도 독자의 관점이 작가의 관점과 충돌하면서 독서에서 동등한 지위를 갖게 됨을 의미한다. 그러므로 자신의 사회·문화적 배경에 상처를 주는 내용을 구분하여 Right Book을 구별할 수 있는 사고 능력은 책을 선택하는 방법일 뿐만 아니라 의사소통 능력으로서 비판적 사고력을 기르는 근간이 된다.

의사소통 행위로서 독서의 요소에 포함되는 작가, 독자와 책의 관계를 살펴보고 독서에서 각 요소들이 상호 작용하는 의미를 살펴보자.

가. 작가가 쓰는 책

책은 작가의 생각과 연구의 결과물, 즉 생산물이다. 모든 쓰기는 읽을 독자를 미리 예상하고, 독자의 지식이나 관점에 대해 추측하며 글을 쓴

---

15 독자가 책의 주제에 대해 생각했을 때 불편함을 느낀다는 것은 지금 불편함을 느낀다는 것이지 그 책을 절대 읽지 않겠다는 의미는 아니다(Wedwick & Wutz, 2008). 책의 주제에 대하여 아직 읽을 준비가 되어 있지 않거나, 지금 불편함을 주는 책에 관하여 인식함으로써 학습 독자는 자신의 현재 맥락을 이해하게 된다.

다. 그러므로 작가가 책을 쓰는 과정은 미래 독자와 의사소통하는 과정이라고 할 수 있다.

　작가는 글로 자신이 말하고자 하는 바, 주제를 표현할 때에는 그 책을 읽을 주요 독자에게 효과적으로 전달하기 위하여 가장 잘 표현할 수 있는 글의 형식과 유형, 문체를 결정한다. 그렇기 때문에 책을 읽는 미래의 독자는 작가와 잘 소통하기 위해서 작가가 선택한 문체와 구조를 잘 이해하는 읽기 기능이 요구된다. 뿐만 아니라 작가의 생각과 연구는 이전의 지식과 연관이 되어 있기에, 전 세대가 이룬 기존 지식과 의사소통한 결과물이라고 볼 수 있다. 모든 책은 작가가 의사소통한 결과물로서 그 책을 읽는 독자에게 전달하고자 하는 작가의 목적과 의도를 담고 있다.

　그리고 책은 의사소통의 결과물이며 대상으로서 사회·문화적 맥락을 담고 있다. 작가가 독자와 소통하고자 하는 목적과 의도뿐만 아니라 작가가 가지고 있는 편견이나 의도치 않은 숨은 의미까지도 사회·문화적 맥락에서 형성된다. 따라서 독자는 그 책이 담고 있는 맥락을 해석하면서 독서의 결과로 독자의 사회·문화적 맥락이 형성되는 데 영향을 받기도 한다.

　독서뿐만 아니라 독자의 모든 사회·문화적 경험들이 독자를 만들어 간다. 그러므로 독자는 이러한 자신의 경험들을 비판적으로 읽는 태도와 기능을 갖추어야 한다.

　책이 작가의 사회·문화적 맥락에서 만들어진 저작물이라는 인식을 바탕으로 초급 독자가 책과 상호 작용할 때 책의 내용은 불변의 진리가 아니라는 점을 분명히 할 필요가 있다. 작가가 사용한 출처는 작가의 쓰기 목적에 따라 사용하는 일반적인 사실이거나 작가가 경험한 구체적 사례일 뿐이다. 때문에 대상이나 사건에 대한 작가의 관점에 따른 해석일 뿐이며 다른 사람의 관점에서는 다른 해석이 나타날 수 있음을 알게 해야 한다.

그러나 초급 독자, 즉 어린 학생들은 지적 호기심을 바탕으로 '책'을 통해서 세상에 대한 지식을 배워 가고 책으로 학습한 내용을 시험 보는 것에 익숙하기 때문에 모든 '책'에 '글자'로 써진 내용을 온전한 진실로 받아들이는 경향이 있다. 그림책 속의 개미가 자신의 몸보다 훨씬 더 큰 나뭇잎의 잎자루를 물고 가는 장면을 보면서 1학년 학생이 "어! 개미는 정말 이렇게 힘이 셀까?"라고 물었을 때, 4학년 학생은 "그렇겠지. 책에서 그렇다고 하니까."라고 대답했다.[16]

고전적으로 지식의 전달 방법인 '활자'가 가진 힘은 매우 크다. '책'이 가진 권위는 매우 대단해서 초급 독자는 책의 내용을 무조건 받아들이는 경향이 있다. 이는 '책 속에 길이 있다'고 믿으며 '책'과 '글'을 금과옥조로 여기며 독서를 강조하는 어른들의 태도와 관련이 있다.

그러나 책은 작가의 목적과 의도를 가진 쓰기의 결과물임을 어린 학생들이 인식하도록 할 필요가 있다. 책뿐만 아니라 다채로운 미디어 및 형식의 텍스트가 모두 작가(생산자)의 목적과 의도를 가진 생산물임을 이해하고 비판적으로 이해하려는 의사소통 방법에 대한 학습이 무엇보다 필요한 시기이다.

---

16 이 대화를 "그럴까? 정말 그런지 책에서 찾아볼까?"로 바꾸어서 정보 찾기를 시작하였다. 학생들은 먼저 그림책 장면에서 개미가 왜 큰 나뭇잎을 가지고 가는지 추측하였다. 먹을 것인지, 덮을 것인지, 개미집을 보호할 것인지 예상한 후에 개미에 관한 책을 몇 권 찾아 읽으면서 문제를 해결했다. 학생들은 개미에 따라 다양한 먹이 활동을 하고 그중 농사 개미(잎꾼개미)는 나뭇잎을 옮겨 와 버섯을 길러 먹는다는 사실을 찾아내었다. 학생들은 새로운 사실에 놀라고 더 알기 위해 영상 자료를 찾아보았다. 어린 학생들에게 책을 지식의 전달체가 아니라 탐구의 매개체로 삼는 방법을 알게 할 필요가 있다.

나. 독자가 읽는 책

독자는 책을 읽어서 작가가 표현해 놓은 책의 의미를 습득하고 수용한다. 그런 이유로 책은 쓰기와 읽기의 상호 연관성을 가진 의사소통의 대상이라고 할 수 있다. 작가는 미래의 독자를 염두에 두고 자신의 목적과 의도에 따라 책으로 표현하고 독자는 읽기 목적에 따라 책을 읽으면서 자신의 사회·문화적 맥락 안에서 의미를 이해하고 해석하면서 의사소통을 한다. 그러므로 독자의 사고 과정을 통해 이해하는 책은 작가가 표현한 책과 다른 책이라고 할 수 있다. 독자는 작가가 표현한 의미를 찾고 여기에 독자가 발견한 의미를 부여하면서 새로운 해석을 만들어 가는 의사소통을 하기 때문이다.

따라서 독자는 작가가 표현한 의미를 찾기 위해서 작가가 선택한 문체와 구조를 잘 이해하는 읽기 기능이 요구된다. 책의 내용을 표현한 방법에 관한 담화 구조와 담화 구조를 활용하는 지식을 담화 지식(형식 지식)[17]이라고 하는데 독자는 다양한 책을 읽으면서 다양한 내용 지식뿐만 아니라 다양한 형식 지식(담화 지식)을 배경지식으로 쌓아 가야 한다.

그러므로 책 선택 학습에서는 다양한 책을 선택하고 읽으면서 담화 지식에 대해 이해할 수 있도록 학습을 구성하고 다양한 책의 담화 구조에 따라 독서 방법이 달라진다는 일반화된 지식을 이해해 나가도록 지도한다.

독자는 담화 지식을 활용하여 의미를 정확히 이해한 다음 작가의 편

---

[17] 텍스트가 가진 형식을 담화 구조라고 하는데, 텍스트마다 각기 다른 유형의 글의 독특한 특성에 대해 아는 것을 담화 지식이라고 한다. 담화 지식은 이야기체의 글, 설명적인 글, 설득하는 글, 정보를 주는 글의 구조적이고 조직적인 지식과 그들 사이의 다른 점에 대한 지식을 포함한다.

향이 무엇인지, 숨은 의미에 대해서도 비판적이고 의심하는 자세로 접근해야 한다. 독자는 자신의 관점을 이해하기 위하여 작가의 관점을 파악해야 한다. 관점은 편향을 담고 있기 때문에 독자는 작가의 관점을 이해하면서 자신의 관점과 편향(나는 이러한 생각을 좋아하는구나 또는 좋아하지 않는구나)에 대하여 이러한 편향은 어떻게 생긴 것일까 생각하면서 자신의 정체성을 파악하게 된다. 또한 작가의 목적과 의도에 따라 의도하지 않은 추정과 오류가 포함될 수 있음을 생각하고 질문하면서 책을 읽어 나가야 한다. 그 과정에서 작가의 관점과 자신의 관점을 통해 새로운 의미를 발견하고 해석을 만들어 가게 된다.

독자는 자신의 맥락에 따라 독자 중심의 읽기 목적과 의도, 관점을 텍스트 내용에 반영하면서 작가의 관점뿐만 아니라 자신의 관점이 가지는 편향을 이해하면서 텍스트를 해석하고 자신이 새롭게 발견한 의미를 이해하게 된다. 작가가 제시한 생각과 지식을 있는 그대로 받아들이기보다 작가가 표현한 세상과 '나'를 연결하여 세상과 의사소통할 때 새로운 가치를 발견할 수 있다.

한편으로는 독서를 통해서 세상과 나를 연결하고 의사소통한다는 뜻은 지금 읽는 책이 독자가 이전에 읽었던 책의 해석과도 연결됨을 의미한다. 엄밀히 말하자면 독서의 과정은 한 권의 책을 읽는 행위로 끝나지 않고 이전의 독서로부터 상호 텍스트적인 요소를 발견하고 해석과 이해에 적용하는 것이다. 그런 의미에서 '내가 읽는 책이 나를 만들어 간다'는 관점이 형성된다.

3 선택되는 책과 금지되는 책

'내가 읽는 책이 나를 만들어 간다'는 관점에서 보면 독자의 'Right Book'은 독자의 개별 영역에서 결정된다. 독자는 자신의 독서 목적과 독서 수준에 의해 도서 수준을 결정하면서 또한 독자의 정서에 불편함을 주는 책을 선택하지 않는다. 독자는 단순하게 책을 읽는 사람이 아니라 그 책을 쓴 작가의 목적과 의도가 있음을 알고 그 의미를 해석하는 데 자신의 맥락을 통해 비판적으로 읽는 사람이기 때문이다.

이렇게 독자가 의사소통하게 되는 Right Book은 독자가 책을 선택하면서 만나게 된다. 책을 선택하는 과정은 많은 요인이 동시에 작용하는 매우 복잡한 과정이며, 독자 개개인에 따라 다양한 양상을 보이기도 한다. 이는 주체가 어떤 독자인가를 살펴보는 하나의 지표로 기능한다(왕효성, 2014). 그러므로 독자가 책을 선택하는 과정에서 나타나는 책의 특성은 파악해 볼 필요가 있다. 한편 독자에게 권장되고 선택되기를 바라는 책의 반대편에 있는 금지되는 책이 있다. 독서 교육 상황에서 독자에게 금지되는 책이 가지는 특성과 의미도 함께 살펴본다.

가. 책 선택에 영향을 주는 요인

이지영·박소희(2011)는 우리나라는 책 선택의 연구가 미흡하여 책 선택 지도를 할 때 독자 개인의 취향으로 보거나 도서관 사서와 교사들이 경험적 수준에서 지도하는 경향이 있다고 하였다. 책 선택에 대한 실증적인 연구의 필요성을 밝히면서 초등학생을 대상으로 하는 책 선택 연구물들을 분석하여 초등학생들의 책 선택에 영향을 주는 요인을 크게

'텍스트 요인', '독자 내적 요인', '맥락 요인'으로 범주화하였다.

[그림 3] 초등학생의 책 선택 요인(이지영·박소희, 2011)

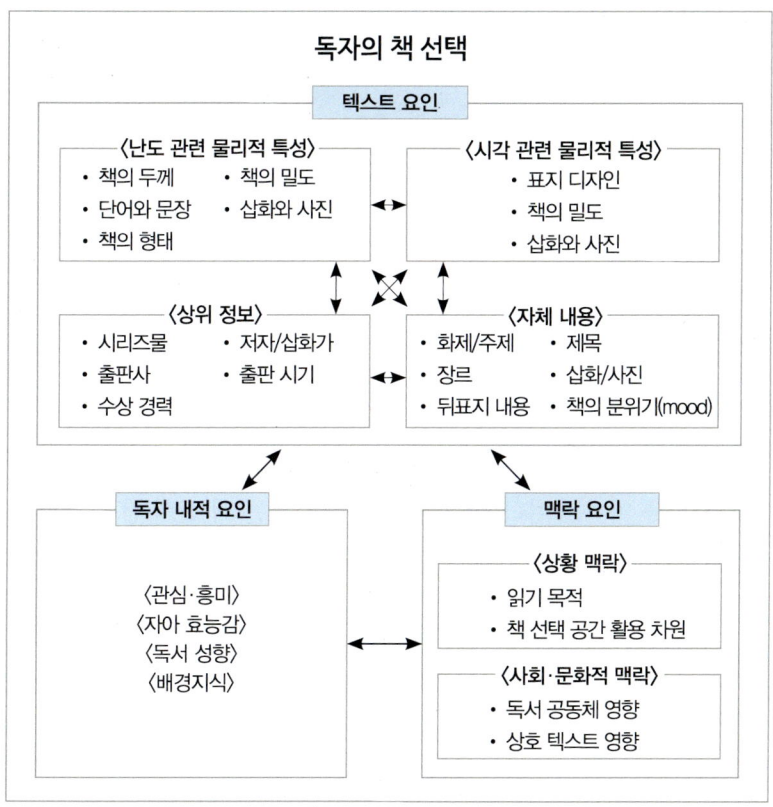

책 선택의 주체는 독자이기 때문에 모든 요인이 기본적으로 독자와 관련을 가지며 요인들 간에 겹치는 부분이 존재하기도 하며, 상호 관련이 되어 있어 엄밀하게 분리되지 않는다고 하였다. 책 선택에 영향을 주는 요인은 독자가 책을 선택할 때 복합적으로 작용하며 결과적으로 독자가 선택한 책의 특성으로 나타난다. 그러므로 책 선택 전략을 구성함에 있어 초급 독자의 책 선택에 영향을 주는 요인들을 다룰 필요가 있다.

(1) 텍스트 요인

텍스트 요인은 독자가 책을 선택하는 과정에서 텍스트의 특성을 다루기 때문에 가시적으로 쉽게 파악할 수 있는 요인이다. 연구에서는 여러 텍스트 요인 중에서 '화제/주제'와 '제목'이 학생 개개인의 관심 분야와 상호 작용하면서 고려되는 가장 중요한 요소라고 밝히고 있다.

책 선택 학습에서도 초급 독자가 책을 선택할 때, 텍스트의 여러 특성을 고려하여 책을 선택하기보다 우선적으로 책의 '화제/주제'와 '제목'으로 자신의 관심 분야를 확인하는 경향을 쉽게 찾아볼 수 있다. 이는 학생들이 서가에 책이 꽂힌 상태에서 책등에 보이는 책 제목을 간단하게 스쳐보면서 책을 선택하는 영향으로 보인다.

책의 복합적인 특성을 파악하여 적합한 책을 선택하기 위해서 책 선택에 영향을 미치는 여러 '텍스트 요인'을 다루는 책 선택 전략이 필요하다. Wutz와 Wedwick(2005)은 학생들이 독립적으로 책을 읽기 위해 책 선택에 영향을 미치는 다양한 '텍스트 요인'을 독자의 책 선택에 활용하도록 'BOOKMATCH 전략'을 개발하였다. 책 선택 학습에서는 북매치 전략을 활용하여 텍스트 요인을 학습한다.

(2) 독자 내적 요인

독자 내적 요인은 책 선택에 관여하는 원천적이고 잠재적인 독자의 기본 성향을 바탕으로 한다. 책 선택에 영향을 주는 다른 요인들을 고려하게 하는 가장 강력한 동기이자 결정적인 요인이지만 연구로 포착하기가 어렵기 때문에 텍스트 요인과 결부지어 논의하는 경향이 있다고 밝히고 있다.

책 선택의 모든 요인은 기본적으로 책을 선택하는 과정 전반에 '독자'와 관련이 있지만 '독자 내적 요인'인 관심·흥미, 독자로서의 자신에 대한 자아 효능감(self-efficacy), 개인적 독서 성향, 독자의 배경지식은 독자의 내부에서 작용하는 요인이기 때문에 독자만이 스스로 파악할 수 있다. 어쩌면 독자가 자신의 'Right Book'을 주도적으로 선택하는 데 가장 중심이 되는 요인일 수 있다. 특히 '독서에 대한 자기 효능감(self-efficacy)'은 책 선택의 요인이면서 독서의 과정에서 길러지는 능력이기 때문에 독자가 독자 내적 요인을 스스로 파악하고 조절할 수 있다면 자신의 Right Book을 분명하게 다루면서 자기 주도적 독서를 조절할 수 있을 것이다.

이러한 독자의 내적 요인을 바탕으로 책의 적절성을 결정하고자 할 때에는 무엇보다도 독자 자신이 자신의 내적 요인을 파악할 수 있어야 한다. 독자와 텍스트의 상호 작용은 독자 자신이 판단할 수 있는 영역이기 때문이다. 따라서 책 선택 학습에서는 독자 내적 요인에 관하여 첫 번째 책 선택 전략으로 다룬다. 독자 스스로 자신이 책 선택의 주체임을 인식하고 주도적으로 독서를 조절해 나가는 방법을 학습하도록 '독자 자기 인식 전략'을 사용한다.

(3) 맥락 요인

연구에서는 '맥락 요인'을 독자가 책을 고르는 상황과 직접적으로 관련 있는 상황 맥락과 독자가 속한 독서 공동체와 관련 있는 사회·문화적 맥락으로 나눈다. 특히 최근에 초급 독자에게 영향을 미치는 사회·문화적 맥락에 대해 크게 주목하고 있다.

① 상황 맥락 범주 – 책을 고르는 공간의 환경

'책을 고르는 공간의 환경'은 독자가 책을 선택하는 상황 맥락에 해당한다. 초등학생들은 집, 교실, 학교 도서관, 공공 도서관, 서점, 인터넷 서점 등 다양한 공간에서 책을 고르는데, 이때 각 공간들마다 사용하는 고유한 '책 배열 규칙'을 아느냐, 모르느냐가 초등학생들의 책 선택 결과를 다르게 만들 수 있다고 하였다.

이와 관련하여 주목할 만한 연구로 Reutzel & Gali(1998)의 연구를 소개하고 있다. 아동들의 책 선택 과정을 관찰한 결과, '책장 높이(눈높이, 눈높이 아래, 눈높이 위)'와 '도서관의 지리에 대한 지식(섹션, 책장, 배치, 정확한 책의 위치)' 요인이 초등학생들의 책 선택 행동에 영향을 주는 것으로 나타났다. 연구에 참여한 초등학생들의 97%가 자신의 눈높이나 눈높이 아래의 책들을 주로 골랐고, 도서관의 지리에 대한 지식 중에서는 서가에 대한 지식을 가장 많이 활용하는 것으로 나타났다. 이러한 경험적 결과는 서점과 같은 상업적 공간에서 책을 판매할 때 역으로 활용될 수 있다. 많이 팔고자 하는 책을 책장의 눈높이나 그 아래 위치에 배치한다면 판매 신장의 효과를 거둘 수 있을 것이다. 최근 우리의 일상생활에서 떼 놓고 생각할 수 없는 매체인 인터넷상의 책 선택 공간들, 예를 들면 인터넷 도서관이나 인터넷 서점 등의 책과 관련된 정보의 배열 방식 역시 중요하게 고려해야 한다(이지영·박소희, 2011).

'책 배열 규칙'에 대한 이해의 정도가 미치는 영향은 학교 도서관을 활용하는 학생들에게서도 일관되게 관찰된다. 의외로 많은 학생이 학교 도서관의 책 배열 규칙을 잘 이해하지 못함으로 책 선택의 어려움을 갖고 있다.[18]

독서 교육의 장면

책 선택 방법을 학습한 후에 자신이 좋아하는 과학책을 다시 찾아 읽을 수 있어서 기쁘다는 5학년 학생이 있었다. 그 학생은 독서 습관이 매우 바르게 형성된 학생임에도 불구하고 도서관의 시스템을 잘 모르고 있었다.

방학 동안 학교 도서관이 공사를 하였고, 서가가 재배치된 이후에 그 학생은 과학책 서가를 찾지 못하고 한동안 자신이 좋아하는 과학책을 읽지 못했다. 도서관을 자주 이용하는 학생임에도 도서관의 시스템을 알지 못하고 자신이 좋아하는 책이 있는 서가의 위치에만 익숙하였음을 알 수 있다.

여러 연구에는 학생들이 우연히 재미있는 책을 발견한 서가 주변에서 책을 선택하여 읽는다고 밝히고 있다. 그래서 그 분야의 책을 주로 읽게 된다고 하는데 어쩌면 초등학생의 편독은 다른 분야의 책에 접근하지 못함으로 좁은 독서 영역에서 일어날 수도 있다.

정보 수집을 목적으로 적합한 정보에 접근하기 위해 필요한 리서치 기능(Research skill)으로 해당 정보가 있는 시스템을 활용하는 능력이 중요하게 인식되고 있다. 특히 정보의 바다라고 불리는 인터넷 공간에서 광범위한 선택 범위를 초점화하고 필요한 정보를 조사하기 위해서는 그 시스템을 활용하는 능력이 시스템 리터러시로 요구된다.

책 선택의 경우, '책을 고르는 공간'에서 사용되는 '책 배열 규칙'을 알고 활용하는 능력은 독자가 갖추어야 하는 시스템 리터러시로 독자의 책 선택에 큰 영향을 미치는 요인이다. 인터넷 공간뿐만 아니라 학교 도서관, 서점에서 책이 배열되는 규칙을 알고 활용할 수 있다면 독자는

---

18 사서가 배치되어 있는 학교 도서관임에도 불구하고, 고학년 학생들조차 도서관의 책 배열 규칙에 대해서 잘 알고 있지 못하고 활용하지 못한다(이경화·신의경, 2017).

'책을 고르는 공간'을 자기 주도적으로 활용해 책을 선택할 수 있다.

따라서 학생들은 책을 가장 많이 고르는 공간인 학교 도서관의 시스템을 알고 다룰 필요가 있다. 책 선택 학습에서는 학교 도서관을 활용하는 시스템 리터러시를 개발시키기 위해 학교 도서관의 책 배열 규칙인 한국 도서관 십진분류표를 활용하는 한국 십진분류표 전략을 사용한다.

② 사회·문화적 맥락 범주 – 독서 공동체의 영향

'맥락 요인'의 사회·문화적 맥락 범주에서는 초등학생이 속한 독서 공동체의 구성원들이 미치는 '독서 공동체의 영향' 요인을 밝히고 있다.

학생들은 '독서 공동체의 추천'의 영향을 받는데 친구, 교사나 가족의 추천을 반영하는 경우가 많다고 하였다. 그러나 국내의 경우, 많은 학생이 교사나 학교 차원에서 사용하는 '권장/추천/필독 도서 목록'에 실린 책들을 주로 선택하고 있다. 심지어 어떤 학생들은 이렇게 강제된 책들 이외의 것은 읽지 않는 경우도 있다.

'독서 공동체의 평가' 요인은 추천보다는 책과 관련하여 좀 더 객관화된 사회·문화적 정보라고 보는데 독자 주변 사람들의 책에 대한 평가, 각종 매체를 통해 전달되는 서평, 온라인 서점에서의 출판사 리뷰, 독자 리뷰 등이 포함된다. 특히 온라인 구매력이 높은 온라인 서점 사이트에서 제공하는 대중들의 책의 재미나 가치에 대한 평가는 도서 구매에 결정적인 영향을 미친다고 한다.

마지막으로 '공동체 내에서의 인기도' 요인은 주변 사람들이 읽는 빈도, 베스트셀러 순위, 판매 부수, 여러 매체에 노출되는 빈도 등을 의미한다. 독자가 존재하는 공동체 내에서 자주 언급되고 목격되며, 여러 매체를 통해서 그 책에 대한 소개·추천·평가로 인하여 그 책을 선택할 확률이 높아진다고 한다.

사회·문화적 맥락 안에서 '독서 공동체'가 독자에게 미치는 영향은 책 선택 학습의 장면에서도 자주 발견된다. 교사가 책 선택 시범을 보이면서 활용한 책이나 작가와 장르에서 비슷하게 책을 선택하는 경향이 바로 나타나기도 한다.

책 선택 학습이 학급이라는 학습 공동체에서 이루어지므로 학습자가 독서 공동체의 영향을 직간접으로 경험하기에 적절하다. 학습 독자는 자신이 속한 독서 공동체의 문화적 배경을 쉽게 이해할 수 있으며 한편으로는 상이한 관점과 다양한 배경지식을 만날 수 있다. 따라서 독서 공동체의 특징을 잘 살려 책 선택 학습을 구성할 필요가 있다. 독자의 개별 영역인 독서 과정을 독서 공동체에서 공유하면서 학습자는 저마다 Right Book이 다름을 이해할 수 있다. 그뿐만 아니라 독서 공동체에서 공유하는 다양한 책과 독서의 영역을 인식하고 확장할 수 있다.

독서 교육의 장면
- 은형이는 가끔 친구가 추천한 책을 읽거나, 책을 잘 읽는 친구가 읽은 책을 읽어 보려고 시도를 하는데 그 책이 너무 어려워서 읽어지지 않을 때 좌절감을 느꼈다고 한다. 권장 도서 목록이 학년별, 수준별로 주어지는데 또래 친구들이 읽는 책을 잘 읽어 내지 못할 때 자신이 무능하다는 생각이 든다고 한다.
- 경선이가 선택한 책을 10여 분간 읽다가 재미없다며 다시 선택하겠다고 의자에서 일어섰을 때, 나라가 "나는 재미있던데."라고 말했다. 그러자 경선이는 의자에서 채 일어나지 못하고 엉거주춤 머뭇거렸다.

나라에게는 재미있는 책이 경선이에게는 재미없을 수 있다, 각자의 관심과 흥미에 맞는 책이 다를 수밖에 없다고 설명해 주었다.
- 독자마다 Right Book이 다른 것이 당연하다는 인식만으로도 학생들은 자유롭게 책을 던지고 자신의 Right Book을 찾아간다.
- 방학 전에 안내한 '새책 구입 목록'을 들고 학교 도서관 서가를 배회하는 학생이 있었다. 방학 중에 책이 뒤섞여 있어 찾기가 쉽지 않으니 다른 책을 찾아보자고 하였지만 아이는 반드시 그 책들을 찾아야 한다고 울먹였다. 아이의 어머니와 통화를 하였는데 본인은 독서에 대해서 잘 알지 못하기 때문에 방학 중에 학년별 권장 도서 목록에 있는 책이라도 다 읽히려고 하니 반드시 그 책을 찾아서 보내 달라고 요청하였다. 그리고 학교에서 그 책을 선정한 데는 그만한 이유가 있는 것 아니냐고 반문하였다.

　도서관에 좋은 책을 구비해 놓으면 자연스럽게 독서가 일어날 줄 알았는데 안내한 도서 목록이 학부모와 학생에게는 필독 도서 목록으로 받아들여지고 있다.

나. 금지되는 책

　지금까지 독자가 책을 선택하는 과정에서 나타나는 책의 여러 가지 특징을 살펴보았다. 그런데 독서 교육의 장면에서 독자에게 선택되고 권장되는 책의 반대편에 독자에게 금지되는 책이 있다. 미국에서는 학부모가 자신의 자녀에게 읽히기를 금지하는 책 목록을 만들고 학교에서도 그 책들을 다루지 않도록 강력하게 요청하는 경우가 있다. 이런 학부모 그룹은 학교 도서관에서 그 책을 금지시키고 교육과정에서 다루지 않도록 여러 형태의 영향력을 행사한다. 금지 도서 목록은 지역에 따라 경향성의 차이가 나타난다.

'금지 도서(Banned books)'로 지정된 책 중에는 저명한 상을 수상한 작품도 있고, 정전으로 불리는 작품도 있다. 오래된 문학 작품에 쓰인 단어의 의미가 지금 시기의 어법과 맞지 않아서, 내용의 폭력성 때문에, 성소수자를 다룬다는 등의 다양한 까닭과 이유로 그들이 가정에서 자신의 아이에게 금지한 책 목록을 학교와 교육과정에서 금지하기를 요청한다. 이러한 영향으로 'Banned books'를 배제하는 학교가 있다.

한편에서는 '금지 도서 주간(Banned books week)'을 운영하는 학교가 있다.[19] 'Banned Books Book Club' 활동 등에서 책을 금지하는 관점과 의도를 설명해 주면서 학생들에게 그 부분을 고려하여 읽어 보라고 안내한다. 누군가의 관점에서 금지되고 배제되는 이유를 안내함으로써 학생들은 관점이 다양함을 인식할 수 있다. 그리고 자신의 사회·문화적 배경에 따라 'Banned books'의 관점을 파악하여 자신에게 상처가 되지 않으며, 읽을 준비가 된 책을 선택하는 데 정보로 활용할 수 있다.

'Banned Books'를 지정하는 관점에서 보면 학교 도서관에 구비된 많은 책은 학생의 발달 단계에 따라서 아직 그 주제와 특성을 받아들일 준비가 되지 않는 학생들에게 적합하지 않은 책일 수 있다. 이러한 고민은 독서 지도를 하는 교사에게도 같은 맥락으로 나타난다.

독서 교육의 장면
- 독서 지도를 하는 교사의 고민
초등학교 아이들이 읽는 책인데 청소년의 임신과 출산, 가정 폭력이나

---

19 'Find a Banned Book', ala.org/bbooks, 2014 American Library Association의 자료를 활용하여 'Banned Books'를 안내한다.

[그림4] Banned books week in ISB Library(2023)

가출을 다루는 책들이 있습니다. 제 입장에서는 아직 아이들이 몰랐으면 하는 세상의 이야기인데 추천 도서 목록에 있고 도서관에 수서되어 있어서 아이들이 읽게 됩니다.
　교사가 모든 책을 다 읽어 볼 수도 없는데 책을 읽어 가는 중에 발견하게 되는 내용들이 아이들에게 미칠 영향을 자연스럽게 생각하게 됩니다 (세종 ㅁ초등학교, 최 교사 인터뷰).

　학교 도서관뿐만 아니라 세상에 있는 모든 책이 독자에 따라서 적합하기도 하고, 적합하지 않은 책이기도 하다. 타인의 관점으로 정해진 추천 도서와 금지 도서 또한 그들의 관점에 따른 적합성이 적용될 뿐이다. 독서의 가치를 알고 효과적인 독서 교육을 생각하는 교사와 학부모의 입장에서 책을 읽고 무엇인가 얻기를 바라거나 접근하지 않기를 바라는 것 모두 독서가 맥락에 대한 포섭임을 잘 알기 때문이다.
　이렇게 독자는 사회적 맥락 속에서 광범위하게 포섭되고 구성되고 있기 때문에 세계를 비판적으로 읽을 수 있어야 하고, 합리적인 판단을 내리는 능력을 갖추어야 한다(이재기, 2006).
　따라서 초급 독자가 독서를 배울 때 다양한 세상의 이야기를 통해 다양한 관점이 있음을 아는 것에 의미[20]를 두어야 할 것이다. 책을 읽으면

20　이와 관련하여 Wedwick과 Wutz(2008)는 초급 독자가 다양한 주제에 대하여 읽을 준비를 해 나가야 한다고 말한다.
　"독자가 읽을 책의 주제에 초점을 두고 스스로 결정을 내려야 한다. 문학은 본질적으로 심각하거나 성숙한 여러 주제에 대한 정보를 독자와 공유할 수 있다. 독자가 그러한 주제에 대해 준비하는 것이 중요하다. 학년별 몇 가지 예로는 죽음과 임종, 노숙자와 빈곤, 인종 차별, 관계, 전쟁 등이 있다."

서 사회·문화적 관점에 따라 책의 의미를 해석하고, 다양한 관점을 만나면서 자신의 정체성을 깨달을 수 있는 독자로 성장해야 하기 때문이다.

그러므로 독서를 배우는 초급 독자는 주도적으로 자신의 독서 주제를 선택하여 읽으면서 다양한 관점과 만나는 독서를 인식하고 비판적으로 해석하는 능력도 함께 길러 나가야 한다.

Banned books에 대하여 '다른 관점'으로 접근한 수업 사례가 있다. 학생들은 Banned books를 지정하고자 하는 관점에 대해 접근하면서 자신의 관점을 파악하고 다양성에 접근하게 된다.

교과 연계 지도 사례

ISB 6학년 영어 교사 Mr. Allbery

(1) 운영 계획

Unit Launch	Banned books의 의도 알아보기, 금지 도서 지정해 보기(판단하기)
Challenged / Banned Book List (titles we offered)	책 선택하기
Book Club Notes Organizer	북 클럽 계획하기
Discussion Lesson	토론 학습
Challenged/Banned Book Evidence Collection(support for argument writing)	논쟁적 글 쓰기를 위한 자료 수집하기

(2) 학습 활동

<책 선택하고 읽기>

책 목록을 활용하여 자신의 읽기 능력, 관심을 가지는 장르와 금지된 사유 등을 고려하여 책을 선택(1, 2순위)하고 북 클럽을 배정한다.

<토론 학습하기>

① 1차 토론하기- 이 책은 금지되어야 하는가? 나의 생각은?

② 2차 토론하기- 찬반 토론

부모와 다른 사람이 학교와 도서관에서 책을 금지할 수 있습니까?	
– 여러분의 의견에는 어떤 진술이 더욱 강하게 다가옵니까?	
네	아니요
• 부모는 자녀가 어떤 자료에 노출되는지 결정할 권리가 있다. • 아이들이 학교나 공공 도서관에서 성, 폭력, 마약 사용 또는 기타 부적절한 주제에 노출되어서는 안 된다. • 도서관에서 부적절한 콘텐츠로부터 어린이를 보호하고자 하지만 사람들이 그 책을 읽거나 작가가 책을 쓰는 것을 막으려는 것은 아니다.	• 부모는 자신의 자녀가 읽는 내용을 통제할 수 있지만 다른 사람이 읽을 수 있는 책을 (도서관 등에서) 제한할 권리는 없다. • 자주 금지하고자 하는 책은 사람들이 세상과 자신의 위치에 대해 더 나은 아이디어를 얻는 데 도움이 된다. • 책은 다양한 삶의 경험을 접할 수 있는 통로이며 독서는 공감과 사회 정서 발달을 촉진한다.

③ 3차 토론하기- 이 책은 금지되어야 책입니까? 아닙니까? 그 까닭은 무엇입니까?

<논쟁적 글 쓰기>

참고 자료에서 자신의 주장을 뒷받침할 근거를 찾아 글쓰기

주제	도서 제한 및 금지(Book challenges and Banning)
안내 질문	도서 검열에 대한 학부모의 의견 제기에 동의합니까?
글쓰기 대상	학교에 도서 제한에 대한 의견 편지를 보내온 학부모에게
참고 자료	찬성: Source #1: Venezuelan Textbooks Anger Many Parents (Newsela) Source #2: Six Dr. Seuss Books Won't be Published Anymore Because of Racist Images (Newsela)
	반대: Source #3: Why Your Kid Should Read Banned Books (Washington Post) Source #4: Over 1,300 Children's and YA Authors Condemn Book Banning (WeNeedDiverseBooks)

(찬성과 반대 리소스 결정하기)

나의 발견 (인용하기)	나의 생각 (그 부분의 중요성 설명하기)

(3) 학습자 반응 및 기대 효과

① 학생들은 비슷한 읽기 수준과 좋아하는 장르로 북 클럽을 만든다. 자발적으로 선택했으며 읽기 수준에 적합하기 때문에 다양한 이해와 해석을 모을 수가 있다. 학생들은 상이한 배경지식과 성향, 관점의 차이를 통해 다양성을 경험한다.[21]

② 세 차례의 토론 과정을 통해 학생들은 토론의 방법을 배우며 그 과정에서 자신의 생각의 변화를 통해 자신의 정체성을 분명히 알게 된다. Banned books에 대한 관점의 차이는 토론을 학습하기에 적합하다. 그 토론을 바탕으로 논쟁적 글 쓰기를 지도한다.

③ 학생들은 자율적인 책 선택의 필요성에 대해 인식하게 된다. 학생의 발달에 영향을 미친다는 이유로 Banned books를 지정하는 의도와 관점에 대하여 각각 발달과 사회•문화적 배경이 다른 학생들에 대한 간섭은 잘못되었다고 판단한다. 그런 관점에서 학생들은 독자로서 자신의 책을 선택할 수 있어야 함을 깨닫는다.

④ 비록 Banned books의 의도에는 반대하더라도, 자신에게는 잠재적으로 문제가 없는 언어적 표현과 내용이더라도, 누군가에게는 문제가 될 수 있음을 이해하면서 관점의 다양성을 이해한다.

---

21 "학생들이 다양한 책을 접할 수 있는 기회는 매우 중요합니다. 이때 항상 학생의 발달에 적합해야 하기 때문에 특정 주제에 관한 책을 학습에 활용할 때 여러 단계의 읽기 수준과 다양한 장르 등을 고려하고 제시하여 학생들이 적합한 책을 선택할 수 있도록 합니다. 학생들은 자신의 발달에 적합한 책을 읽으면서 다양성을 찾아갈 수 있습니다."(ISB 교사 Mr. Allbery 인터뷰)

2부

책 선택
학습의 방향 및
교수·학습 접근

1장 다양한 책 읽기 탐구
2장 리서치 기능
3장 선택의 개념과 기술

책 선택 학습에서는 다양한 책을 선택하고 읽는 데 필요한 지식과 기능을 기르기 위하여 '나의 Right Book은 어떻게 찾을 수 있는가?'라는 질문을 바탕으로 탐구의 과정을 학습한다.

학습으로 계획된 독서 상황에서 학습 독자는 자신의 'Right Book'을 선택하는 방법에 대해 안내된 탐구(guided inquiry)를 해 나간다. 그리고 책을 선택하여 읽는 반복적인 탐구를 거쳐 점진적으로 독자 주도의 탐구(opened-mind inquiry)를 해 나가는 독자로 성장할 것임이 기대된다.

학습 독자는 책 선택 학습을 통해 다양한 책을 읽으면서 다양한 책의 유형과 특징을 알고 책마다 읽기 방법이 다름을 알게 될 것이다. 그리고 반복되는 독서 과정에서 책에 맞는 적절한 읽기 방법을 적용하여 읽으면서 읽기 기능을 길러 갈 것이다. 따라서 향후 읽기 교육을 통하여 독자로 성장하는 동안에 국어과 읽기 학습(Learning to Read)에서 학습하게 되는 읽기 방법을 교과 독서와 같은 실제적 읽기에 능동적으로 적용하면서 지속적인 탐구를 해 나갈 것으로 기대된다.

그러므로 독서에 대한 지속적인 탐구를 해 나가는 책 선택 학습에서는 학습 독자가 책을 선택하는 과정에서 나타나는 특성과 의미를 반영할 필요가 있다. 앞서 1부에서 살펴본 학습 독자가 독자로서 책을 선택하는 과정에서 발견된 의미 있는 관점을 반영하여 교수·학습적 접근을 해 나간다.

먼저 책 선택 과정에서 나타나는 주체성의 특성을 살려 책 선택 학습을 구성할 필요가 있다. 따라서 초급 독자의 주체성을 바탕으로 하기 위해서 항상 독자 중심으로 학습을 구성해야 할 필요가 있다. 늘 독자의 관심과 흥미, 비계 범위에서 독자가 스스로 독자 수준과 도서 수준을 파악하여 독서 목적에 적합한 책을 선택하도록 학습을 구성한다.

그리고 초급 독자가 다양한 책을 읽는 독자로 성장하기 위해 익혀야 하는 지식과 기술을 반영해야 한다. 학습 독자가 책 선택 학습을 통해 다양한 책을 선택하고 읽으면서 갖추어 가야 하는 독자의 지식과 기능은 다음과 같다.

○ 자료에 접근하기 위한 리서치 기능(Research skill)

독서 목적에 맞는 책에 접근하여 자신의 독서 목적에 적합한지를 판단하는 기술이다. 리서치 기능에는 책을 선택하는 공간에서 책이 배열되는 기준을 알고 활용하는 시스템 리터러시까지 포함한다.

○ 책의 특징을 파악하고 특성에 맞는 읽기 방법을 적용하여 읽는 기능
  (Reading skill)

다양한 책의 특징을 이해하고 독서가 표현과 이해의 의사소통과정임을 아는 지식을 갖추어야 한다. 그리고 책에 따라 읽기 방법이 다름을 알고, 필요한 읽기 기능을 활용해 독서를 해야 한다.

○ 자료의 출처 정보를 다루고 내용의 신뢰성을 판단하는 기능(Critical thinking skill)

독자는 해독의 결과로 자신이 선택한 책의 신뢰성을 판단할 수 있어야 한다. 따라서 저자와 자료에 대한 신뢰성을 비판적으로 판단하고 평가하는 태도와 기능이 필요하다.

○ 자신의 독서를 조직하고 조절하는 기능(Self-management skill)

학습 독자는 독서 상황에 맞는 책을 선택하고 읽는 독서의 전 과정에서 독자로서 자신의 독서를 조직하고 성찰하고 조절하는 메타 인지를 활용해야 한다.

책 선택 학습은 독서 교육의 방법으로서 독자가 다양한 책을 선택하고 읽으면서 갖추어 가야 하는 지식과 기술을 기르는 방향으로 교수·학습을 구성한다. 그러므로 교수·학습의 중점에는 항상 학습자가 독자로서 자신의 독서를 조절할 수 있는 지식과 기능이 발전하고 있다는 독자 효능감[22]을 인식하도록 해야 한다.

자기 효능감은 자신이 무엇을 할 수 있다는 자신의 능력의 진화에 대한 깊은 생각, 즉 성찰을 통해 깨닫게 되며 이는 자기 주도성을 뒷받침하는 바탕이 된다. 그러므로 책 선택 학습에서는 자기 주도적인 독자의 역할을 탐구하면서 독자로서 자기 효능감을 길러 가도록 교수·학습을 구성해야 한다.

---

22 자기 효능감이란(Self—efficacy)란 어떠한 과제를 성공적으로 수행할 수 있는 지식과 기술을 가지고 있음을 아는 자기의 믿음이다. 독자 효능감이란 독자로서 독서를 성공적으로 수행할 수 있다는 자기 효능감을 일컫는다.

1장 | 다양한 책 읽기 탐구

1　실제적 독서 상황

　독자 효능감은 독서 능력 진화에 대한 자신의 믿음이므로 독자가 독서 목적에 따라 선택한 다양한 책을 성공적으로 읽을 때 확인된다. 다양한 책 읽기는 읽기 교육의 본질이면서 목표이다.

　다양한 책을 읽는 독자는 독서를 통해 다양한 문화와 다양한 관점을 만나게 된다. 자신이 속한 문화와 전통을 이해하여 정체성을 파악할 수 있으며, 타인의 가치관과 전통을 이해하고 수용할 수 있다. 따라서 광범위한 세상의 일과 내가 '연결'되어 상호 작용하고 있음을 알게 된다. 그리고 다양한 문학 작품을 읽으면서 문학에 대한 심미안을 기르며, 다양한 비문학 텍스트를 읽으면서 학문적 문식성을 기른다. 무엇보다 다양한 책을 읽는 독자는 상호 텍스트성을 살려 책을 읽고 해석하며 독자의 의미를 만들어 나갈 수 있다.

　이렇듯 다양한 책을 읽는 가치는 다양한 책을 읽음으로써 얻어진다. 따라서 책 선택 학습은 다양한 책의 특성을 알고 다양한 종류의 책을 읽어 낼 수 있는 독자를 기르는 방향으로 구성된다. 그렇다면 실로 다양한 문학적 형태와 텍스트의 유형, 다양한 문화와 관점을 다루는 책 읽기를 어떻게 초급 독자에게 지도할 수 있을까?

독해 과정에 대한 지도는 기초 독본 지도, 문학 중심 독서 지도, 통합적 독서 지도, 교과 독서 지도, 보정적 독서 등과 같은 다양한 독서 지도 상황에서 제공되어야 한다.[23] 책 선택 학습 또한 실제적인 독서 상황에서 다양한 책을 선택하고 읽는 과정에서 다양한 책을 읽을 수 있는 기능을 신장시켜야 한다.

따라서 책 선택 학습에서는 문학책 독서, 정보책 독서, 자유 독서, 교과 독서, 주제 통합 독서와 같은 실제적인 독서 상황이 학습 상황으로 구성된다. 이렇게 실제적인 독서 상황에 따라 책 선택 학습을 구성하면 다양한 책 읽기를 지도할 수 있을 뿐만 아니라 선택의 범위가 넓은 학교 도서관에서 학습의 범위로 선택의 범위가 초점화되어 인지적 과부하를 줄이는 장점이 있다.

일반적으로 책을 선택할 때에는 독자의 '독서 목적'과 '독서 상황'에 따라 책 선택이 진행되는데 책 선택 학습에서는 독자의 개별적인 '독서 목적'보다 '독서 상황'을 책 선택 학습의 탐구 상황으로 삼기에 적합하다.

학습 독자는 '탐구 상황'으로 제시된 '독서 상황'에서 '나의 Right book은 어떻게 찾을 수 있는가?' 질문하고 탐구하면서 학습 독자의 '독서 목적'을 구체화할 수 있다. 학급에서는 독서 상황에 적합한 책 선택 전략을 탐구한 후에 독자의 개별적인 '독서 목적'에 맞는 책을 선택하기 위해 학습한 독서 전략을 활용하게 된다. 그 과정에서 학습 독자는 자신에게 맞는 책을 찾는 방법을 탐구하게 된다.

---

23 Irwin, J. W.(2012)

독서 교육의 장면
  – 독서 목적에 따라 책 찾기의 어려움

"다양한 책을 스스로 찾아 읽을 수 있다."는 단원 학습 목표[24]를 정하고, '독서 목적'에 따라 책을 선택하는 과정에서 어려움이 발견되었다. 책 선택 과정의 첫 번째 단계는 '독서 목적' 정하기이다. 단원 학습에서 '주제에 맞는 책 찾기' 활동 중 읽고 싶은 '주제 정하기'는 독자의 '독서 목적' 정하기 단계에 해당한다. 그런데 '독서 목적'에 따라 '주제에 맞는 책 찾기'를 수행하기가 쉽지 않았다.

첫째, 독서에 대한 관심과 의지가 없는 학생들은 자신이 '읽고 싶은' 주제를 정하기가 어려웠고 시간이 오래 걸렸다.

둘째, 겨우 '읽고 싶은 내용'을 정하였으나 드넓은 도서관에서 학생 개별 주제에 맞는 책을 찾는 방법을 지도하기가 어려웠다.

셋째, 해당 분류의 서가를 겨우 찾았으나 학교 도서관에 그 '주제'에 맞는 책이 없었다.

따라서 원했던 주제에 맞는 책을 만나는 즐거운 경험을 기대했던 학생들은 막상 서가에 책이 없어 아쉬움을 토로하였다. 결국 도서관에서 '독서 목적'에 맞는 책을 찾지 못함으로써 책 읽기로 이어지지 못했다(이경화·신의경, 2017).

독서 목적은 독서에 대한 독자의 주도적인 의지를 포함하기 때문에 주도적인 독서 태도가 긍정적이지 않은 학생이 독서 목적을 정하는 일은 쉽지 않다. 그러므로 책 선택 학습에서 독자의 개별 독서 목적에 따라 책 선택을 시작한다면 학생의 개별 독서 능력을 차별화 요인으로 다루어야 하는 어려움이 발생한다.

---

24 2009 개정 『국어 6-1』 8단원 책 속의 지혜를 찾아서

또한 특정한 주제에 관한 책이 학교 도서관에 준비되어 있지 않을 때는 독서 목적에 따른 책을 선택하지 못하게 되므로 독서 동기를 불러일으키는 독서가 실행되기 어렵게 된다. 학습할 당시 사회 이슈였던 '남북한 상황'에 대한 책을 찾고자 했던 학생은 결국 학교 도서관에서 찾을 수 없었다. 따라서 독자의 독서 목적에 따라 다양한 책을 스스로 찾아 읽는' 성공적인 독서 경험을 가질 수 없었다.

그리고 도서관 서가의 위치에도 익숙하지 않고 도서관을 활용하는 기본 능력이 부족한 선택 범위가 넓은 학교 도서관에서 개별적인 독서 목적에 따라 책을 선택하는 어려움을 해결하기가 어렵게 된다.

그러므로 '다양한 책을 스스로 찾아 읽는' 책 선택 학습에서는 학습 독자에게 책 선택에 대한 주도적인 의지를 불러일으키는 단계가 필요하다. 학습 상황으로 안내된 독서 상황에서 자신의 독서 경험을 성찰하며 인지하고 '나의 Right book을 어떻게 찾을까?' 탐구해 가면서 자신의 독서 목적을 분명히 할 수 있다.

학습 독자는 실제 독서 상황에서 필요한 독자의 역할과 기능에 대해 학습한 이후에 자신의 'Right Book'을 스스로 탐구하고, 읽기 학습에서 학습한 읽기 방법을 주도적으로 실제 독서에 적용하여 읽는 주도적 독자로 성장하게 된다.[25]

---

[25] 책 선택 학습이 제한된 책 선택 범위에서 안내된 학습의 절차를 따른다는 점에서 오히려 독자의 자율적인 책 선택을 방해할 수 있다는 견해가 있다. 책 선택 학습은 '학습 독자'가 평생 독자의 소양을 기르는 학습의 과정으로 학습 공동체에서 전체적으로 이루어지지만 학습 독자는 실제적인 독서 상황에서 자신의 'Right Book'을 선택하고 읽으면서 개별화된 독서를 해 나간다.

2 배경지식 활성화하여 읽기

실제적인 독서 상황에서 개별화된 독서를 지원하기 위해서는 학습 독자의 배경지식을 활성화할 수 있는 맥락에서 학습을 구성할 필요가 있다. 배경지식 활성화 전략은 독서뿐만 아니라 학습에서도 매우 중요한 기술이다.

능숙한 독자와 그렇지 못한 독자를 구분 짓는 기준에 배경지식을 활성화하여 읽는 능력의 차이가 있다고 한다. 다양한 주제의 책 읽기는 배경지식을 활성화하기에 효과적이지만 학습 독자의 관심과 흥미, 읽기 능력에 맞지 않는다면 제대로 배경지식이 활성화되기가 어렵다. 가끔 교과 학습에서 주어진 텍스트를 이해시키기 위하여 텍스트의 내용과 관련하여 학습자에게 부족한 배경지식을 의도적으로 제공하는 경우가 있다.

그렇지만 실제 독서 상황에서 학습 독자가 스스로 자신의 관심과 흥미, 읽기 능력에 맞는 책을 선택한다면 배경지식을 활성화하며 주도적으로 책을 읽을 수 있게 된다. 그러므로 학습 맥락을 항상 학습 독자의 비계 범위 안에서 구성할 필요가 있다. 책을 선택하기 시작할 때 이미 독자의 배경지식이 활성화되고 독자와 책의 관계가 형성되며 의미 이해가 시작되기 때문이다. 상호 텍스트성에 따른 해석 또한 독자의 배경지식이 활성화하면서 독서를 조절할 때 이루어진다.

안내된 탐구(guided inquiry)의 과정으로 학습 독자가 책의 특성과 독서의 특성을 탐구할 때 배경지식을 활성화할 수 있는 맥락은 다음과 같이 고려할 수 있다.

먼저 국어과에서 학습한 문학의 형태와 읽기 방법을 고려하여 학습을 구성할 수 있다. 다양한 문화권의 문학 작품을 선택하여 읽기 방법을 활용하여 읽고 다양한 문화와 관점을 이해하도록 안내할 수 있다.

또한 내용교과에서 학습한 주제에 연관된 책을 선택하여 읽으면서 각 학문의 특성에 따른 텍스트 유형을 이해하도록 안내할 수 있다. 학습한 주제와 관련하여 배경지식을 활성화할 수 있기 때문에 상호 텍스트성을 쉽게 파악할 수 있다. 내용교과 주제와 관련하여 학습 독자의 관심과 읽기 수준에 적합한 책을 선택하고 읽어 가면서 그 분야의 학문적 문식성을 기를 수 있다. 문식성의 발달에 따라 점점 더 도서 수준을 높여 갈 수 있음을 독서 경험을 통하여 탐구할 수 있도록 한다.

이렇게 학습 독자는 배경지식이 형성된 학습의 범위에서 다양한 문학의 형태와 비문학 텍스트 유형을 선택하고 읽어 가면서 배경지식을 활성화하여 다양한 책을 읽어 나간다. 그 과정에서 학습 독자는 다양한 문학의 형태와 텍스트 유형에 따른 책의 특성과 그 구조의 차이점이 독서 방법의 차이를 불러온다는 개념적 이해에 접근하게 된다.

이러한 개념적 이해를 바탕으로 초급 독자가 독자로 성장하면서 책의 특성에 맞는 읽기 방법을 적용하여 다양한 책 읽기를 할 수 있지 않을까? 상호 텍스트성을 살려 다양한 책을 읽으면서 새로운 의미를 구성해 낼 수 있지 않을까?

교사가 세상의 모든 책을 선택하고 읽는 방법을 지도할 수는 없다. 다만 책 선택권을 가진 독자가 자신의 배경지식을 활성화하여 다양한 책을 선택하고 읽는 방법을 탐구하도록 안내할 수 있다. 학습 독자는 자신의 독서 목적에 따라 다양한 책을 읽는 방법을 탐구하고 적용해 나가면서 주도적이고 개별적인 독서를 하는 독자로 성장해 나갈 수 있다.

2장 리서치 기능

1 시스템 리터러시와 정보 리터러시

독자가 읽기 목적에 맞는 책을 스스로 선택하는 데 필요한 리서치 기능은 주도적인 독서 능력을 이끌어 내는 필수 기능이다. 책 선택과 관련한 리서치 기능에는 독서 자료에 접근하는 기술과 책의 특징을 파악하여 자신의 독서 목적에 적합한지를 판단하는 기술이 필요하다. 따라서 책을 선택하는 리서치 기능에는 독자가 책을 선택하는 공간에서 책이 배열되는 시스템을 활용할 수 있는 시스템 리터러시(System literacy)와 책의 특징을 정보로 다룰 수 있는 정보 리터러시(Information literacy)까지 포함한다.

학교 도서관이나 공공 도서관 또는 온·오프라인 서점 등 물리적 환경에서는 '책 배열 규칙'을 사용한다. 이러한 '책 배열 규칙'을 알고 활용하는 기술은 도서관 활용에 관한 시스템 리터러시에 해당한다. 우리가 어떠한 정보에 접근하기 위해 정보가 구성되어 있는 시스템을 활용하는 능력은 정확하고 적합한 정보에 접근하는 데 도움을 준다.

책을 선택할 때 독자는 책을 선택하는 공간에 대해 잘 알고 있어야 하며 독서 목적에 따라 책 선택의 공간을 초점화하는 방법을 알아야 한다. 책 선택 학습에서는 학습 독자가 책을 선택하는 온·오프라인 공간인 학교 도서관의 시스템을 활용하는 방법을 학습하면서 시스템 리터러시를 길러 나간다. 먼저 학교 도서관에서 책이 배열되는 규칙을 가시적으로 학습하고 활용하면서 시스템을 이해한다. 학교 도서관의 시스템에 익숙해지면 동일한 책 배열 규칙을 사용하는 온라인 도서관을 효과적으로 활용하는 방법을 점진적으로 학습한다. 그 결과 학습 독자가 온·오프라인 도서관의 시스템 리터러시를 활용하여 자신에게 적합한 책에 접근하고 선택하는 리서치 기능이 신장된다. 더불어 어떠한 정보에 접근하고자 하는 목적을 위해서 그 정보가 구성되어 있는 시스템에 접근하는 필요성을 인식할 수 있게 된다.

도서관의 시스템 리터러시가 독서 자료에 접근하기 위한 기술과 관련이 있다면, 책의 특징에 대한 정보는 독서 자료가 독자의 독서 목적과 수준에 적절한지, 도서의 수준을 결정하기 위해 필요한 지식이다. 책의 형태적 특징과 내용적 특징을 알고 책 선택에 활용하는 기술은 정보 리터러시에 해당한다.

학습 독자는 책의 형태적 특징과 내용적 특징을 파악하여 작가 중심의 정보를 확인하고, 독자의 독서 목적에 따라 독자 중심의 정보를 처리할 수 있게 된다. 그 결과 학습 독자는 독서 목적에 맞는 자료를 판단하는 리서치 기능이 신장된다. 더불어 책의 특성과 구조의 차이가 읽기 방법의 차이를 가져온다는 것을 알고 책에 맞는 읽기 방법을 선택하여 읽으면서 정보를 처리하는 정보 리터러시를 길러 가게 된다.

이러한 리서치 기능을 익히는 책 선택 방법은 실제 독서 상황에서 학생들이 즉각적으로 활용할 수 있는 기능이다. 독자의 관심과 흥미, 독서 목적에 맞는 책을 선택하는 독서 효과는 피드백이 매우 빠르게 나타나기 때문에 오랫동안 숙달되어야 하는 독해 기능 못지않게 학생들의 주도적인 독서력을 이끌어 낸다.

독서 교육의 장면
  - 세종 □초등학교 심 교사 인터뷰

  독서보다 재미있는 것들이 많고 게임, 운동 등으로 취미가 공고화되어 가는 시기에 있는 6학년 학생들에게 더 이상 독서 습관을 형성하기 위한 독서 지도는 힘들다고 생각했다. 교실에는 독서 수준이 높고 독서에 몰입하는 학생과 전혀 책에 관심이 없는 학생이 함께 섞여 있다. '온책 읽기'를 진행하다 보면 그 차이가 극명해지는데 학년, 학급 단위로 선택한 '온책'은 독서 수준이 높은 학생들에게는 독서 흥미가 떨어지는 한편, 독서 수준이 낮은 학생들에게는 독서 흥미를 불러일으키지 못해 지도가 어려운 실정이다.

  그러나 학생들을 도서관에 데리고 와서 무작정 읽으라고만 하지 않고 이렇게 '책 선택' 방법을 가르치면서 학생들의 관심과 흥미 영역을 관찰하는 것만으로도 새로운 독서 지도가 될 수 있음이 신기했다.

  국어 교과에서 '속담'에 대해 배우는데 이전에는 패드를 활용하여 자료 검색을 했는데 이제는 도서관에서 속담과 관련된 책을 찾아서 오는 학생들이 있었다. 책 선택 방법을 알고 활용하는 효과가 학생들의 자발적인 독서에 큰 영향을 미치고 있음을 실감했다.

2 출처 정보 다루기

　책 선택 학습을 지도하다 보면 많은 학습 독자가 출처 정보에 대하여 인식하지 못하고 있음을 관찰할 수 있다. 재미있게 읽은 책의 내용을 기억할 뿐, 작품과 작가 이름을 연결시키지 못하는 경우가 많았다. 초급 독자의 경우 그림책과 같은 이야기책으로 독서를 시작하며 재미있고 인상적인 내용과 그림에 집중하기 때문에 출처 정보에 대해 거의 관심을 가지지 않는 편이다.

　기본적인 출처 정보에 관심을 가지지 않고 글의 내용에만 집중하여 읽는 독서 태도는 책에 대한 조건 없는 신뢰도로 나타나는 편이다. 글자를 모를 때부터 잠자리에서 책을 읽어 주는 엄마 아빠의 편안한 목소리와 재미있는 이야기를 독서의 경험으로 기억하는 초급 독자가 많다. 책을 좋아하고 많이 읽는 학생일수록 책에 대한 조건 없는 신뢰도가 높은 편이다.

　독자는 책을 읽은 그대로 받아들이지 않고 작가와 자료에 대한 신뢰성을 비판적으로 판단하고 평가하는 태도와 기능을 갖추어야 한다. 학습 독자가 자신의 Right Book을 선택할 때, 읽을 때, 그리고 독서를 하고 난 이후에 출처 정보를 인식하고 활용하도록 지도할 필요가 있다. 즉 독서의 전 과정에서 독자가 출처 정보를 파악하는 것은 적합한 자료에 접근하는 데 필요한 정보 리터러시이면서 더불어 정확하게 의미를 이해하게 하고 자료의 신뢰성을 판별하는 바탕이 되기 때문이다. 책이 의사소통의 대상이며 독서가 의사소통의 과정이라는 측면에서 작가, 독자와 책의 관계를 '출처 정보 다루기' 관점에서 살펴볼 수 있다. 출처 정보를 바탕으로 책을 선택하고 읽은 독서의 결과로 독자는 읽은 책의 신뢰성을 판단하면서 책 선택에 관한 정보 리터러시를 기를 수 있다.

　출처 정보에 대한 인식은 기본적으로 책이 작가의 생각을 표현한 대상이고 독자가 읽어서 의미를 이해하고 해석하는 의사소통의 대상임을 이해시키기 위해 필요하다. 따라서 교사는 학습 독자가 작가와 읽는 독자를 연결하는 책을 읽으면서 '쓰기'와 '읽기'의 상호 관계성을 파악할 수 있도록 학습 독자의 수준에 따라 '출처 정보 다루기'를 단계적으로 지도할 수 있다.

○ 저작권 지도

　학습 독자가 책을 선택하고 읽는 과정에서 출처 정보를 기본적으로 인식하도록 반복적으로 강조하면서 저작권 교육의 측면에서 지도할 수 있다. 학습 독자가 책을 선택할 때마다 책 표지에서 제목과 더불어 작가에 대한 정보를 꼭 찾도록 한다. 작가는 이 작품을 생산한 사람이기 때문에 작품에 대한 저작권을 가짐을 이해시키고 표절의 의미를 작품 창작과 관련하여 안내할 수 있다.

○ 작가의 관점 파악하기

　저작권에 대한 이해를 바탕으로 책을 내용으로만 받아들이지 않도록, 작가를 작품의 출처로 인식하게 한다. 책을 읽을 때 독자가 선택하여 읽고 있는 책 안에 작가가 있음을 인식하고 작가에게 "왜 그렇게 생각했나요? 작가의 관점은 무엇인가요?"라고 질문하면서 읽도록 지도한다.

　더 나아가 책은 작가의 창작물이기에 작가의 관점을 담고 있으며 작가의 편향과 오류를 포함할 수도 있다고 지도한다. 그러므로 작가의 관점이 무엇이고 작가의 관점을 뒷받침하는 자료의 근거가 명확한지 신뢰성을 파악하며 비판적으로 읽어야 함을 강조한다.

○ 읽기와 쓰기의 상호 관계성 파악하기

이렇게 출처 정보를 다루는 과정을 통해 학습 독자는 독서가 작가의 쓰기와 독자의 읽기와의 상호 관계성에 놓여 있음을 파악하게 된다. 한편으로는 이러한 쓰기와 읽기의 상호 관계성을 바탕으로 자신의 생각을 표현하는 쓰기에서 독자가 책에서 읽고 해석한 의미를 활용할 때 출처 정보로 사용하는 방법을 지도할 수 있다.

말하기나 쓰기에서 자신의 생각이나 해석을 뒷받침하기 위해 읽고 들은 것을 사용할 때에는 비판적으로 해석하고 신뢰성을 평가하고 판단해야 함을 지도한다. 출처 정보를 다루는 기술은 '학문적 정직성'과 관련하여 올바르게 자료의 출처를 밝히고, 타인의 작업과 아이디어를 명시하는 방법이다. 특히 학습이나 목적이 있는 쓰기에서 자신의 해석과 분석을 뒷받침하기 위해 폭넓은 범위에서 다양한 출처를 사용하게 된다. 이때 사용하는 자료와 온라인 자료까지도 내용의 신뢰성을 판단하고, 자료의 출처를 밝혀야 함을 지도한다.

나아가 디지털 시대에 정보 기술과 소셜 미디어를 책임감 있게 사용하고 생산하는 태도와 연관 지어 지도할 수 있다. 정보를 다루는 리터러시를 길러 모든 자료의 출처로부터 목적과 의도를 파악하고 정확하게 의미를 해석하며 자료의 신뢰성을 판단하는 태도가 필요한 시기이다.

3장 선택의 개념과 기술

1 선택의 개념적 이해

　책 선택 학습에 관하여 개별적이며 특정할 수 없는 독서 목적에 따라 책을 선택하는 방법을 지도하고 학습하는 것이 과연 가능하냐는 견해가 있다. 'Right Book'이란 개별 독자마다 다르며, 독자의 독서 목적과 상황, 독서 환경에 의해 선택되기에 늘 가변적일 수밖에 없다. 또한 학습 독자의 독서 능력의 변화에 따라 'Right Book'의 수준도 변화하기에 학습 독자는 결국 가변적인 책 선택 상황을 세분화하여 배우기보다는 '선택'에 대한 개념과 방법을 탐구할 필요가 있다. 학습 독자는 독자 중심의 책 선택 방법을 활용하고 익히면서 선택의 결과를 성찰하며 선택에 대한 개념적 이해를 해 나간다. 따라서 책 선택 학습에서는 선택의 특징을 활용하여 '책 선택' 학습을 구성한다.

　선택은 목적에 따라 선택의 범위를 초점화하는 방향으로 진행된다. 선택한 결과에 따라 만족도를 따져 보고 선택의 결과를 피드백하는 데까지가 선택의 과정에 포함된다. 선택의 결과는 만족스러울 수도 있고 불만족스러울 수도 있다. 선택의 결과에 대한 책임은 선택이 주체에게 있으므로, 선택의 결과를 통해 더 나은 선택의 방법을 배우기 위해서는 성찰이 필요하다.

성찰을 하는 과정에서, 책 선택을 했을 때 미리 예상하고 고려하지 못한 요인을 발견할 수도 있다. 다른 선택을 했더라면 다른 결과가 나타났을 것이라는 생각처럼 선택이 종료되고 선택의 효과가 발생되는 그 지점에서만이 가능한 성찰이 있다. 다음번에 다시 비슷한 선택을 하게 된다면, 성찰의 결과에 따라 그 선택의 기준을 다시 사용할 것인지 기준을 바꾸어 볼 것인지 피드백하는 것까지 선택의 개념에 포함된다.

우리는 날마다 크고 작은 다양한 선택을 해 나가면서 선택에 대한 개념을 이해하고 방법을 배워 나간다. 우리가 경험으로써 선택의 결과를 통해 배우기 위해서는 자신의 선택을 주도적으로 성찰할 때 가능하다.

책 선택 학습에서는 학습 독자에게 책 선택권이라는 자율권뿐만 아니라 책 선택 전략을 제공한다. 선택이란 무조건 한 가지를 결정한 결과가 아니다. 선택을 위해 최선의 정보를 수집하여 활용하고 선택의 과정과 결과를 성찰하여 더 나은 선택의 방법을 피드백하는 과정이다. 책 선택 학습에서는 책 선택 전략을 정보로 활용하여 독자에게 맞는 책을 선택하고, 책 선택의 과정을 성찰하면서 책 선택에 필요한 지식과 기능을 습득해 나간다. 더불어 선택에 대한 개념적 이해를 해 나가게 된다.

독서 상황에서 학습 독자는 자신의 'Right Book'을 선택하기 위해서 자신이 가지고 있는 지식과 기능, 전략을 주도적으로 활용하여 탐구한다. 여기에 교사는 탐구 상황에 맞게 더 필요한 새로운 관점, 지식과 기능, 책 선택 전략을 안내한다. 학습 독자는 자신의 독서 경험을 성찰하면서 새로운 관점, 지식과 기능, 책 선택 전략의 특성을 학습하고 탐구한다. 이렇게 모은 정보를 독자의 'Right Book을 선택할 때 어떻게 활용할지 스스로 결정(informed decision)하게 된다.

학습 독자는 책 선택 전략을 활용하여 자신의 Right Book을 선택하는 방법을 탐구하고 성찰하는 과정에서 선택의 개념을 함께 익혀 나간다. 때문에 책 선택에 필요한 지식과 기능은 선택에 대한 개념적 이해와 함께 습득된다. 그러므로 책 선택 학습에서는 선택의 개념을 다루면서 초인지적인 성찰의 방법을 익히는 데 중점을 둔다.

■ 초인지적이고 성찰적인 질문
- 나는 무엇을 알고 있고 무엇을 더 알아야 하는가?
- 나는 어디에서 출발해야 하는가? 언제 과정을 바꿔야 하는가? 내가 끝마쳤다는 것을 어떻게 알 수 있는가?
- 무엇은 효과가 있고, 무엇은 효과가 없는가? 무엇을 수정해야 하는가?
- 이것을 할 수 있는 보다 효율적인 방법이 있는가? 이것을 할 수 있는 보다 효과적인 방법이 있는가?
- 효율성과 유효성의 균형을 어떻게 맞춰야 하는가?
- 어려움에 처하면 무엇을 해야 하는가?
- 실수를 저지르는 것에 대한 두려움은 어떻게 극복할 수 있는가?
- 내가 배운 것은 무엇인가? 어떤 통찰력을 얻었는가?
- 어떻게 나의 성과를 향상시킬 수 있는가?
- 다음에는 무엇을 다르게 해야 하는가?

2 독립적이고 협력적으로 성찰하기

책 선택 학습은 학습 독자의 실제적이고 개별적인 독서를 지원한다. 그런데 안내된 탐구(guided inquiry) 학습이 학급이라는 학습 공동체에서 이루어지므로 개별 독서와는 다른 학습적인 측면의 특징이 나타난다.

일반적으로 독자가 선택의 범위를 초점화하여 책을 선택하는 과정은 독서 목적 정하기, 관심과 흥미에 맞는 책 선택하기, 책의 난이도 파악하기 순서로 이루어진다. 그러나 학습 독자가 책 선택을 학습하는 과정에서는 '독서 상황'이 먼저 탐구 상황으로 구성된다. 안내된 탐구 상황에서 '나의 Right Book은 어떻게 찾을 수 있는가?'라는 질문을 통해 학습 독자의 '독서 목적'이 분명해진다.

학습 독자는 학습 공동체에서 의도된 학습의 범위와 과정 안에서 안내된 탐구를 통해 독립적이고 개별적인 독서 방법을 학습하게 된다. 이때 학습 독자는 개별적인 배경지식뿐만 아니라 학습 공동체의 사회·문화적 맥락에 의해 탐구에 영향을 받는다.

학급은 학습 공동체로서 학습의 과정과 결과를 공유하면서 비슷한 배경지식을 가지는 한편, 다양한 학생들의 상이한 배경지식이 공존하고 있다. 독서를 통해 쓰기와 읽기의 상호 연관성을 배우는 언어 교육의 특성상 책 선택 학습에서 학급은 다양한 반응과 해석이 가능한 문식 공동체(Literacy community)의 역할을 하게 된다. 학습 독자가 책 선택 전략과 독서의 과정을 조절하고 성찰하는 방법을 익힐 때에도 이러한 문식 공동체의 사회·문화적 맥락의 특성을 살려 독립적이면서 또 협력적인 방법으로 학습을 구성할 수 있다.

■ 성찰하기
- 성찰 공유하기

문식 공동체 안에서 책 선택 전략을 활용하는 성찰의 과정을 공유하면서 독립적이고 협력적인 방법으로 학습할 수 있다.

- 독서 상황에서 학습 독자는 자신의 'Right Book'을 선택하기 위해서 자신이 가지고 있는 지식과 기능, 전략을 주도적으로 활용하여 탐구한다. 여기에 교사는 탐구 상황에 맞게 더 필요한 새로운 관점, 지식과 기능, 책 선택 전략을 안내한다.
- 학습 독자는 각자의 독서 경험을 성찰하고 공유하면서 새로운 관점, 지식과 기능, 책 선택 전략의 특성을 파악하고 이해한다. 그리고 이렇게 모은 정보를 자신의 Right Book을 선택할 때 어떻게 활용할지 스스로 결정(informed decision)한다.
- 학습 독자는 독서 상황에 맞게 자신이 책 선택에 사용할 정보를 결정(informed decision)한 이유와 예상되는 결과를 동료에게 설명한다.
- 책을 선택하고 읽은 후에는 결과에 대해서 예상과 같았는지 달랐는지, 또는 계획과 과정이 어떻게 달라졌는지, 자신이 왜 변경하게 되었는지, 정보를 활용한 결정(informed decision)의 과정을 성찰하고 공유한다.
- 다음번에 비슷한 독서 상황에서 그 기술을 사용할 것인지, 무엇을 바꿀 것인지에 대해 성찰하면서 자신의 Right Book을 선택할 때 정보를 활용한 결정(informed decision)의 소스(source)를 늘려 간다.

학습 독자는 성찰의 과정을 공유하고 자신이 어떠한 기술을 사용했는지 설명하면서 자신에게 어떠한 기술이 생겼는지를 알 수 있게 된다. 그리고 책 선택에 필요한 지식과 기술을 습득하고 자신이 독서를 조절한 초인지 과정을 스스로 관찰하게 된다.

학습 독자의 개별적이고 실제적인 독서를 지원하는 책 선택 학습을 이렇게 문식 공동체에서 독립적이며 또 협력적인 성찰의 방법으로 탐구하는 효과는 다음과 같다.

첫째, 선택의 주도성을 바탕으로 성찰의 방법을 익혀 독서의 과정을 주도적으로 조절하는 자기 조절 기능이 신장된다. 성찰의 과정을 공유하면서 학습 독자는 자신의 초인지를 더욱더 분명하게 인식하게 되며, 동료의 성찰과 초인지가 사용되는 과정을 관찰하고 이해할 수 있게 된다. 뿐만 아니라 이러한 깊은 성찰의 공유를 통한 협력적인 학습은 상호 주도성을 이끌어 내는 데에도 도움이 된다.

둘째, 독서에 관한 기술과 영역을 확장해 가는 데에도 도움이 된다. 책 선택 학습은 책 선택의 범위가 넓은 특징에 따라 인지 부담이 큰 특징이 있다. 그런데 문식 공동체에서 이루어지는 성찰과 공유는 학습 독자의 비계(Scaffolding)에 있기 때문에 다양한 책의 특징과 책 선택 전략이 적용되는 과정을 관찰하고 학습하는 데 효과적이다. 책 선택 전략이 활용되는 과정에 대한 성찰과 공유는 다양한 책의 특징을 넓게 파악할 수 있으며, 더불어 다음 책을 선택할 때 사용할 문식 공동체 안에서 정보(informed decision)를 더욱 풍성하게 만든다.

셋째, 학습 독자는 독자의 역할과 기능을 탐구하고 성찰함으로써 자신의 능력에 대한 진화를 알게 되고 독자 효능감을 인식하게 된다. 그뿐만 아니라 성찰을 공유하는 과정에서 학습 독자는 자신을 깊게 이해하고 표현하는 의사소통 기능을 기르게 된다. 학습 독자는 듣기, 말하기, 읽기, 쓰기, 관찰하기와 발표하기 등과 관련된 언어 사용 기능 역량을 기를 수 있다.

넷째, 친구와 자신의 'Right Book'이 다름을 깨달으면서 학습 독자는 자신의 정체성을 파악하고 상이한 배경지식을 공유하면서 '관점'에 대한 개념적 이해를 해 나가게 된다. 자신이 무엇을 좋아하는지 또는 싫어하는지, 그 이유는 무엇인지 성찰하는 과정에서 자신의 정체성과 관점에 대해 알아 가며 '관점'이 가지는 다양성, 차이, 편향에 대해 이해하게 된다. 따라서 독서는 독자의 관점에 따라 다른 반응과 이해, 의미 해석이 이루어지는 과정임을 알게 된다.

다섯째, 무엇보다 학급이라는 문식 공동체에서 선택되고 공유되는 독서의 과정은 학습 독자의 비계 범위 안에 있기 때문에 상호 텍스트성이 발견되기 쉽다. 학급은 학습을 공유하고 있기 때문에 선택한 책을 공유하는 과정에서 학습 독자는 상호 텍스트성을 쉽게 발견하고 상호 텍스트성을 활용하여 책을 이해하는 데 도움을 받는다. 그 가운데 학습 독자는 자신이 속해 있는 시간과 공간을 비롯한 자신의 관점을 자신의 사회·문화적 맥락에서 이해하게 된다. 따라서 사회·문화적 맥락이 독서의 의미를 이해하고 해석하는 데 어떻게 영향을 미치는지 경험할 수 있게 한다.

이러한 이유로 책 선택 전략을 활용한 책 선택 학습이 학급이라는 문식 공동체에서 독립적이면서 협력적으로 이루어질 때 가장 큰 효과를 기대할 수 있다.

3부
책 선택 전략 학습

1장 독자 자기 인식
2장 북매치
3장 한국 십진분류표
4장 주제 통합 자료 검색

학습 독자는 책 선택 전략을 활용하여 다양한 책 읽기에 필요한 지식과 기술을 익혀 나간다. 그러므로 책 선택 전략의 학습은 다양한 책 읽기를 탐구하는 특성을 고려할 필요가 있다.

첫째, 책 선택 전략 학습은 독서 교육의 측면에서 '작가, 독자와 책' 그리고 '상호 텍스트성'을 탐구 영역으로 다루어야 한다. 학습 독자는 실제적인 독서 상황에서 독자 중심으로 책을 선택하고 읽으면서 이 탐구 영역을 학습하게 된다.

둘째, 다양한 책 읽기에 필요한 기능과 기술을 신장할 수 있는 방향으로 구성되어야 한다. 살펴본 바와 같이 다양한 책을 선택하고 읽기에 필요한 기능과 기술은 복합적이며, 실제 독서 상황에서 길러진다. 그러므로 책 선택 학습 전략은 실제 독서 상황에서 다양한 책 읽기에 필요한 기능과 기술을 익힐 수 있도록 구성되어야 한다.

셋째, 책 선택 전략은 앞서 살펴본 책 선택에 영향을 미치는 요인을 다룰 필요가 있다. 초급 독자가 책 선택에 영향을 미치는 요인을 인식하고 책 선택을 하는 데 필요한 지식과 기능으로 활용할 수 있도록 책 선택 학습의 내용으로 삼아야 한다.

넷째, 책 선택 학습은 선택의 방법을 익혀 리서치 기능을 기르는 데 선택의 특성을 고려하여야 한다. 학교 도서관을 활용하는 책 선택 학습은 넓은 선택 범위의 특성에 따라 인지 부담이 나타난다. 그러므로 독서 상황을 탐구 학습 상황으로 초점화하여 책 선택의 범위와 학습의 범위를 줄여 인지 부담을 줄이면서 시스템 리터러시와 정보 리터러시를 길러 가도록 한다.

다섯째, 독서 상황에서 탐구한 책 선택 전략을 다음 학습에 필요한 지식과 기술로 삼아 점진적으로 사용하도록 구성할 필요가 있다. 학습한 책 선택 전략을 다양한 책을 선택하는 지식과 기술이 내면화되면서 자신의 능력의 진화를 깨달으면서 독자 효능감을 인식할 수 있기 때문이다.

그러므로 책 선택 전략을 활용하여 다양한 책 읽기를 탐구하는 책 선택 전략 학습을 다음과 같이 구성할 수 있다.

교사는 독서 교육의 측면에서 '작가, 독자와 책' 그리고 '상호 텍스트성'을 탐구 요소로 삼고 학습을 구성한다. 학습 독자는 실제적인 독서 상황에서 독자 중심으로 책 선택 과정을 학습하면서 이 탐구 요소를 탐구하게 된다.

○ **탐구 영역**
'작가, 독자와 책'
'상호 텍스트성'

○ **반복되는 학습의 흐름**
'독서 상황을 인식하고 배경지식 활성화하기'
'책 선택 전략을 새로운 관점과 지식으로 이해하기'
'책 선택하고 읽기'
'성찰하며 책 선택 전략을 기능화하기'
'점진적으로 전략 사용하기'

이에 따라 학습 독자는 책을 선택하고 읽는 독서의 과정을 반복하면서 학습의 중점 요소를 점진적으로 학습하게 된다.

○ 학습의 중점 요소

'독서 상황에 따라 책 선택 전략 초점화하기'
'독자 중심으로 목차 읽기와 연관 짓기'
'책의 특성에 따라 읽기 방법을 정하여 읽기'
'배경지식을 활성화하여 상호 텍스트성을 파악하기'
'출처 정보를 다루면서 신뢰성을 파악하며 비판적으로 읽기'

책 선택 전략 다양한 책 읽기에 필요한 지식과 기능	독자 자기 인식	북매치	한국 십진분류표	주제 통합 검색
자기 조절 기능 (self-management skill) 사회적 기능 (collaboration skill) 의사소통 기능 (communication skill)	• 자기 점검 • 자기 인식 • 성찰			• 함께 만드는 신토피콘
리서치 기능 (research skill) 시스템 리터러시 (system literacy)	• 정보 문해력 파악하기	• 도서관 서가 확인하기	• 학교 도서관 활용하기(KDC)	• 온라인 도서관 자료 검색(독서로)

다양한 책 읽기에 필요한 지식과 기능 \ 책 선택 전략	독자 자기 인식	북매치	한국 십진분류표	주제 통합 검색
책의 특징 (information literacy) 독서 방법 (communication skill)	• 책 표지에서 찾을 수 있는 정보	• 문학책 • 문학책 독서	• 정보책 • 교과 독서 • 다문서 읽기	• 상호 텍스트성 • 주제 중심 독서
출처 정보 (information literacy) 신뢰성 파악하기 (thinking skill-critical thinking)	• 출처 정보 인식하기	• 작가, 작가의 관점 파악하기	• 독자의 목적으로 책 이용하기 • 책의 응집성 비판하기	• 나의 신토피콘(syntopi-con) 만들기

1장 독자 자기 인식

　책 선택 학습에서 처음 적용할 전략은 학습 독자가 자신을 독서의 주체인 독자로 인식하게 하는 '독자 자기 인식 전략'이다.
　독자 자기 인식 전략은 스스로를 독자로 인식하고 자신의 독서를 점검하는 성찰의 방법을 학습하는 데 의도가 있다. 성찰은 깊게 생각하기를 통해 자신을 이해하기 때문에 독자로서 자신의 독서를 조절하는 메타 인지를 활용하기 위해서는 깊게 생각하여 자신을 이해하는 성찰의 방법을 학습할 필요가 있다.
　학습 독자는 독서 주체자로서 독서의 전 과정을 조절해 나감에 있어 우선적으로 자신을 독자로 인식하고, 자신의 독서 능력에 대해 알고 있어야 한다. 책 선택 학습은 앞서 살펴본 책 선택에 영향을 미치는 요인을 전략화하여 학습의 요소로 삼고 있는데 이 요인들은 학습 독자의 독서 기능이 신장함에 따라 적용되는 모습 또한 변화하게 된다.
　독자는 자신의 독서 능력의 진화를 스스로 인식하면서 독자 효능감을 느끼게 된다. 학습 독자가 자신의 독서 능력의 변화에 따라 책 선택 전략을 적용하고 독서를 조절해 나가는 과정에는 성찰을 통해 메타 인지가 작용한다. 따라서 학습 독자는 책 선택 학습의 전 과정에서 스스로 자신을 독자로 인식하고 자신의 독서를 조절해 가는 방법을 학습하게 된다.

학습 독자는 독서의 전 과정에서 독자 자기 인식 전략을 적용하여 자신의 독서를 조절함으로써 자기 주도적 독서의 주체로서 독자 인식을 내면화할 수 있다. 독자 자기 인식 전략은 책 선택권이 독자에게 있음을 알고 Right Book은 독자 자신이 가장 잘 정할 수 있음을 인식하는 데 목적이 있다.

전략 \ 선택의 초점화	책 선택 요인	독서 상황	독서 방법	주요 학습 요소	주요 학습 중점
독자 자기 인식	독자 내적 요인	자유 독서		독자 인식 성찰하기	협력적이고 독립적으로 탐구하기

1 학습 중점

가. 자유 독서

독자 자기 인식 전략은 학습 독자가 책을 선택하는 데 영향을 미치는 독자 내적 요인에 대하여 가시적으로 접근하고자 한다. '독자의 관심과 흥미', '독자로서의 자신에 대한 자기 효능감', '개인의 독서 성향', '독자의 배경지식', '사회·문화적 정체성' 같은 독자 내적 요인은 독자가 자신의 'Right Book'을 주도적으로 선택하는 데 가장 중심이 되는 요인이다.

독자 내적 요인은 학습 독자가 스스로를 독자로 인식할 때 비로소 접근할 수 있는 요인들이기 때문에 독서 경험을 떠올리고 자신의 독서를 점검하면서 자신을 독자로 인식하게 해야 한다.

그러므로 자유 독서 상황에서 자신의 독서 경험을 떠올리고 독서를 점검하면서 자신을 독자로 인식하도록 한다. 평소 자신이 책을 선택하는 경험을 성찰하면서 자신의 독서를 점검하도록 책 선택의 범위를 한정하지 않고 '자유 독서' 상황에서 자유롭게 책을 선택한다.

보통 정보책이 22.1%, 문학책이 77.9% 선택되는데 자유 독서 상황에서는 자신이 선택한 책의 수준과 난이도를 명확히 알고 있고, 어렵다고 해도 관심이 있으면 검색도 해 보고 책에서의 설명도 읽고 반복해서 읽으면서, 어떻게든지 이해해 보겠다는 반응을 보이고 있다. 그러나 한편으로는 자유 독서 상황에서 특정 주제나 정해진 기준이 없으니 자유롭게 돌아다니면서 쉽게 고를 것 같지만, 자유 독서 상황에서는 외부적 조건들이 없기 때문에, 오히려 인지 과부하를 경험하는 독자도 있다(왕효성, 2014).

자유 독서 상황은 독자의 자율적인 독서 의지가 잘 반영되는 상황이지만 선택 조건이 없음으로 인해 인지 과부하가 나타나기도 한다. 따라서 책 선택 기능에 대한 학습 독자의 차별화 요인을 파악하는 데 도움이 될 것이다. 자유 독서 상황에서 학습 독자가 선택한 책이 자신의 관심과 흥미, 수준에 맞는 책이었는지 점검하도록 하고, 독자의 관심과 흥미에 맞춰 책을 선택할 때 Right Book이 아닌 책을 던지면서 선택할 수 있음을 새로운 관점으로 제시하고 지도할 수 있다.

독자 자기 인식 전략에서는 자신을 독자로 인식하고 독자 중심으로 책을 선택하기가(던지는) 중점이 되므로 자유 독서 상황에서 초급 독자가 책을 선택할 때 활용하는 '책 표지에서 찾을 수 있는 정보'를 바탕으로 '책의 형태적 특성'을 지도할 수 있다.

나. 출처 정보 다루기

　책 선택 학습에서는 다양한 책을 선택하고 읽는 데 필요한 지식으로 책의 특성을 점진적으로 다루어 나간다. 안내된 탐구의 방법으로 책의 특성에 관한 지식과 책의 특성을 활용할 수 있는 기술을 배워 나간다. 독자가 책의 특성을 알고 다룰 수 있어야 하는 이유는 읽기 목적에 맞는 책에 접근하고, 작가와 내용에 대한 신뢰도를 판별하는 방법을 익혀야 하기 때문이다. 교사는 독서 상황에 따라 학습 독자가 책의 특성을 파악하면서 출처 정보에 대한 인식을 가질 수 있도록 점진적으로 지도해 나간다.

　기본적으로 학습 독자는 먼저 자신이 사용하고 있는 책의 특성에 관한 지식과 기술을 자신의 독서 경험으로부터 파악하게 된다. 그리고 독서 상황에 따라 더 필요한 새로운 관점과 지식, 기술을 책 선택 전략과 함께 학습하면서 책의 특성을 이해하게 된다.

　보통 초급 독자는 책 표지를 보고 책을 선택하게 되는데, '책 표지에서 찾을 수 있는 정보'를 어떻게, 얼마만큼 다룰 줄 아느냐는 것은 책 선택에 필요한 리서치 기능(Research skill) 중 정보 리터러시(information literacy)에 해당한다. '책 표지에서 찾을 수 있는 정보'로 책의 형태적인 특징을 파악하기가 쉬운데 이는 출처 정보와도 관련이 많다.

　추천받은 책을 주로 읽는 독자는 책 표지에서 찾을 수 있는 정보를 잘 활용하지 못하는 경우가 많다. 책 표지에서 단지 제목을 확인할 뿐 작가와 출판사, 출판 시기 등 출처 정보를 확인하는 태도가 부족하다. 또한 책 표지 그림이나 디자인, 추천 글 등을 살펴보지 않고 바로 책의 내용을 읽기 시작하는 학생들은 대부분 책의 내용만을 탐독하는 경향이 있다. 그로 인해 책은 작가의 생각, 즉 주제를 담고 있으며 독자가 읽어 의미를 이해하는 쓰기와 읽기의 상호 연관성을 잘 알지 못하고 있다.

독자 자기 인식 전략 단계에서는 작가가 쓴 책의 표지를 살피고 그림으로 그려 보면서 독자가 책을 선택할 때 '책 표지에서 찾을 수 있는 정보'를 학습한다. 이때 학습 독자들이 선택한 책으로 탐구하면서 학습 독자의 개별화된 독서를 지원하며, 또한 학습 독자가 자신이 선택한 책에서 탐색한 정보를 공유하면서 다양한 영역의 책의 특성을 파악할 수 있다.

[그림 5] **책 표지 그림 그리기**

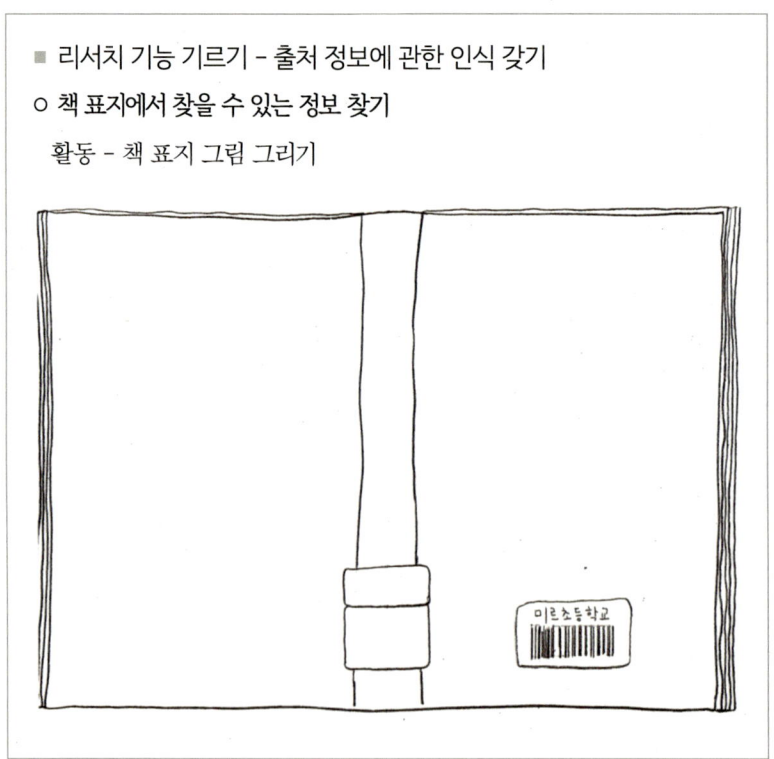

2 독자의 탄생

독자 자기 인식 전략은 책 선택 학습의 첫 번째 전략으로 독서의 주체로서 자신을 독자로 인식하고, 자신의 독서를 점검하는 성찰의 방법을 익히게 된다.

그런데 독자 자기 인식은 독자의 내적 요인으로 잘 관찰될 수 없는 특징이 있다. 독자가 독서 경험을 점검하여 자신의 독서를 성찰하고 이를 문식 공동체에 공유하는 과정에서 학습 독자는 자신에 대해 더욱 깊게 이해하고 표현할 수 있게 된다.

'독자의 탄생' 활동[26]은 학습 독자에게 책을 읽는 순간에 독자의 지위가 생김을 알게 하고, 자신의 독서 경험을 돌아보며 자신을 '독자'로 인식하게 하는 데 목적이 있다.

그리고 독서의 경험을 깊게 떠올리고 성찰하는 방법과 문식 공동체에서 공유하는 방법을 학습하는 데 중점이 있다.

각 질문들은 독서 태도에 영향을 준 긍정적인 경험들을 떠올리게 한다. 재미있는 책을 읽은 경험, 좋아하는 작가와 작품, 장르, 호기심을 충족한 경험, 문제를 해결한 경험, 새로운 인식의 지평을 맛본 경험 등이 자신에게 어떠한 영향을 미치고 있는지 성찰하게 한다. 그리고 독서에

---

[26] '독자의 탄생' 활동지의 내용은 미국 Haycock 초등학교 교사 Shull, Jill이 공유해 준 아이디어이다. Shull은 학교 인근의 도서관(Tysosns-Pimmit Regional Library)에 자신의 학생들과 활동한 내용을 "Wisdom from our departing sixth graders"라는 제목으로 6학년 학생들의 독서 경험을 공유했다(2018). 그 자료가 학생들이 자신의 독서 경험을 성찰하면서 독자로 인식하기에 적합하다고 판단하여 'Questions for sixth Graders Willing to Share Book wisdom with younger students'을 '독자의 탄생' 활동지에 활용하였다.(원문은 부록에 수록함.)

대한 독자의 다양한 경험을 공유하면서 상이한 배경지식에 대해 이해하게 된다.

이때, 교사는 학습 독자의 모든 독서 경험과 성찰을 소중하게 받아들이고 경청함으로써 독립적이고 협력적으로 학습하는 문식 공동체의 특성을 만들어 가는 데 중점을 둘 필요가 있다. 책 선택 학습을 하는 동안 학습 독자는 문식 공동체 안에서 자신을 독자로 인식하고 동료들의 독서와 자신의 독서가 다름을 자연스럽게 받아들이면서 주도적인 독서 방법을 배워 나갈 수 있다.

'독자의 탄생' 활동지는 문식 공동체의 특성에 따라 활용할 수 있다. 학습 독자의 특성에 맞게 질문을 조정할 수 있고, 수기로 작성하거나 온라인으로 작성하고 취합할 수 있다. 책 선택 학습을 하는 동안에 독서 상황에 따라 지속적으로 학습 내용과 연결 지어 독립적이고 협력적인 방법으로 활용할 수 있다. 그리고 독자의 반응을 질문별로 모아서 한 묶음의 책으로 묶어 학급의 독서 활동 공간에 게시함으로써 상이한 배경지식을 가진 독자가 모인 문식 공동체를 상징적으로 나타낼 수 있다.

[그림 6] **독자의 탄생 활동지**

■ 독자의 탄생, I'm a Reader!

1. 언제 독자가 되었다고 느꼈나요?

2. 책을 스스로 선택하는 편인가요, 추천받은 책을 선호하나요? 그 이유를 공유해 줄 수 있나요?

3. 어렸을 때 정말 좋아한 책과 작가는?

4. 어렸을 때 독서와 관련하여 가장 좋았던 기억이 있다면 공유해 주세요.

5. 책을 읽을 때 가장 좋아하는 장소와 이유는?

6. 책을 끝까지 읽나요? 어떨 때 끝까지 읽지 못하나요?

7. 책 읽기를 끝내지 못한 이유는 무엇인가요?

8. 지금 가장 좋아하는 작가와 시리즈가 있나요?

9. 문학 장르 중에서 좋아하는 장르가 있나요? 그 장르의 어떤 점이 좋은가요? 반대로 싫어하는 장르는?

10. 정보책 중에서 좋아하는 주제와 분야가 있나요?

11. 어떤 책에 흥미를 느끼나요?

12. 책을 읽고 놀란 적이 있나요? 예를 들어 주세요.

13. 작가를 1명 만날 수 있다면 누구를 만나고 싶은가요?

14. 책 표지가 별로인 책도 읽는 편인가요? 내용이 좋아야 읽는 편인가요?

15. 앞으로 읽을 계획 중인 주제나 책이 있나요?

16. 독자의 생각과 의견을 바꾸게 한 책이 있나요?

17. 어린 독자(동생)들에게 독서에 대해 조언을 한다면?

18. 어린 독자(동생)들이 읽었으면 하는 책을 추천해 주세요.

19. 책은 독자 여러분에게 어떤 영향을 주나요?

3 독자 자기 점검

'독자 자기 점검' 활동은 독자의 'Right Book'을 선택할 때 자신의 독서 능력과 수준을 점검하고 흥미와 관심에서 출발해야 함을 인식시키는 데 목적이 있다. 자신의 Right Book을 성찰하는 방법과 문식 공동체를 통해 학습하는 방법을 익혀 독서의 과정에서 점진적으로 사용하면서 내면화하도록 중점을 둔다.

교사는 학습 독자에게 독자의 책 선택권을 안내하고, 독자로서 독서 능력에 대한 '메타 인지'를 활용할 수 있도록 성찰의 방법을 지도한다. 학습 독자가 책을 선택하는 과정에서 '이 책은 나에게 쉬운 책이구나.', '나는 이 정도 수준의 책을 읽을 수 있구나.', '나는 이런 종류의 책을 좋아하는구나.'라고 성찰하게 하고, 자신이 알고 있는 것을 알게 하도록 메타 인지를 활용한다.

학습 독자는 '독자 자기 점검표'를 작성한 이후에 자유 독서 상황에서 책 선택권을 가지고 자신의 책을 선택하게 된다. 이때 교사는 자신에게 맞지 않는 책을 던져 가면서 자신의 Right Book을 선택한다는 새로운 관점을 안내한다.

다음으로 책을 선택하고 나서 본격적으로 읽기 전에 자신이 왜 그 책을 선택하게 되었는지 성찰하는 시간을 갖는다. 성찰을 통해 자신의 관심과 흥미 그리고 독서 능력에 대해 알게 된다.

그리고 자신이 책을 선택한 과정을 성찰한 결과를 공유하면서 자신의 책 선택 과정을 이해하고 자신의 생각을 표현하게 된다. 교사는 학습 독자가 공유하는 내용을 경청하며 공동체 구성원들의 '관심과 흥미'가 다름을 다양성의 관점으로 안내한다.

이러한 성찰과 공유의 과정을 통해 친구와 자신의 관심과 흥미가 분명하게 다름을 이해함으로써 '독자'에 대한 자기 인식을 분명히 하게 된다.

교사는 학습 독자가 자신의 Right Book을 찾기 위해 적극적으로 책을 던지는 경험을 해 볼 수 있도록 권장한다. 선택한 책을 읽는 중에라도 독자의 기대에 맞지 않을 때에는 던질 수 있다고 안내한다. 선택한 책이 수준에 맞지 않을 때, 마음에 불편함을 줄 때는 독서를 멈추고 새로운 책을 선택하도록 지도한다.

모든 책은 훌륭하기에 끝까지 읽어야 한다는 고정 관념을 깨고, 독서를 멈추고 새로운 독서를 조절할 수 있는 권리가 독자에게 있음을 경험하게 할 필요가 있다. 선택한 책이 왜 자신에게 맞지 않는지 성찰하여 표현할 수 있고 책 선택(계획)을 수정하기 위해 어떻게 하면 좋을지 생각해 보고 새로운 책을 선택하면서 선택이 가진 자율성의 개념과 방법을 익혀 나갈 수 있다.

독자가 주도적으로 독서의 과정을 조절하기 위해서는 자신의 독서 수준과 능력에 대해 점검하는 것이 우선적으로 필요한데 '독자 자기 점검'은 한 번에 완성되는 것이 아니다. 책을 선택할 때마다 반복적으로 사용하여 내면화할 필요가 있으며 독서의 과정에서 자신의 독서와 독서 기능의 변화를 스스로 인식할 수 있도록 해야 한다.

학습 독자는 '독자 자기 점검'을 통해 자신의 독서 수준과 능력에 따라 책을 선택하고 읽는 독서의 과정을 반복하면서 자신의 독서 능력을 점검하고 활용하는 메타 인지를 활용하는 성찰을 하게 된다.

[그림 7] **독자 자기 점검표**

1. 내가 관심 있는 책은 _____ 에 관한 책이다.
   - (교사 지도: 독자의 관심과 흥미를 점검한다.)

2. 나는 책을 잘 읽는다.

1	2	3	4	5

   - (교사 지도: 독서에 대한 자기 효능감 부분을 점검한다.)

3. 나는 한 종류만 읽지 않고 골고루 읽는다.

1	2	3	4	5

   - (교사 지도: 편독 경향성을 파악하고, 골고루 읽는 독서가 무엇인지 자신의 독서를 점검한다.)

4. 나는 책을 선택할 때

   추천 도서 목록을 이용한다.

1	2	3	4	5

   추천 도서 목록을 이용하는 까닭은?
   - (교사 지도: 책 선택의 어려움이 있는지 생각한다.)

   내가 직접 고른다.

1	2	3	4	5

   내가 직접 고르면 좋은 점은?

5. 나는 책을 끝까지 읽는다.

1	2	3	4	5

- (교사 지도: 책을 끝까지 못 읽은 경험에 대해 생각하고, 책을 끝까지 읽지 못하는 이유에 대해 탐색하면서 자신이 선택한 책의 적절성을 점검한다.)
- (교사 지도: 책을 끝까지 못 읽는 이유가 무엇인지 생각한다.)

6. 내가 최근에 재미있게 읽은 책은
   _____에 관한 책이다.
   그 책은 나에게
   _____ 느낌을 주었다.
- (교사 지도: 최근의 독서 경험에서 독서 상황과 목적을 떠올린다.)
- (교사 지도: 책을 선택할 때 배경지식을 활성화하여 연관 지을 수 있도록 한다.)

7. 나는 요즘 ~에 관심이 있다. 나는 오늘 ~에 관한 책을 읽고 싶다.
   오늘 읽고 싶은 책은
   _____에 관한 책이다.
   왜냐하면
   _____ 하기 때문이다.
- (교사 지도: 자신의 생활과 관련지어 관심과 흥미를 점검한다. 학습 독자의 독서 경험과 생활 경험을 활성화하여 독서 상황과 독서 목적을 정하여 책을 선택하게 한다.)

4. 학습 독자의 반응 및 기대 효과

가. 독자의 권리와 Throw it away!

독자 자기 인식 전략을 통해 처음으로 자신이 '독자'임을 인식했다는 학습 독자가 많았다. 독서의 경험을 떠올리고 공유하는 과정에서 학습 독자는 자신의 기억 속에서 독서라는 아름답고 놀라운 경험을 떠올렸다. '엄마 무릎에 앉아서 엄마가 읽어 주던 그림책'에 대해, '처음으로 소리 내어 책을 읽던 순간'에 대해 공유할 때 학습 독자들은 자신들의 경험 안에서 독서에 대한 긍정적인 느낌을 찾아내었다.

그리고 학교에서 열린 '독서골든벨', '그림책 엄마', '작가와의 대화' 같은 독서 행사를 떠올리며 자연스럽게 공통의 학습 경험을 나누었다. 이 과정에서 학습 독자는 자신의 독서 경험과 자신을 둘러싼 문식 공동체의 의미를 이해했다.

학습 독자들은 '읽고 싶은 책을 읽을 권리'와 '읽고 싶지 않은 책을 읽지 않을 권리'에 대해 크게 관심을 가졌고, 책 선택권이 독자의 것임을 처음 알게 되었다는 반응이 주로 나타났다. 이 전략을 통하여 학생들은 자신의 관심과 흥미에서 책을 선택해야 함을 인식하고 독자로서 자신의 관심과 흥미, 독서 능력을 점검하고 활용하는 태도가 나타났다.

무엇보다 학습 독자는 '나에게 맞지 않는 책을 던지기(Throw it away!)'에 크게 호응하였다. 관심과 흥미, 난이도에 맞지 않는 책을 끝까지 읽으려고 노력하거나, 독서를 포기하거나 책을 방치하지 않고 던짐으로써 독서를 주도적으로 조절할 수 있게 되었다.

학습 독자는 자신에게 맞지 않는 책을 던지는 과정에서 선택에 대한 개념적 이해를 해 나갔다. 자신의 독서 경험을 성찰하는 방법을 익히면서 자기 조절의 의미를 이해하고 주도적인 독서를 해 나갔다.

책 선택 학습을 마치면서 학습 독자는 책 선택 학습의 필요성과 결과에 대하여 "당연하다! 잘 버릴 수 있다.", 책을 던지는 것이 가장 유용하다.", "던지려면 던지는 방법도 알아야 한다."라고 반응하였다.

독서 교육의 장면
  - Throw it away! 지도

한 학습 독자는 선택한 책이 흥미에는 맞지만 조금 어렵게 느껴진다고 했다. 독자에게 맞지 않는 책을 바로 던질 수 있지만 한 챕터까지 읽어 보고 난 후에도 어려우면 읽기를 멈추면 된다고 안내하였다. 그 학습 독자는 한 챕터를 읽어 가면서 책이 재미있다고 하며 몰입하여 끝까지 읽었다.

보통 독자는 자신의 관심과 흥미를 끄는 책 제목이나 화제에 집중하여 책을 선택하는데 본격적으로 읽기 시작하였을 때 그 책이 독자에게 맞지 않음을 알게 되기도 한다. 이때 독자의 관심과 흥미에는 딱 맞으나 난이도가 살짝 어려운 책일 경우 바로 던지지 않고 조금 읽어서 책의 재미를 발견하게 할 수 있다.

읽기 난도가 약간 높은 책이 어휘력과 독서 기능을 향상시키기에 적당하다. 책이 조금 어렵더라도 독자의 관심과 흥미에 맞다면 독자는 적극적으로 행간에서 의미를 이해하려고 노력하며 국어사전의 도움을 받아 가면서 읽기를 지속하기도 한다.

지도 결과 책 선택 학습에서 대부분의 학생들은 책의 내용이 조금 어렵더라도 끝까지 읽으려고 하는 경향성을 보이는데, "내가 선택한 나의 책이기 때문에 끝까지 읽고 싶었다."라고 책 선택의 주도성을 나타냈다.

나. 책의 특징에 대한 이해

학습 독자는 '책 표지에서 찾을 수 있는 정보' 찾기를 통해 자신의 정보 리터러시 수준을 확인하였고 자신이 선택한 'Right Book'의 표지를 관찰하고 그리면서 '책 표지에서 찾을 수 있는 정보'를 익혀 나갔다.

교사는 '이 책을 고른 이유가 무엇인가?', '이 책엔 어떤 내용이 들어 있을까?' 등 질문을 하면서 책을 선택할 때 독자가 사용한 '책 표지에서 찾을 수 있는 정보'로부터 독자의 배경지식을 활성화시켜 독서를 시작하도록 이끌 수 있다.

학습 독자는 책 표지를 관찰하여 '책 표지에서 찾을 수 있는 정보'를 찾으면서 제목, 글쓴이(옮긴이), 그린이, 출판사, 가격 등을 찾아낸다. 글쓴이(작가)와 더불어 옮긴이와 그린이에 대해 새롭게 인식한 학습 독자가 많았는데 책날개 부분에 있는 저자 정보를 찾아서 읽어 보도록 안내한다.

'이 책은 언제 태어났을까?'라는 질문을 던지면서 출판 연도에 관심을 가지게 하여 출판의 세부 정보를 표시하는 속지를 찾아보게 할 수 있다. 학습 독자들은 자신보다 나이가 많은 책, 부모님처럼 나이가 많은 책에 대해 놀람을 표시하면서 자연스럽게 책을 쓴 작가에 대해 관심을 갖게 된다.

ISBN 바코드를 궁금해하는 학습 독자가 있는데, 책은 작가의 창작물이고 등록된 출판사가 등록하여 출판하는 번호를 나타냄을 설명하고 더불어 지적 재산권을 나타내는 부분이라고 안내한다.

학교 도서관에서 책을 선택함으로써 출판물로서 '책 표지에서 찾을 수 있는 정보'와 더불어 학교 도서관에서 붙인 표식에서 앞으로 학습하게 될 분류 번호나 청구 기호를 찾아내어 자연스럽게 관심을 가지기도 한다. 이때 학습 독자가 관심을 가지는 수준 안에서 분류 번호와 청구 기호를 대략 설명해 줄 수 있는데, 청구 기호 안에 '책 표지에서 찾을 수 있는 정보' 중 저자 정보와 서지 정보가 들어 있음을 간략하게 설명하여 호기심을 이끌어 낼 수 있다.

그리고 학교 도서관의 소유임을 나타내는 바코드와 등록 번호를 통해 학교 도서관의 규모를 생각해 보게 한다. '이 책은 우리 학교 도서관에 몇 번째로 들어온 책일까?', '우리 학교 도서관에는 책이 몇 권쯤 있을까?' 등의 질문을 하고 학습 독자가 선택한 책의 등록 번호를 확인하면서 학교 도서관이 소장하고 있는 다양하고 수많은 책에 대해 관심을 갖게 한다. 대부분의 학습 독자들은 학교 도서관이 작다고 생각하는 편인데 소장한 책의 수가 많음에 놀라기도 한다.

책 선택에서 책의 특징에 대하여 아는 지식은 정보를 다루는 문식성에 해당하며 책을 선택하는 리서치 기능에 필요한 지식이다. '책 표지에서 찾을 수 있는 정보'를 찾는 활동은 그동안 학습 독자가 책을 선택할 때 책의 물리적 특성을 어떻게 다루어 왔는지 독서 경험을 성찰하게 한다. 학습 독자가 학습한 정보는 책 선택 학습에서 두 번째로 사용하는 '북매치 전략'의 텍스트 요인을 학습할 때 기존 지식으로 활용할 수 있다. 그리고 그동안 학습 독자가 책을 선택할 때 책의 물리적 특성을 어떻게 다루어 왔는지 성찰한 결과는 자신에게 필요한 북매치 전략의 기준을 파악하는 데 도움이 된다.

[그림 8] 책 표지 그림 그리기 활동

■ 리서치 기능 기르기 - 출처 정보에 관한 인식 갖기
○ 책 표지에서 찾을 수 있는 정보 찾기
  활동-책 표지 그림 그리기

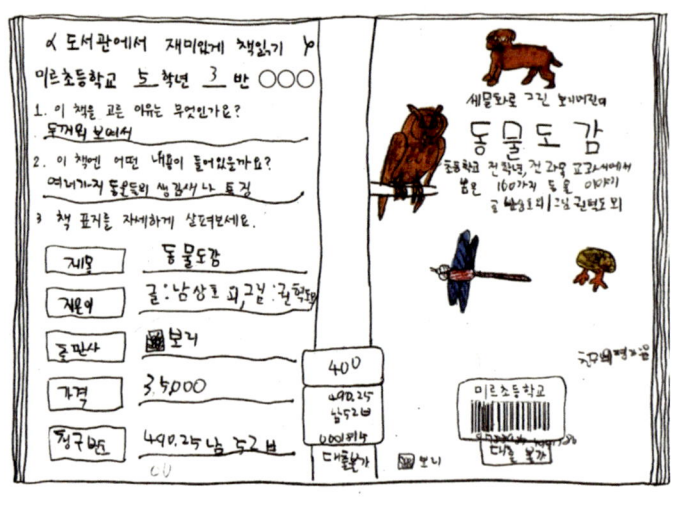

제안하기

도서관에서 책 표지에 붙이는 도서관 소유 라벨을 앞표지가 아닌 다른 곳에 붙이면 좋겠다. 보통 도서관 표식을 책의 앞표지 하단에 붙이는데 책에 따라서 그 위치에 있는 그림이나 제목 등 책의 특징을 나타내는 정보를 가리게 되는 경우가 있다.

요즘은 도서관에 책을 반입할 때 RFID식 전자 칩을 내장하여 도서관 정보를 입력하고 전자식 기기를 활용하여 대출 반납 업무에 간편하게 활용한다. 따라서 공공 도서관이나 학교 도서관의 표식을 책 표지 뒤편에 부착하기를 제안한다.

외국의 여러 도서관에서는 표식을 뒤표지에 붙이는데, 이는 독자가 책 앞표지에서 드러나는 정보를 온전히 활용하는 데 도움이 된다.

다. 나의 Right Book

학습 독자는 자신의 'Right Book'을 탐구하는 과정에서 얻은 이해와 성찰을 어렵지 않게 표현하였다. 나는 학급 담임 교사가 아니었고 첫 수업으로 만났음에도 학습 독자는 자신이 선택한 책에 대하여 적극적으로 표현하였다. '나에게 맞는 책', '나에게 맞지 않는 책'의 판단 기준이 자신의 내면에 있기 때문에 'Right Book'에 대한 성찰은 정답이 없는 탐구로서 부담감이 생기지 않은 것으로 파악된다.

특히, 이러한 반응은 고학년 학습 독자의 경우에 더욱 두드러지게 나타났다. 독서 수준이 낮은 학습자일지라도 "나의 Right Book이 동료의 Right Book과 다른 것은 당연하다."는 인식만으로도 자신이 읽는 도서의 수준을 비교하거나 더 이상 부끄러워하지 않았다.

또한 자신이 선택한 책을 읽고자 하는 독서 동기가 높게 나타났고, 책 선택과 독서 과정을 성찰하면서 자신이 발견한 생각을 적극적으로 표현하고 공유하였다. 그리고 'Right Book'에 대한 동료의 성찰을 주의 깊고 흥미롭게 들으면서, 타인의 관점과 자신의 관점이 다름을 이해하기 시작하였다.

학습 독자는 자신이 선택한 책에서 '책 표지에서 찾을 수 있는 정보'를 적극적으로 관찰하였고 발표하는 데 부담을 갖지 않았다. 또한 친구들의 발표를 경청하면서 새로운 관심과 흥미를 발견하고 독서의 영역을 확장해 나갔다.

학습 독자는 'Right Book'에 대해 성찰을 공유하면서 자신이 선택한 책을 더욱 소중하게 여기며 책을 끝까지 읽는 집중력을 나타냈는데 책 선택의 주도성이 주도적인 독서를 불러일으킨 것으로 파악된다.

라. 기대 효과

독자 자기 인식 전략 학습은 학습자를 독자로 칭하면서 책 선택권이 독자에게 있음을 강조함으로써 책 선택 학습에 적극적으로 참여하게 하는 효과가 있다.

학습 독자는 책의 다양한 특성만큼 독자마다 'Right Book'이 당연히 다름을 인식함으로써 동료들의 책과 수준을 비교하지 않고 자신이 선택한 책에 대한 독서 동기를 강화할 수 있다.

그동안 친구나 교사가 추천하는 책을 주로 읽어 왔던 학습 독자는 자신의 관심과 수준을 스스로 파악하고, 독서 능력을 점검하면서 책을 선택하여 읽음으로써 주도적인 독자의 태도를 학습해 나간다.

독자 자기 점검 과정에서 학습 독자는 자신의 관심과 흥미에 집중하는 동안에 스스로 자신의 편독의 경향성을 파악하기도 하고, 한편으로는 새롭게 자신의 관심과 흥미를 발견한다.

교사는 독자 자기 인식 전략을 학습에 적용하는 과정에서 문식 공동체와 학습 독자의 특성을 파악할 수 있다. 가시적으로 쉽게 접근할 수 없는 독자 내적 요인을 파악함으로써 학습 독자의 관심과 흥미 영역에서 출발하는 책 선택 학습을 계획하는 데 활용할 수 있다. 독자 자기 점검 활동의 결과로 학습 독자의 특성에 따른 개별화된 독서를 지원할 수 있는 독립적인 학습 방법을 마련할 수 있고, 문식 공동체의 특성을 활용하여 좋아하는 작가, 문학 장르, 주제별로 소그룹을 나누어 협력적으로 활동하는 학습의 기회를 만들어 갈 수 있다.

따라서 교사는 독자 자기 인식 전략을 책 선택 학습의 첫 번째 전략으로 사용하면서 Right Book에 대한 탐구 과정으로서 책 선택 학습이 독립적이고 협력적인 탐구의 과정을 지원할 수 있는 학습 분위기를 형성하는 데 중점을 두어야 한다.

먼저 교사는 책 선택 학습이 책 선택권을 가진 독자의 주도적 탐구 과정임을 학습 독자가 이해할 수 있도록 자신이 읽을 책을 스스로 선택하도록 격려한다. 학습 독자의 관심과 흥미에 따라 책을 선택하도록 돕고 독자 중심으로 독서 경험과 독서를 점검하면서 적극적으로 책을 던지는 활동을 격려한다.

다음으로 학습 독자가 자신의 Right Book을 탐구하면서 발견한 정보를 문식 공동체에서 사용할 정보(informed decision)로 의미를 부여하고 소중하게 다루어 줄 필요가 있다. 학습 독자는 문식 공동체에서 성찰과 공유의 과정을 통하여 무엇보다 남과 다른 자신의 특성을 이해하고 표현할 수 있게 된다. 그러므로 독자 자기 점검 전략을 활용하여 문식 공동체에서 독립적이고 협력적으로 학습하면서 자기 이해와 자기 조절의 방법을 익혀 나갈 수 있도록 분위기를 형성한다. 그리고 성찰하고 공유한 책을 모아 학급에 책 꾸러미를 만들어 새롭게 관심과 흥미를 발견하도록 한다. 문식 공동체의 비계(scaffolding) 안에서 같은 책을 읽은 경험을 공유할 수 있는 분위기를 형성한다.

2장 북매치

북매치 전략은 독자가 주도적으로 책의 특성을 파악하여 도서 수준과 독자 수준을 연결하는 전략으로 사용된다. 독자가 자신에게 맞는 책을 스스로 선택하는 단계에서부터 책은 독자와 연결(book match)되며 독서가 시작된다. 따라서 독자는 책이 가지고 있는 기본적인 특징에 대하여 알고 있어야 하며, 자신의 배경지식을 활성화하여 책의 특성을 파악하고 독서 목적에 맞는 책을 선택해야 한다.

책 선택 학습에서는 북매치 전략으로 책 선택에 영향을 미치는 텍스트 요인에 대하여 학습하면서 책의 특징을 알고, 그 특징에 맞는 독서 방법을 적용하여 읽도록 지도하는 데 중점을 둔다.

물론 이 학습에서도 앞서 학습한 독자 자기 인식 전략이 점진적으로 사용된다. 북매치 전략의 텍스트 요인을 학습하고 자신의 Right Book을 선택할 때, 앞서 독자 자기 인식 전략에서 자신의 독서를 점검하고 성찰한 방법을 사용하면서 내면화한다.

전략	선택의 초점화	책 선택 요인	독서 상황	독서 방법	주요 학습 요소	주요 학습 중점
북매치		텍스트 요인	자유 독서	문학책 독서	연관 짓기	세상과 나를 연결하기

1 학습 중점

가. 문학책 독서

　책 선택 학습에서는 다양한 문학적 형태와 텍스트 유형에 따른 책의 특성을 파악하고 그 구조의 차이점이 독서 방법의 차이를 불러온다는 개념적 이해에 접근하고자 한다. 초급 독자가 다양한 책 읽기를 학습하는 상황을 '문학책 독서'와 '정보책 독서'로 구성함으로써 텍스트를 크게 '문학책'과 '정보책'으로 구분하게 되었다. 초급 독자에게 '문학책'과 '비문학책'으로 책을 구분하면 늘 문학책을 중심으로 책을 구분하는 것처럼 보인다. 초급 독자에게 '사실(Non-fiction)과 허구(Fiction)'의 개념을 설명만으로 이해시키기가 쉽지 않기에 독서 경험을 통해 다양한 문학적 형태와 텍스트 유형을 파악할 수 있도록 지도할 필요가 있다.

　먼저 초급 독자가 자신이 읽을 책을 선택하고 읽는 과정에서 '나는 모험이 있는 이야기를 좋아해, 무서운 이야기를 읽고 싶어, 나는 상상력이 풍부해지는 판타지 소설을 좋아해, 이 이야기는 정말 따뜻하고 감동적 이야'라고 떠올리는 문학책에 대한 느낌을 통해 문학책의 특성을 이해하도록 도울 수 있다. '재미있는 이야기책'으로 소설에 대해 개념적 이해를 하고 있는 초급 독자의 수준을 고려하여, 소설이 '있을 법한 이야기'가 되는 요소를 설명할 수 있다. 그리고 국어과 학습을 하면서 교과서에서 다루고 있는 시, 소설, 수필, 극본과 연관 지어서 문학의 다양한 형태를 이해하게 하고 문학책 독서를 지도할 수 있다.

　그리고 내용교과를 지도할 때 학생들이 주로 읽는 텍스트의 특성과 관련하여 새로운 지식과 정보를 얻을 수 있는 책으로 '정보책'을 구분할 때 내용교과 학습과 관련된 책을 제시하여 텍스트의 특성을 문학책과 비교할 수 있다. 책 선택 학습에서는 교과 독서와 관련하여 학습 독자가 관심을 가진 주제에 대하여 더 알고 싶은 것을 찾아 읽는 독서로 '정보책 독서'를 지도한다.

한편, 초급 독자의 수준에 따라서 '마음에 감동을 주는 책'과 '머리에 지식과 정보를 주는 책'으로 설명하여 독서 목적과 연관 지어 책을 선택하게 할 수 있다. 이때 학생들이 읽고 있는 책을 책상 위에 꺼내 두고 학생이 그 책을 선택했던 목적이 '감동을 얻으려고' 했는지, '지식과 정보를 찾으려고' 했는지 성찰하게 한다. 이어서 독후에는 어떤 부분이 감동적이었는지, 새롭게 알게 된 지식과 정보가 무엇이었는지, 정보의 신뢰성을 살피면서 독서 목적과 연관 지어 독자에게 준 영향을 성찰하도록 지도할 수 있다.

책 선택 학습에서는 다양한 문학적 형태와 텍스트 유형을 파악하고 그 구조의 차이점에 따라 독서 방법을 달리하여 읽는 것을 지도하는 데 중점이 있으므로, 텍스트 구분의 기준을 설명하기보다 학습 독자에게 학습 상황으로 제시되는 '문학책 독서' 상황과 '정보책 독서' 상황에서 책을 탐구하는 데 초점을 둔다.

북매치 전략은 책 선택 학습에서 두 번째로 사용하는 전략으로 자유 독서 상황과 문학책 독서를 학습의 범위로 초점화하여 지도한다. 자유 독서 상황에서 학생들은 대부분 정보책보다는 문학책 독서를 선호하는 경향이 있으므로 책 선택 학습에서 문학책 독서를 먼저 학습하는 것이 점진적인 흐름에 자연스럽다.

문학책은 도서관 행사나 온책 읽기, 그림책을 활용한 수업에서 두루 사용이 되므로 문학책 독서는 학습 독자가 자신이 속한 독서 공동체의 맥락을 이해하는 데 도움이 된다. 학습 독자는 문학책, 특히 소설책에 대한 편독 비중이 높은 편이므로 학습 독자에게 익숙한 소설책에서 책 선택에 영향을 미치는 텍스트 요인을 파악하기에 수월함이 있다.

책 선택 학습에서는 자유 독서 상황에서 학습 독자가 선택한 문학책을 중심으로 문학책을 읽는 방법도 함께 지도한다. 학습 독자가 주로 읽는 소설(이야기)뿐만 아니라 시, 수필, 희곡 등을 찾아서 읽도록 하는데, 국어과에서 학습한 문학 형태와 연관 짓도록 한다. 국어과에서 학습한 문학의 형태에 따른 독서의 방법을 적용하여 '한 권의 책 읽기'가 실제적으로 이루어지도록 지도한다. 그리고 정보책 읽기를 지도할 때 문학책과 다른 표현 방식의 차이를 파악하도록 지도한다.

나. 책의 특징

북매치 전략은 책 선택에 영향을 미치는 요인 중에서 텍스트 요인을 학습하는 데 초점화된다. 독자가 독자 수준에 맞는 책을 스스로 선택하기 위해서 책의 특성을 아는 것은 매우 중요하며 텍스트의 특성을 활용할 수 있는 능력은 정보 리터러시에 해당한다.

텍스트 요인은 독자가 책을 선택할 때 선호하는 요인이어서 독자가 선택한 텍스트의 특성을 파악하면 독자의 선호도를 분석할 수 있다. 그런데 각 텍스트의 종류와 특성은 다양하기 때문에 독자가 읽기를 경험하지 못한 텍스트의 경우에는 그 텍스트의 특성을 인식하지 못하게 된다. 특히 좋아하는 분야의 텍스트만을 주로 읽는 독자의 경우는 다양한 텍스트의 특성을 저절로 파악하기 힘들기 때문에 책 선택 방법을 학습할 때는 다양한 책을 선택하여 읽으면서 텍스트의 특성에 대해 이해할 수 있도록 지도할 필요가 있다.

이때 주의할 점은 독자들이 선택한 책에서 독자들이 활용한 텍스트 요인을 먼저 파악하게 하고, 그 텍스트를 바탕으로 나머지 텍스트 요인들을 지도해야 한다. 독자가 이미 잘 활용하고 있는 요인을 파악하고 난 후에 새로운 관점과 방법으로 나머지 텍스트 요인에 접근할 필요가 있다.

텍스트의 여러 요인을 이해하고 책을 선택할 때 독자는 자신의 읽기 목적에 적합한 책인지, 자신의 읽기 능력에 적합한 책인지를 판단하게 된다. 이렇게 텍스트의 특성을 파악하면서 자신과 텍스트의 관계를 조절하는 과정에서 자기 조절 기능이 신장된다. 이때 독서에 대한 독자의 메타 인지가 발현되기 때문에 책 선택을 독서의 과정에서 지도해야 하는 이유이다.

텍스트의 특성 파악하기는 책을 선택하는 단계에서만 적용되지 않는다. 독자는 텍스트의 특성을 파악하는 동안에 독자의 배경지식을 활성화하여 책의 내용을 예상하거나 책의 내용을 효과적으로 이해할 수 있는 요소를 발견하게 된다. 따라서 텍스트의 특성에 따라 효과적인 독서 전략을 적용하여 읽을 수 있으며, 필요한 경우에 독서 전략을 변경하면서 독서를 조절해 갈 수 있는 요인이다.

다. 출처 정보 다루기

독자가 도서관에 책이 배열되는 기준과 서가 위치를 알고 활용하는 것은 시스템 리터러시로 작용한다. 북매치 전략을 다룰 때는 자유 독서 상황 시 문학책을 선택하는 범위에서 책 배열 기준과 서가 위치를 학습하도록 한다.

학습 독자가 즐겨 찾는 문학책 서가에 직접 가서 대분류 번호 800번의 파랑색 라벨이 문학책 분류를 나타냄을 안내한다. 더불어 청구 기호를 안내할 때도 학습 독자가 선택한 책의 청구 기호를 살펴보면서 문학책의 중분류가 세계 문학의 분류임을 학습 독자가 탐구할 수 있도록 한다.

학습 독자가 선택한 책을 공유하면서 작품을 쓴 작가와 작품을 쓴 언어에 대해 이해함으로써 문학 작품이 다양한 문화와 세계의 관점을 나타내고 있음을 개념적으로 이해할 수 있다. 이때 한국 도서관 십진분류표의 대분류 700번과 800번을 나란히 살피면서 작가가 쓴 작품의 언어를 파악해 볼 수 있다.

700 언어	800 문학	900 역사
710 한국어	810 한국 문학	910 아시아
720 중국어	820 중국 문학	920 유럽
730 일본어	830 일본 문학	930 아프리카
740 영어	840 영미 문학	940 북아메리카
750 독일어	850 독일 문학	950 남아메리카
760 프랑스어	860 프랑스 문학	960 오세아니아
770 스페인어	870 스페인 문학	970 양극 지방
780 이탈리아어	880 이탈리아 문학	980 지리
790 기타 제어	890 기타 제문학	990 전기

확장하기 팁

> ■ 2권 이상의 책을 선택하여 같이 읽기(다문서 읽기)
>
>   대분류 900번을 활용하여 평소에 관심이 있고 여행하고 싶었던 나라에 관한 인물 이야기, 지도, 지리, 역사에 대한 책을 찾아 읽을 수 있다. 그리고 그 나라에서 사용하는 언어(출발어)로 쓰인 문학 작품을 800번 대분류에서 찾아 다문서 읽기를 할 수 있다.
>
> ○ 각 대분류에서 연관 지어 책을 선택하여 다문서 읽기를 해 봅시다.
> - 독자가 여행하고 싶은 나라가 있나요? (　　　)
> - 그 나라에 관련된 책은 900번 대분류 중에서 어떤 중분류에 해당합니까? (　　　)
> - 그 나라에서 주로 사용하는 언어는 무엇입니까? (　　　)
> - 그 언어에 관한 책은 700번 대분류 중에서 어떤 중분류에 해당합니까? (　　　)
> - 그 언어를 원어(또는 출발어)로 쓰인 문학 작품은 800번 대분류 중에서 어떤 중분류에 해당합니까? (　　　)

2. 북매치 – 독자와 책 연결하기

    BOOKMATCH 전략을 개발한 Wutz & Wedwick(2005)은 학생이 스스로 읽기 수준과 흥미에 적합한 책을 읽는 것이 가장 효과적인 읽기 능력 신장 방법이라고 하였다. 그러나 모든 학습자가 성공적으로 책을 선택하는 기술을 타고나는 것이 아니기 때문에 독서에 대한 흥미를 유지하기 위해서 학습자들은 읽기 자료를 스스로 선택하는 방법을 배워야만 한다고 북매치 전략을 개발한 취지를 밝히고 있다. Wutz & Wedwick은 독서 교육을 시작하는 단계(6, 7, 8세)의 초급 독자가 독립적인 독자로 성장하기 위해서 책을 선택하는 기술과 전략을 학습할 필요가 있다고 여겼다.

BOOKMATCH(북매치)의 각 글자는 학습 독자가 책을 선택할 때 독자가 고려해야 할 책의 특성을 파악하는 기준을 나타낸다. 북매치 전략에서는 이 기준을 독자가 스스로에게 질문하는 형식으로 제시함으로써 독자의 독립적인 책 선택을 이끌고 있다. 학생들이 독립적으로 책을 읽기 위해 자신의 책을 선택할 때 사용하는 북매치 내용은 [그림 9]와 같다.

[그림 9] **북매치 내용(Wutz & Wedwick, 2005)**

		책 선택을 위한 기준
B	책의 길이 [book of length]	• 책의 길이가 너무 짧은가, 적당한가, 아니면 너무 긴가? • 이 책의 길이는 나에게 알맞은가? • 내가 읽던 책과 비교해 책의 길이는 얼마나 되는가? • 이 책을 접하고 싶은 생각이 드는가?
O	일상 언어 [ordinary language]	• 이 책의 아무 쪽이나 펴서 읽었을 때 자연스럽게 들리는가? • 유창하게 읽히는가? • 내가 이해할 수 있는 방식으로 쓰였는가?

	책 선택을 위한 기준	
O	조직 [organization]	• 이 책은 어떻게 구조화되어 있는가? • 책 한 쪽에 들어 있는 단어의 수는 적절한가? • 챕터의 장(章)은 짧은가, 긴가? • 텍스트와 그림이 있는가? 챕터, 차트, 말풍선 표시 또는 캡션이 있는가? • 두꺼운 글씨나 기울임 효과로 강조된 단어가 있는가?
K	책의 선행 지식 [knowledge prior to book]	• 이 책의 주제, 내용, 저자, 삽화가 등 책에 대해 이미 알고 있는 것은 무엇인가? • 제목을 읽고, 책 표지를 보거나 책 뒤표지에 요약을 읽으시오.
M	다룰 만한 텍스트 [manageable text]	• 이 책의 단어들이 쉬운가, 적당한가, 어려운가? • 읽은 것을 이해할 수 있는가? • 다섯 손가락 규칙을 성공적으로 사용할 수 있는가?
A	장르에 대한 매력 [appeal to genre]	• 이 책의 장르가 무엇이고, 이 장르를 알고 있는가? • 이전에 이러한 장르의 글을 읽은 경험이 있는가? • 이 장르를 좋아하는가?
T	주제의 적합성 [topic appropriate]	• 이 책의 주제가 편안한가? • 이 주제에 관한 글을 읽을 준비가 되어 있다고 생각하는가?
C	연관 [connection]	• 나는 이 책에 공감할 수 있는가? • 이 책이 나에게 무엇이든 또는 누군가를 생각나게 하는가? • 다른 책이나 실제 경험과 연결할 수 있는가?
H	높은 흥미 [high-interest]	• 이 책에 흥미가 있는가? • 더 알아보고 싶은가? • 다른 사람들이 이 책을 추천하는가? • 내가 이 책을 읽는 목적은 무엇인가?

Wutz & Wedwick의 북매치 연구에서는 '학생들이 현재 어떤 선택 기준을 사용하고 있는지', '학생들이 어떤 이유로 책을 선택하지 않는지'에 대한 정보를 모으기 위해 [그림 10]과 같이 설문 조사를 실시하였다. 설문 조사 내용 중 "내가 책을 끝까지 읽지 못한 몇 가지 이유가 무엇입니까?"라는 개방형 질문에 대하여 사후 응답이 사전 응답에 비하여 [그림 11]과 같이 증가하였는데, 연구에서는 북매치 학습 이후에 학생들이 책을 끝까지 읽지 못한 이유를 더 많이 표현할 수 있게 된 것 때문으로 분석하고 있다.

이 결과는 그동안 많은 학생이 책이 너무 어렵다는 것을 깨닫지 못하고 있거나 자신이 선택한 책이 자신에게 적절하지 않다는 것을 몰랐기 있기 때문에 자신이 책을 선택할 때 어려움을 갖고 있다는 사실조차 제대로 인지하지 못하고 있었음을 나타낸다.

북매치의 질문은 책 선택의 기준이 되는 내용이면서 그 기준으로 학습 독자가 자신의 독서 경험을 성찰함으로써 자신이 가진 책 선택의 어려움을 인식하게 하는 효과가 있다.

이 결과는 책 선택 학습의 사전·사후 반응에서도 비슷하게 반복적으로 나타난다. 학생들은 책 선택의 어려움이 없는 편이라고 사전 응답을 하지만, 학습을 마친 이후에는 북매치의 기준에 따라 자신이 책을 끝까지 읽지 못한 이유를 구체적으로 표현할 수 있게 된다. 학습 독자는 북매치 전략을 사용하여 자신이 가진 책 선택의 어려움을 적극적으로 해결할 뿐만 아니라 자신의 Right Book을 읽는 독서를 통해 성공적인 독서 경험을 해 나간다.

책 선택 학습에서 북매치 기준을 처음 제시할 때는 먼저 학습 독자가

[그림 10] **북매치 설문 조사**(Wutz & Wedwick, 2005)

북매치 설문					
나는 책의 길이를 보는가?	예( ) 아니오( )				
나는 이 주제에 대해 이미 알고 있는가?	예( ) 아니오( )				
나는 단어와 개념이 어려운지 살피는가?	예( ) 아니오( )				
나는 장르를 살피는가?	예( ) 아니오( )				
내 나이와 수준에 적합한 주제인지 살피는가?	예( ) 아니오( )				
나와 책과의 관련성을 살피는가?	예( ) 아니오( )				
나는 책의 레이아웃/형식을 구성하는 방법을 살펴보는가?	예( ) 아니오( )				
나는 주제, 내용, 저자, 삽화가를 관심 있게 살펴보는가?	예( ) 아니오( )				
나는 책이 자연스럽게 읽을 수 있는 스타일인지 살펴보는가?	예( ) 아니오( )				
나는 얼마나 자주 선택한 책을 끝까지 읽는가?	항상	보통	가끔	이따금	전혀
	5	4	3	2	1
나는 얼마나 자주 알고 있는 저자의 책을 고르는가?	항상	보통	가끔	이따금	전혀
	5	4	3	2	1
내가 읽기 시작한 책을 끝까지 읽지 못하는 이유는 무엇인가?					

[그림 11] **책 읽기를 끝내지 못한 이유**(Wutz & Wedwick, 2005)

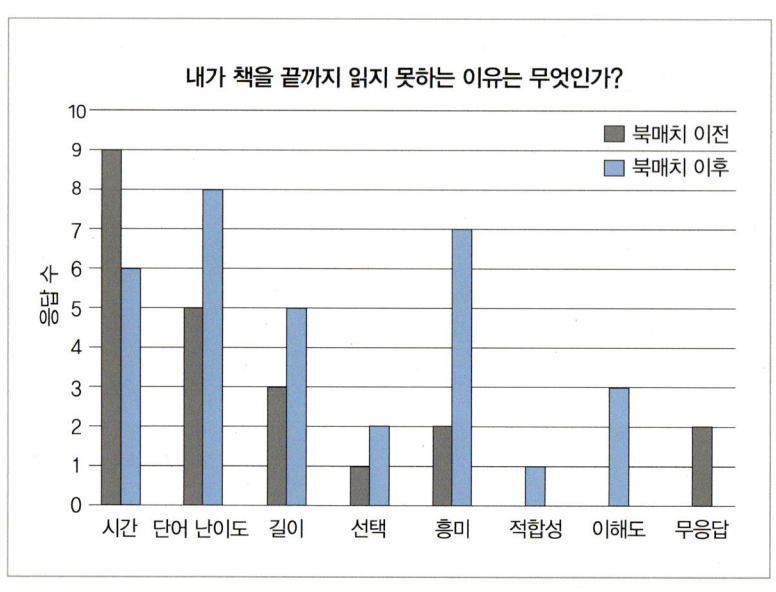

북매치 기준 중에서 자신이 어떤 기준을 잘 사용하고 있는지 독서 경험을 성찰하도록 한다. 다음으로 교사가 북매치 기준을 적용하여 책을 선택하는 과정을 시범 보인다. 북매치의 기준에 대한 질문에 답하면서 독자가 책의 특성을 파악하는 과정을 시범 보일 수 있다.

저학년 학습 독자의 경우에는 교사가 그림책 등을 읽어 줄 때 이 북매치의 기준들을 하나씩 짚어 가며 점진적으로 안내할 수 있다. 중학년 이상 학습 독자들은 자신의 독서 경험을 성찰하면서 그동안 자신이 책을 선택할 때 어려움을 겪었던 기준을 스스로 찾아낸다. 그렇기 때문에 각 기준을 학습 요소로 깊게 다루기보다 학습 독자가 자신의 Right Book을 선택할 때 사용하면 좋은 기준이 무엇인지 성찰하고, 사용할 기준을 결정(informed decision)하는 과정에 중점을 둔다.

[그림 12] 내가 사용하는 북매치 기준

기준	책 선정을 위한 설명	잘 몰라요	알지만 사용하지 않아요	잘 사용해요
		내가 사용하면 좋을 기준 선택 – 이유		
B	책의 길이 [book of length] • 이 책의 길이는 나에게 알맞은가? 너무 짧은가, 아니면 너무 긴가? • 이 책을 접하고 싶은 생각이 드는가?	●┈┈┈●┈┈┈●┈┈┈●┈┈┈●		
O	일상 언어 [ordinary language] • 이 책의 아무 쪽이나 펴서 읽었을 때 자연스럽게 들리는가? • 유창하게 읽히는가? • 의미는 이해할 수 있는가?	●┈┈┈●┈┈┈●┈┈┈●┈┈┈●		
O	조직 [organization] • 이 책은 어떻게 구조화되어 있는가? • 책 한 쪽에 들어 있는 단어의 수는 적절한가? • 책의 장(章)은 짧은가, 긴가?	●┈┈┈●┈┈┈●┈┈┈●┈┈┈●		
K	책의 선행 지식 [knowledge prior to book] • 이 책의 주제, 내용, 저자, 삽화가 등 책에 대해 이미 알고 있는 것은 무엇인가?	●┈┈┈●┈┈┈●┈┈┈●┈┈┈●		

M	**다룰 만한 텍스트** [manageable text] • 이 책을 읽기 시작했을 때 단어들이 쉬운가, 어려운가? • 읽은 것을 이해할 수 있는가?	●┄┄●┄┄●┄┄●┄┄●
A	**장르에 대한 매력** [appeal to genre] • 이 책의 장르가 무엇인가? • 전에 이러한 장르의 글을 읽은 경험이 있는가? • 이 장르를 좋아하는가?	●┄┄●┄┄●┄┄●┄┄●
T	**주제의 적합성** [topic appropriate] • 이 책의 주제가 편안한가? • 이 주제에 관한 글을 읽을 준비가 되어 있다고 생각하는가?	●┄┄●┄┄●┄┄●┄┄●
C	**연관** [connection] • 이 책은 어떤 사물이나 어떤 사람을 떠올리게 하는가? • 이 책과 연관 지을 수 있는 것을 떠올릴 수 있는가?	●┄┄●┄┄●┄┄●┄┄●
H	**높은 흥미** [high-interest] • 이 책의 주제에 대해 흥미가 있는가? • 저자나 삽화가에 대해서 흥미가 있는가? • 이 책은 다른 사람이 추천한 것인가?	●┄┄●┄┄●┄┄●┄┄●

- 북매치 기준 익히기
  - 교사가 북매치 기준을 소개하고, 사용 방법을 시범 보인다.
  - [그림 12]에서 자신이 사용하는 북매치 기준의 척도를 확인한다.
  - 자신이 실패한 독서 경험을 성찰하고 그 어려움을 해결하기 위해 사용할 수 있는 기준을 파악한다.
  - 모둠별로 놓인 학년 수준의 문학책 5~6권 중에서 학습 독자가 읽어 보지 않은 책을 1권씩 선택한다.
  - 평소에 자신이 책을 선택할 때 잘 활용하는 북매치 기준을 사용해 책의 특징을 파악하는 과정을 설명한다.
  - 모둠 활동을 통해 북매치 기준을 익힌 후, 자신이 사용하면 좋을 북매치 기준을 정하여 사용할 기준을 결정(informed decision)한다.
  - 북매치 기준을 책갈피로 만들어 사용하면서 북매치 전략을 활용하도록 한다.
  - 북매치 기준을 적용한 결과를 공유하고 북매치 전략을 사용하여 달라진 독서의 변화를 성찰한다.

3 문학책 찾아 읽기

 북매치 전략에서 제시한 책 선택 기준인 '책의 길이, 일상 언어, 구조, 책의 선행 지식, 다룰 만한 텍스트, 장르에 대한 매력, 주제의 적합성, 연관, 높은 흥미'는 책 선택에 영향을 미치는 요인 중 대부분 텍스트 요인과 관련이 있다. 북매치 전략에서는 책의 형태적, 내용적 특성을 독자의 관심과 흥미, 배경지식 등 독자 내적 요인과 연결(match)하게 되는데, 이때 가시적인 텍스트를 대상으로 하기 때문에 학습 독자가 자신의 배경지식을 활성화하여 독서를 점검하고 조절하기에 용이하다는 장점이 있다.

　책을 선택할 때 북매치 기준에 대한 질문에 답하는 과정에서 학습 독자는 책의 형태적, 내용적 특성에 관하여 독서 경험으로부터 자신의 배경지식을 적극 활성화할 수 있다. 그리고 다양한 장르의 문학책을 선택하고 읽고 나서 북매치 기준이 자신의 책 선택과 독서에 어떤 영향을 미치는지 성찰하는 과정에서도 학습 독자는 배경지식을 활성화하게 된다.

　이렇게 북매치 기준을 활용하여 독자와 연결된 책이기 때문에 책을 읽을 때에도 책 내용과 관련하여 배경지식을 활성화할 수 있다. 뿐만 아니라 학습 독자가 관심을 가진 장르나 주제에 관하여 연관 지어 후속 독서를 이끌면서 상호 텍스트성을 자연스럽게 지도할 수 있다. 관심 있는 작가의 다른 작품을 선택하거나 시리즈 작품 등을 선택하여 읽도록 하면서 출처 정보에 대한 배경지식을 활용하고 쌓도록 지도할 수 있다. 문학 장르에 적합한 읽기 방법을 활용하여 실제적 읽기를 해 나갈 수 있다. 따라서 글마다 읽기 방법이 다르고 적절한 읽기 방법을 적용하여 읽어야 함을 알 수 있게 된다.

　그리고 무엇보다 다양한 장르의 문학책을 선택하여 읽을 때 국어과에서 학습한 읽기 방법을 활용하여 읽으면서 배경지식을 활성화할 수 있다.

　문학책 읽기에서 북매치 전략을 활용하여 배경지식을 활성화하는 방법으로 '출처 정보 확인하기', '담화 구조를 이해하고 읽기 방법 적용하여 읽기', '책의 주제를 이해하고 독자와 연결하기'를 중점적으로 다룬다.

가. 출처 정보 다루기

　북매치 기준에서 저자, 삽화가, 출판사 등에 대해 독자가 책에 대해서 알고 있는 '책의 선행 지식'에 관한 질문을 통해 '출처 정보 다루기'를 지도할 수 있다.

다양한 문학 작품을 읽는 방법으로 다양한 지역에서, 다양한 시기에 걸쳐 생산된, 다양한 언어로 쓴 문학 작품을 찾아 읽을 수 있다. 즉 다양한 시간과 공간에서 생산된 문학 작품을 읽는 것인데 이는 세계 문학을 읽으면서 다양한 문화와 관점을 이해하는 읽기와 관련이 있다.

학교 도서관에서 다양한 세계 문학 작품을 선택하여 읽을 때에는 번역 작품에 대한 출처 정보를 이해하는 것과 연관 지어 지도할 수 있다.

○ **번역 작품 이해하기**

책 표지에서 작가와 번역가(글쓴이와 옮긴이)에 대한 표시를 보고 번역 작품임을 파악할 수 있으며, 작가 정보와 번역가의 정보를 찾아 읽는다. 그리고 청구 기호에 나타난 분류 기호 정보를 세계 문학 분류와 연결[27]시켜 번역 작품을 이해할 수 있다.

문학 작품은 작가의 창작물이며 작가의 생각이 드러난다. 작품에는 작가의 삶의 방식이 된 역사적이고 문화적인 맥락이 있다. 따라서 작품을 쓴 언어는 작가의 표현 수단을 넘어서 작가의 맥락을 표현하는 요소이다.

한국 문학과 번역 문학을 구분하지 못하는 초급 독자의 경우 작가가 작품을 쓴 언어와 작가의 맥락을 이해하지 못하는 경우가 많다. 따라서

---

27 문학의 분류는 세계 문학의 출발 언어별로 분류되어 있다. 학습 독자는 청구 기호에 나타난 세계 문학 분류를 통해 작품의 출발어와 작가에 대해 새롭게 인식하며 흥미를 나타낸다.

세계 문학을 번역 문학과 관련하여 출처 정보를 지도할 필요가 있다. 즐겨 읽는 세계 문학 작품의 작가와 번역가(옮긴이)를 찾아보면서 작품이 출발어로 시작해 도착어로 번역되는 과정을 이해할 수 있다. 따라서 작품이 작가의 저작물이고 작품을 창작한 언어의 특징을 인지하게 된다.

세계 문학에 대한 출처 정보를 인식하는 것은 문학 작품을 잘 이해하는 데에도 도움을 준다. 그동안 자연스럽게 번역된 도착어로 쉽게 작품을 읽어 왔던 초급 독자는 작품의 출발어에 대한 인식을 통해 작가의 작품에 나타난 시간과 공간의 특징에 대해 생각할 수 있다. 그리고 작품의 사회·문화적 맥락에 대해 생각함으로써 다양한 관점에 대해 접근하게 된다.

그러나 번역된 작품에는 번역가의 관점까지 적용된다. 같은 작품이라도 번역가에 따라 작품의 분위기가 많이 달라진다. 도서관에서 세계 문학 작품을 수서할 때에는 출판사별로 다른 번역가의 작품을 구비하고 교사는 독자의 수준에 따라 번역 작품의 특성을 이해할 수 있게 한다. 번역 작품에 대한 이해는 기본적으로 번역 작품의 특징과 한계를 고려하여 작품을 해석하도록 지도하기 위함이다. 초급 독자는 자신이 좋아하는 작품의 번역가가 번역한 다른 작품을 찾아 읽을 수 있다. 나아가 여러 출판사에서 번역한 작품을 비교하면서 읽을 수 있다.

○ 출처 정보 이해하기

출판에 관한 정보를 출처 정보로 다룰 수 있다. 작가가 작품을 창작하고 출판한 시기에 대한 정보는 작품에 반영된 사회·문화적 배경을 파악하게 함으로써 작가의 목적과 의도에 대해 비판적으로 이해할 수 있게 된다. 출판사에 관한 출처 정보도 함께 다룰 필요가 있다. 책을 출판하는 시기와 책의 특징과 관련하여 출판사의 특정한 관점과 의도를 파악할 수 있다.

학습 독자들은 출판 정보를 나타내는 책의 속지를 흥미롭게 탐색하는 편이다. 책이 처음 출판된 출판 연도[28]와 출판되고 번역되어 독자에게 오는 과정에 대해 생각하면서 자신을 포함한 수많은 독자에 대해 인식하게 된다. 이때 교사는 문학 작품에 나타난 시간과 공간의 의미에 대해 생각하고 시간과 공간의 변화에 따른 독자의 맥락에 의한 해석의 변화를 이해할 수 있도록 지도할 수 있다.

문학 작품뿐만 아니라 다양하고 광범위한 영역의 독서를 해 나가면서 독자는 작가와 번역가, 출판사, 출판 시기 등 출처 정보를 다루게 된다. 책이 언제, 누구에 의해, 누구를 위해 작성되었는지를 파악하게 함으로써 작가가 누구에게 말하는지, 어떤 의도와 목적을 가지는지, 그럼으로써 나타나는 편견이 무엇인지를 독자가 질문하며 책을 읽는 태도를 기를 수 있다. 나아가 독서뿐만 아니라 미디어를 통해 보고 듣는 정보의 출처를 파악하여 비판적으로 해석하도록 지도할 수 있다.

---

28 초급 독자는 출판에 대한 개념에 익숙하지 않은 편이다. 따라서 출판 연도를 초급 독자가 태어난 해보다 이전에 출판된 책, 이후에 출판된 책으로 구분하고 나이의 개념으로 접근해 볼 수 있다. 출판된 지 오래된 책과 그 책을 읽은 독자의 한 사람으로서 자신을 생각해 볼 수 있다. 특히 문학 작품의 경우 작품이 출판된 시기와 관련하여 작품의 시대적, 공간적 배경과 등장인물의 상황에 대해 더욱 접근할 수 있다. 그리고 자신이 그 시기의 독자였다면 책의 내용을 어떻게 이해했을지 생각함으로써 다양한 관점에 접근할 수 있다.

[그림 13] **번역 작품에 대한 이해**

○ 독자가 그 책을 선택한 과정을 친구들과 공유하여 봅시다.

○ '번역'이란 무엇일까요?

   번역(飜譯)은 어떤 언어로 쓰인 글을 다른 언어로 된 상응하는 의미의 글로 전달하는 일이다. 이때 전자의 언어를 원어 또는 출발어(source language)라 하고, 후자의 언어를 번역어 또는 도착어(target language)라고 한다. 정확한 번역을 위해서는 원전을 이해하기 위한 문화적인 배경지식과 옮겨 오는 언어의 정확하고 문학적인 문장력이 필요하다. 〈출처: 위키백과〉

○ 책을 본격적으로 읽기 전에 작가와 번역가를 소개한 부분을 찾아 읽어 봅시다.

글(지은이)	옮김(옮긴이)

○ 작품을 읽으면서 그 작품이 쓰인 언어의 특성과 시공간의 특성이 나타나는 부분을 찾아보세요.

〈사람에 관하여〉

〈일어난 일에 관하여〉

〈사람이 살고 있는 곳, 일이 일어난 곳에 관하여〉

나. 담화 구조를 이해하고 읽기 방법 적용하여 읽기

책의 내용을 이해하는 데 있어서 책의 내용에 관한 지식 못지않게 담화(형식)에 관한 지식을 이해하고 활성화하여 읽는 것은 중요하다. 독서를 통해 담화 지식 또한 배경지식으로 형성되기 때문이다.

북매치 기준에서 담화 구조를 파악할 때 사용하는 기준은 '구조[organization]'이다. 독자는 책 전체를 보고 책의 저자가 효과적인 표현을 위해 결정한 유형적 특성을 파악할 수 있다.

- 이 책은 어떻게 구조화되어 있는가?
- 텍스트와 그림이 있는가? 챕터, 차트, 말풍선 표시 또는 캡션이 있는가?
- 인쇄 크기와 페이지의 단어 수는 적절한가?
- 두꺼운 글씨나 기울임 효과로 강조된 단어가 있는가?
- 챕터(장)의 길이가 짧은가, 적당한가, 긴가?
- 목차가 있는가, 요약이나 용어 설명집이 있는가?

각 요소를 파악하면서 책이 구성된 방식을 이해할 수 있다. 책이 구성되는 방식에 대해 아는 것은 텍스트의 형식과 내용을 이해하는 데 도움을 줄 뿐만 아니라 작가가 선택한 표현 방법과 유형을 이해하고 적절한 읽기 방법을 적용하게 한다.

책 선택 학습에서는 문학, 비문학의 장르와 유형에 따른 담화 구조를 파악하면서 담화(형식)에 관한 지식을 활성화하여 독서를 지도해 간다. 다양한 종류의 텍스트를 읽는 것은 다양한 종류의 담화 구조를 잘 이해하게 하여, 글을 순조롭게 읽을 수 있게 한다.[29] 학습 독자는 독서의 과정에서 내용 지식뿐만 아니라 담화 지식을 배경지식으로 쌓아 갈 수 있다.

문학, 비문학의 장르와 유형에 따른 담화 구조는 주로 목차 읽기를 통해 파악할 수 있다. 목차(table contents)는 책에 담긴 내용의 순서를 나타내지만 작가가 내용을 표현한 방법 또한 드러낸다. 따라서 목차를 활용하면 다양한 유형의 책에 대한 담화 구조를 파악하는 데 도움이 된다. 먼저 학습 독자가 선택한 책의 목차 읽기를 통해서 문학책의 '구조'에 대한 이해를 하고 난 다음 비문학책을 선택하여 읽을 때 '구조'의 차이점을 이해할 수 있도록 점진적으로 계획할 수 있다.

기본적으로 문학책의 구조 확인하기는 북매치 기준을 활용하여 책을 선택할 때 목차 읽기와 연결하여 지도한다. 목차에 제시된 소제목을 읽으면서 이야기의 내용을 예상하고, 가장 관심 있는 챕터(장)을 펴서 챕터의 길이가 짧은지 긴지 확인하고, 그 챕터를 읽어 가면서 한쪽에 들어 있는 단어의 수가 적절한지, 난이도를 같이 파악해 간다. 이 과정에서 학습 독자는 책에 대한 관심과 흥미를 확인할 수 있고 자신의 독서 수준에 따라 도서의 수준을 결정한다. 그리고 선택한 문학책을 다 읽은 이후에 작가가 작품을 구조화한 효과와 관련하여 작품을 해석해 볼 수 있다. 문학책의 담화 구조에 대한 이해는 정보책을 읽을 때와 차이점을 파악하는 데 도움이 된다.

---

[29] 담화 지식은 각기 다른 유형의 글의 독특한 특성에 대한 지식이다. 독자가 이해를 쉽게 할 수 있도록 글을 구조화하고 정리하는 데 도움을 주는데 언어적 담화 지식의 차이가 독해의 개인차로 나타난다. 우수한 독자가 그렇지 못한 독자에 비해 담화 구조에 대해 잘 이해함으로써 글을 순조롭게 읽을 수 있다(Anne Polselli Sweet·Catherine E. Snow, 2003).

학습 독자들에게

문학책의 목차 읽기를 함께 해 볼까요? 목차는 작가가 책에 제시할 내용의 순서를 나타냅니다. 문학책 중 소설책의 목차는 작가가 이야기를 어떻게 흥미롭게 구성해 가고 있는지를 나타냅니다. 소설책은 일단 장편 소설과 단편 소설을 모아 놓은 단편 소설집이 있습니다. 단편 소설집은 한 작가의 작품을 모아 놓기도 하고 여러 작가의 작품을 모아 놓기도 합니다. 단편 소설집의 경우 작품이 실리는 순서로 배열되므로 목차를 보고 관심 있는 작품을 먼저 선택하여 읽어도 됩니다.

장편 소설의 경우에는 목차에 각 부와 장의 제목을 흥미롭게 제시해 이야기에 빠져들게 하기도 합니다. 『이상한 나라의 앨리스(Alice in Wonderland)』는 첫 챕터의 제목을 '따라서 토끼굴로(Down the rabbit-hole)'라고 쓰면서 독자의 호기심을 불러일으킵니다. 여러분은 이 챕터의 제목을 보고 앨리스에게 어떤 일이 일어날지 상상할 수 있나요? 이상한 나라를 모험하고 싶나요? 이 챕터의 제목이 마음에 들어서 챕터가 시작하는 부분을 펴면 회중시계를 보고 있는 토끼 그림 삽화가 나타납니다. 이야기가 시작하는 부분을 흥미롭게 표현하고 있네요.

여러분이 읽고 있는 이야기책의 목차는 어떻게 구성되어 있는지 살펴보세요. 장편 소설의 경우 이야기의 챕터(장)에 소제목을 쓰지 않고 그냥 1장, 2장, 3장…, 또는 1, 2, 3…으로 챕터의 순서만을 표시한 책도 있습니다. 이런 경우에는 목차가 따로 제시되지 않을 수도 있습니다.

장편 소설의 경우에는 책의 길이가 긴 편입니다. 여러분은 두꺼운 책을 부담스러워하는데요, 챕터가 구분되는 부분을 나누어서 조금씩 읽어 나갈 수도 있답니다. 그러니까 부담스러워하지 말고 챕터를 나누어서 읽어 보세요. 챕터의 소제목이 나타나지 않더라도 이야기의 흐름에 따라 챕터가 나누어지기 때문에 챕터가 시작되고 끝나는 페이지를 확인하여 독서 시간을 조절할 수 있습니다.

장편 소설의 경우에 앞에서부터 순서로 읽기도 하지만, 어떤 독자의 경우 가장 마지막 장을 먼저 읽기도 해요. 어떤 효과가 있을까요? 탐정 소설이나 추리 소설은 결말부터 읽으면 안 된다고요? 그렇군요. 이야기 구조를 가진 소설은 작가가 흥미롭게 이야기를 이끌어 가기 때문에 흐름을 따라 읽어 보는 것이 좋아요. 그래서 가끔은 내용이 드러나는 추천 글을 읽는 것을 좋아하지 않는 독자들도 있어요. 여러분도 영화를 보기 전에 친구가 내용을 말하면 김이 빠지기도 하잖아요.

이야기책의 목차에 나타난 소제목을 보면서 이야기의 흐름을 예상해 보면 재미있게 이야기를 읽을 수 있답니다. 보통 이야기책 챕터의 소제목에는 등장인물의 이름이나 사건(정보책은 주로 사물이나 현상)이 나타납니다. 이야기책이니까요. 누가, 어디서, 무엇을 하는지, 이야기 구조를 통해 재미있는 이야기가 흘러갑니다. 국어 시간에 우리는 이야기를 이루는 요소가 '인물, 사건, 배경'임을 배웠습니다. 그리고 '이야기 예상하며 읽기'를 배웠지요. 이야기를 본격적으로 읽기 전에 각 챕터의 소제목을 읽으면서 이야기의 흐름이 어떻게 진행될지 예상해 봅시다. 책을 읽어 나가면서 독자의 예상대로 흘러가는지 반전이 일어나는지 각 챕터(장)마다 예상해 보세요.

보통 이야기의 첫 챕터(장)에는 이야기가 진행되는 실마리가 제공됩니다. 첫 챕터의 앞부분에는 이야기 속의 인물들에게 어떤 일이 일어날지 분위기가 조성됩니다. 그러므로 이 부분을 읽을 때는 인물의 성격,

직업, 처지를 생각해 보고 일이 일어나는 시간적·공간적 배경을 파악해서 인물이 배경 속에서 움직이는 듯이 상상하면서 책을 읽어 가 보세요. 꼭 영화를 보는 듯이 영화의 첫 장면을 머릿속에 그려 보세요. 저는 주인공이 예쁘고 잘 생겼으면 주인공 배역을 저에게 준답니다. 비슷한 외모나 성격의 친구들을 등장인물로 정해 주고요. 꼭 영화감독이 배우를 역할에 캐스팅하듯이 말이에요.

이렇게 등장인물에 캐스팅되어서 책을 읽다 보면 이야기에 빠져들고 공감하게 됩니다. 책을 처음 읽을 때에는 주인공이나 주동 인물이 되어서 사건을 겪어 볼 수 있습니다. 그리고 다음번에 책을 읽을 때에는 반동 인물이나 다른 등장인물이 되어 사건을 따라가 봅니다. 그러다 보면 다양한 등장인물의 관점에서 이야기를 이해하게 되고 작가의 의도를 파악하는 데 도움이 됩니다. 여러분도 이야기책을 읽을 때 이야기의 요소를 생각하며 재미있게 읽어 보세요.

○ 이야기책의 재미있는 목차를 찾아서 친구들과 공유해 보세요.

『생쥐 기사 데스페로 이야기(The Tale of Despereaux)』의 목차는 1부의 제목, 2부의 제목, 3부의 제목, 4부의 제목 그리고 Coda로 이루어져 있습니다. 코다(Coda)는 이탈리아어로 원래는 '꼬리'라는 뜻이라고 합니다. 음악에서 주로 사용되는 용어로 음악의 끝에 덧붙인 부분을 일컫습니다. 눈치챘을까요? 생쥐 기사 데스페로 이야기의 마무리를 Coda(꼬리)라고 재미있게 표현하였네요.

여러분이 읽고 있는 이야기책의 목차를 살펴보면서 예상하며 읽기를 해 보세요. 그리고 책을 다 읽고 난 다음에 이야기책의 목차를 다시 읽으면서 작가가 왜 이야기의 흐름을 이렇게 구성했는지 생각해 보세요.

[그림 14] 이야기책의 목차 읽기

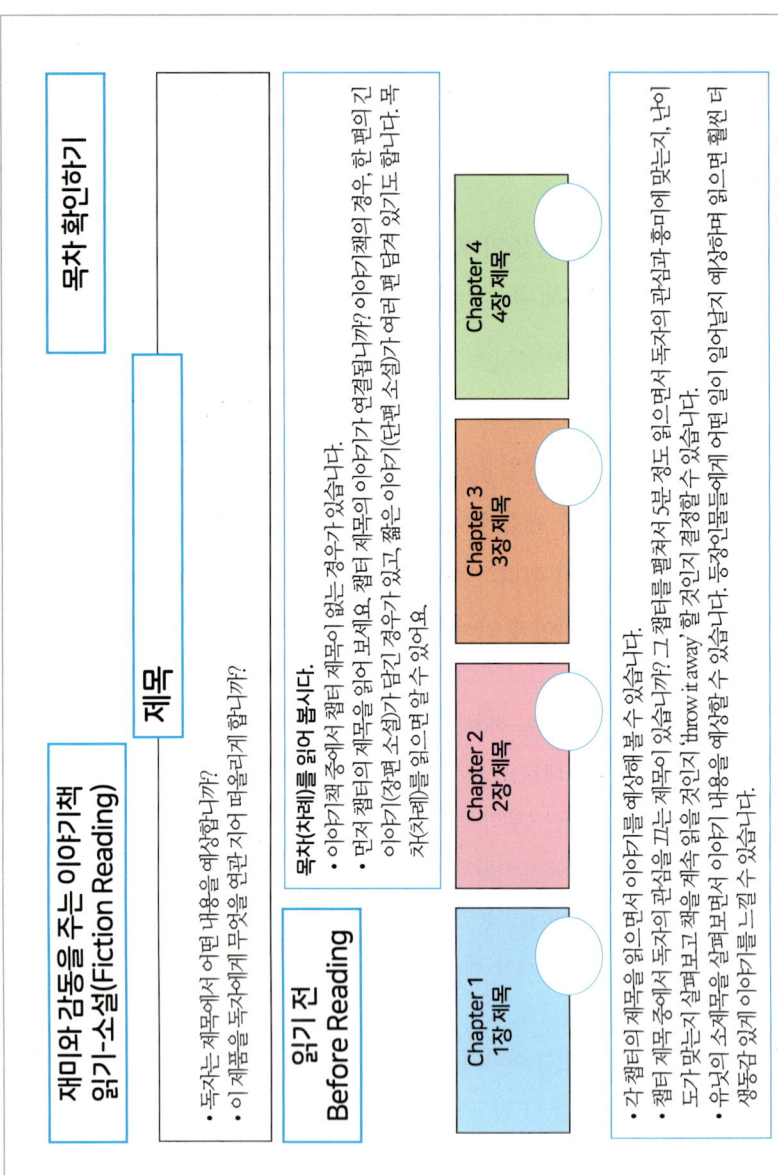

북매치 151

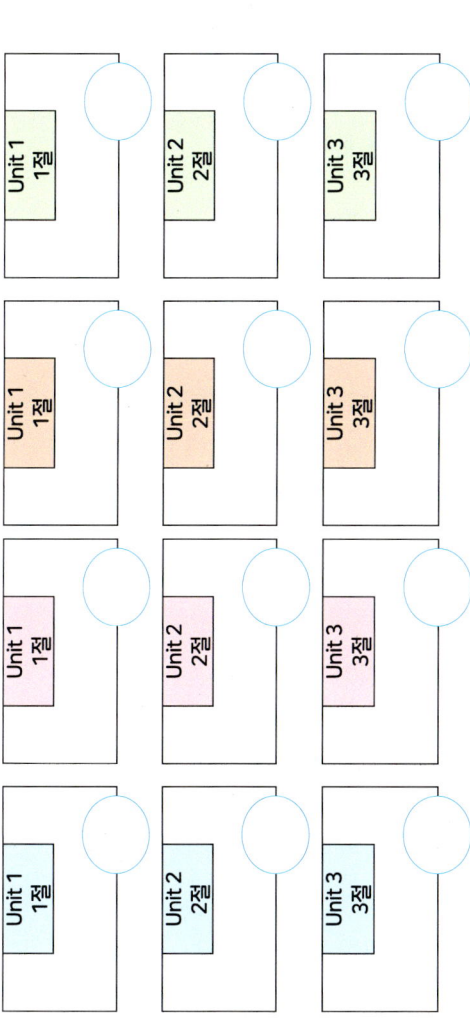

- 각 절의 소제목을 살펴보세요. 어떤 특징이 발견이 됩니까? 이야기책의 목차는 사람들이나 현상을 나타내는 정보책의 목차와 달리 사람과 사건을 나타낼 것을 알 수 있어요. 이야기가 인물, 사건, 배경으로 이루어지기 때문이지요. 독자 여러분은 이야기책을 읽을 때 인물에게 어떤 일이 일어나는지, 그 사건이 일어나는 상황이 분위기를 생각하며 읽어 보세요. 여러분의 예상과 이 맞는지, 어떻게 다른지 생각하며 읽어봅니다.
- 저는 이야기책을 읽을 때 등장인물에 제 주변 친구들을 캐스팅을 주기합니다. 주인공의 잘 생겼다면 제 자신으로 캐스팅하기도 하고요. 두 번째 읽을 때는 다른 인물이 되어 이야기 속에서 같이 말하고 행동해 봅니다. 그리고 이야기 속의 인물이나 상황들이 내 주변의 일과 비슷한 점이 있는지 연관 지어 보기도 해요. 등장인물의 감정이나 생각이 나와 비슷한 점을 찾아보기도 합니다.

읽은 후
After Reading
· 공유하기

- 예상하며 읽기를 잘하였습니까? 독자의 예상대로 이야기가 흘러갈 때 기분이 어떠했나요? 예상과 달라질 때는 기분이 어땠나요?
- 여러분이 독자에게 감동과 즐거움을 준 장면이 있습니까? 책 속에 마음에 드는 구절을 찾아 적어 볼 수도 있습니다.

- 독서 읽기를 하고 책을 읽으니 독서에서 달라진 점이 있습니까?
- 이 활동으로 새롭게 알게 된 점은 무엇입니까?

다. 책의 주제를 이해하고 독자와 연결하기

책을 읽고 주제를 이해한다는 것은 결국 독서를 통해 세상의 일과 독자가 연결되었음을 의미한다. 북매치 전략의 '연관[connection]' 기준은 독자의 배경지식을 활성화하여 독자와 책을 연결시킨다.

- 나는 이 책에 공감할 수 있는가?
- 이 책이 나에게 무엇이든 또는 누군가를 생각나게 하는가?
- 다른 책이나 실제 경험과 연결할 수 있는가?

북매치 전략의 '연관[connection]'은 책을 선택하는 기준이지만 책을 읽는 중이나, 책을 읽고 나서 의미를 이해하고 해석할 때에도 독자와 책을 연결시키기 위해 배경지식을 활성화하는 방법이다. 바로 독자가 책에 담은 작가의 생각, 즉 주제를 찾기 위해 독서의 전 과정에서 다음 세 가지 질문을 통해 책과 독자를 연관 짓는다. 작가의 책에만 있는 것이 아니라 독자의 주변에서 경험한 것, 읽었던 다른 책 그리고 세상의 일들에서 관찰할 수 있는 것이 주제이기 때문이다. 독자가 책을 연관 지으면서 주제를 찾는 과정에서 독자는 알고 있는 다양한 관점을 만나고 또 알지 못했던 새로운 관점을 발견하게 된다.

○ text to self
  - 이 책의 내용은 어떤 사물이나 어떤 사람을 떠올리게 하는가?
○ text to text
  - 이 책과 관련하여 읽었던 다른 책과 연관 지어 떠오르는가?
○ text to the world
  - 이 책의 내용은 세상의 어떤 일을 떠올리게 하는가?'

'책과 나를 연관 짓기(text to self)'는 나를 둘러싸고 있는 사람과 사물이 결국 지금의 나를 만들어 가고 있음을 인식하게 하는 연관 짓기이다. 자신의 세계관, 정체성, 대인 관계를 텍스트 안에서 찾을 수 있는 다양한 기회를 갖게 되며 이러한 발견이 나를 둘러싸고 있는 사회·문화적 맥락을 내가 어떻게 이해하고 있는지를 알 수 있게 한다. 그리고 작품 속에 묘사된 다른 현실 세계와 인물들을 간접 경험하면서 자신이 가진 관점과는 다른, 세계를 바라보는 다양한 관점에 익숙해질 수 있다.

'책과 책을 연관 짓기(text to text)'는 '상호 텍스트성'을 이해하게 하는 연관 짓기이다. 이는 세상의 지식이 서로 연결되어 있음을 알게 하며, 상호 텍스트성을 고려한 책 선택은 이전의 독서에서 습득한 지식을 떠올려 배경지식을 활성화시킬 뿐만 아니라 후속 독서의 책을 선택할 때 영향을 준다. 문학책 읽기에서 상호 텍스트성을 고려하여 책을 읽으면 다양한 작가의 관점을 파악할 수 있게 되고, 작가의 관점을 비판적으로 이해할 수 있다.

'책과 세상을 연관 짓기(text to the world)'는 세상에 대한 관심과 세상의 일이 모두 나와 연결되어 있다는 이해를 할 수 있는 연관 짓기이다. 다양한 문화와 다양한 시기를 다룬 문학 작품을 읽으면서 다양한 관점을 이해할 수 있으며 나를 둘러싼 세계에 연관 지으며 문화 간의 차이를 의식하고 비판적으로 사고할 수 있게 된다.

연관 짓기의 방법은 책을 선택하고 읽는 과정에서 다양하게 사용할 수 있다. 학습 독자들이 연관 짓기에 익숙해지도록 다양한 방법으로 연관 짓기를 적용해 볼 수 있다.

■ 문학책 독후 활동

문학책 독후 활동을 연관 짓기의 범위에서 해 볼 수 있다.
- 이야기의 요소인 인물, 사건, 배경과 연관 짓기
- 작가가 표현하고자 하는 주제가 잘 드러나는 장면과 문단을 찾아서 연관 짓기

ⓐ text to self
- 이 책의 내용은 어떤 사물이나 어떤 사람을 떠올리게 하는가?

ⓑ text to text
- 이 책과 관련하여 읽었던 다른 책과 연관 지어 떠오르는가?

ⓒ text to the world
- 이 책의 내용은 세상의 어떤 일을 떠올리게 하는가?'

■ 다양한 문학책 찾아 읽기
- '온라인 자료 검색 방법'을 활용하고 상호 텍스트성을 고려하여 다양한 문학책을 찾아 읽을 수 있다.

1. 내가 좋아하는 작가의 다른 책

2. 옮긴이가 같은 책(내가 좋아하는 책을 번역한 번역가)

3. 같은 제목 다른 책

4. 통합 교과 주제와 관련된 제목으로 그림책 찾기

5. 시집 읽기 - 같이 읽기(학급 단위)

6. 희곡, 드라마 대본 찾아서 읽기

■ 시집 같이 읽기

　시집은 시 모음집이다. 모둠이나 짝 활동으로 한 권의 시집을 선택하여 같이 읽으면서 연관 짓기를 할 수 있다.

1. 시집의 특징 찾기
- 나는 이 작가에 대해 알고 있다.
- 사진이 있다.
- 삽화가 있다.

2. 시를 읽을 시간과 순서 정하기

3. 오늘의 시 정하기
- 오늘 가장 읽고 싶은 시 제목은?
- 지금 내 마음과 같은 시 제목은?

4. 시 낭송하고 듣기
- 시의 느낌 말하기
- 시인은 ~라고 말하는 것 같다.
- 다섯 글자 감상 평

5. 비슷한 소재의 시 찾아 읽기
- 같은 소재, 다른 주제 이해하기
- 시에서 좋아하는 단어와 시구 적어 보기

4   학습 독자의 반응 및 기대 효과

가. 책 선택의 어려움을 발견하고 해결하기

북매치 전략에 대해 학생들은 북매치의 책 선택 기준으로 책을 고르니 쉽다는 반응을 주로 보였는데, 기준이 너무 많아서 복잡하다는 반응도 일부 나타났다. 제시한 기준을 모두 다 한꺼번에 사용하는 것이 아니라 자신의 책 선택을 점검해서 어려운 점을 해결하기 위한 기준으로 사용하도록 지도할 필요가 있다.

학습 독자는 북매치 전략을 학습하고, 자신이 실패했던 책 선택의 이유를 그 기준에서 찾아내어서 해결했다. 시간이 지나면서 그 기준들을 서너 가지 함께 고려하여 자신에게 맞는 책을 찾아 읽고 만족스러운 독서를 하였다. 학습 독자는 독자와 책의 관계를 주도적으로 결정하게 됨으로써 독서 동기가 나타났다.

학습 독자들은 대부분 '높은 흥미' 기준을 적용하여 책을 찾고 있었다. 주제가 흥미로워서 선택하지만 의외로 '책의 길이'와 같은 기준을 고려하지 못하여 책 읽기를 마치지 못했던 독서 경험을 성찰하였다. 따라서 '책의 길이'를 고려하는 것이 책 선택 기준으로 도움이 된다는 학습 독자가 많았다. 학습 독자들은 흥미에 맞는 책이더라도 '너무 얇은 책'이나 '너무 두꺼운 책'이 아닌 읽기 수준에 적당한 길이의 책을 선택할 때 읽기를 지속할 수 있다는 것을 알게 되었다.

'얇은 책'에서 '두꺼운 책'으로 읽기를 확장하지 못하는 학생이 많은 편이다. 책 선택을 공유하는 시간에 교사는 학생들이 선택한 책 중에서 두꺼운 책을 펼쳐 보여 주면서 독자의 언어 수준에 맞는다면 챕터별로 나누어서 책의 길이를 독자가 조절하여 읽을 수 있다고 안내하였다. 두꺼운 책을 선택하는 것을 두려워하던 학습 독자는 책의 길이를 스스로 조절하며 독서를 하였다.

'다룰 만한 텍스트', '일상 언어' 기준을 사용하여 어렵지 않은 책을 선택함으로써 끝까지 읽을 수 있었다고 반응한 학생이 많았다. 자신의 읽기 능력에 책의 난이도를 맞춤으로써 읽을 수 있는 책을 읽는 성공적인 독서 경험을 통해 지금까지 자신의 책 선택 경험의 실패 요인을 분석하고 해결하였다. 학습 독자는 북매치 기준을 반복적으로 활용하여 독자의 흥미와 독서 수준에 책의 난이도를 맞추는 데 비교적 쉽게 활용하였다.

학습 독자 대부분은 '목차 읽기'를 처음 해 보는 활동이라고 하였다. 책의 '구조'를 살피는 것을 '목차 읽기'로 적용하였다. 선택한 문학책을 읽기 전 활동으로 목차 읽기를 통해 책의 내용을 예상해 볼 수 있게 하였다. 학습 독자가 책을 읽는 중에 예상한 내용과 맞는지 확인하며 읽는 '예상하며 읽기' 전략을 사용하도록 하였다. 학습 독자는 이야기의 요소인 인물, 사건, 배경의 유기적인 관련에 집중하면서 상상하며 책을 읽고, 반전의 매력에 푹 빠져들면서 독서를 하였다.

학습 독자는 북매치 전략의 기준을 활용하면서 그동안 자신이 겪고 있으나 잘 알지 못하고 있던 책 선택의 어려움을 비로소 발견하였다. 자신의 독서 경험을 성찰하면서 자신에게 필요한 북매치 기준을 적용하며 문제를 스스로 해결하였다. 결과적으로 선택한 책을 끝까지 읽어 내는 성공적인 독서 경험은 독서 동기와 독자 효능감을 신장시켰다.

나. 리서치 기능 - 출처 정보 다루기

 학생들은 대부분 출처 정보에 대하여 별로 관심을 갖지 않고 있는 것으로 나타났다. 많은 학생이 교과서에서 학습했던 『마당을 나온 암탉』을 가장 좋아하는 작품이라고 말하지만 작가의 이름을 제대로 알지 못했다. 황선미 작가의 책, 『과수원을 점령하라』로 북매치 기준을 적용하는 시범 보이기를 할 때, 학생들은 대부분 작가의 이름을 알고 있지 못하였다. "어디선가 들어 보았는데……." 정도의 반응을 나타냈다. 이전 학년 교과서에 수록되어 거의 모든 학생이 『마당을 나온 암탉』을 읽어 보았음에도 이야기를 내용으로 기억할 뿐 작가를 출처 정보로 인식하지 못하고 있음을 알 수 있다.

 이는 외국 작가의 경우에도 마찬가지인데 세계 문학의 경우 번역본을 읽게 되는 학습 독자는 작가에 대한 이해와 관심이 없기 때문에 이야기를 내용으로 이해할 뿐, 작품의 사회·문화적인 배경에 대해 접근하지 못하고 있었다. 우리말로 번역된 책을 읽기 때문에 심지어 외국 작가의 작품임을 인지하지 못할 뿐만 아니라 외국어를 학습하고 있으면서도 번역에 대한 이해를 하지 못하고 있었다. 교사가 그림책을 활용할 때 글 작가와 그림 작가가 있음을 안내하는 것만으로도 출처 정보를 책에 대한 선행 지식으로 활용하게 된다.

 출처 정보에 대해 관심을 가지면서 학습 독자는 문학 작품의 사회·문화적인 배경에도 관심을 기울여 읽는 태도가 나타났다. 세계 문학 작품에 대해 인식하고 작가가 작품을 쓴 출발어와 작품의 배경과 연관 지으며 책을 읽었다. 또한 번역 작업에도 관심을 가지며 번역가의 직업 활동에도 흥미를 나타냈다.

다. 연관 짓기 – 배경지식 활성화하기

학습 독자는 '연관 짓기'가 책을 더 잘 찾을 수 있게 하고, 독서를 더 재미있게 한다고 평가하였다. 그러나 처음에 '연관 짓기'를 책 선택의 기준으로 안내하였을 때, 연관 짓기에 익숙하지 않은 학습 독자가 연관 짓기를 활용하는 것은 오히려 책 선택을 방해하는 것으로 나타났다. 따라서 학습 독자의 독서에서 '연관 짓기'의 의미를 먼저 학습할 필요가 있었다.

그래서 책 선택 단계가 아닌 독후 단계에서 먼저 '연관 짓기'를 학습했다. 독자가 선택한 책을 읽고 난 후에 독후 활동으로 '이 책의 내용은 어떤 사물이나 어떤 사람을 떠올리게 하는가?', '이 책과 관련하여 읽었던 다른 책과 연관 지어 떠오르는가?', '이 책의 내용은 세상의 어떤 일을 떠올리게 하는가?' 등의 질문을 통해 자신의 독서와 관련하여 연관 짓기를 하고 공유하였다.

학생들은 자신이 선택하여 읽을 책을 자신과 연관 짓기를 하면서 적극적으로 성찰과 공유의 방법을 활용하였다. '연관 짓기'의 의미와 방법을 이해한 후에 학습 독자가 책을 선택할 때 연관 짓기를 하도록 하였다. 학습 독자는 독서 전, 중, 후 과정에서 연관 짓기를 서서히 활용하였다.

학습 독자는 연관 짓기에 익숙해지면서 좋아하는 책과 연관하여 책을 찾음으로써 '상호 텍스트성'을 이해하고 배경지식을 활성화하여 독서를 하였다. 독서 중에 책의 내용과 자신의 삶을 연관 지으면서 주인공의 상황을 공감하며 읽는 재미를 느꼈다. 특히 '목차 읽기'를 하면서 책의 내용을 예상할 때 학습 독자는 이야기의 요소인 인물, 사건, 배경에 관하여 자신을 둘러싼 이야기(text to self)와 연결하면서 예상하며 읽기 전략을 활용하였다.

독서를 마친 이후에는 '상호 텍스트성'을 살려 후속 독서의 책을 선택하는 모습이 발견되었다. 점점 독서의 영역뿐만 아니라 내용교과의 학습 내용과도 상호 텍스트성을 발견하기도 하며, 뉴스와 이슈에서 상호 텍스트성을 연결하는 태도가 나타났다.

연관 짓기는 책 선택 단계뿐만 아니라 독서의 전 과정에서 세상과 독자를 연결하는 독서를 가능하게 한다. 학생들의 발달에 가장 적합한 책으로 알고 있는 다양성과 알려지지 않은 다양성을 발견하면서 주제에 접근하는 방법이기 때문이다.

확장하기 팁

■ 독후 활동과 연관 짓기

독후 활동을 연관 짓기로 구성하면 독서의 전 과정에서 독자 중심의 의미 해석이 더욱 활발하게 이루어질 수 있다. 특히 이야기 창작하기와 관련하여 독후 활동을 할 때 다른 책의 등장인물을 데려와서 상황을 바꾸어 이야기를 창작할 수 있다.

- 바꾸어 보고 싶은 장면이 무엇인가?
- 이 장면에서 필요한 캐릭터는 누구인가?
- 그 캐릭터를 선택한 이유는 무엇인가?
- 이야기를 새롭게 만든 창작의 의도는 무엇인가?

이는 독자의 이전 독서로부터 상호 텍스트성을 파악하고 해석한 결과로부터 가능한 활동이다.

학생의 반응

"작품 속의 주인공이 우울증이 있다고 했을 때 엄마 생각이 났어요."
"아! 우울증에 걸린 사람들이 정말 있구나 싶었어요."
"작품에서 바이러스가 번지는 이야기가 나오는데 꼭 지금 코로나에 우리 사회 모습과 비슷한 점이 있어요."

※ 문학 작품을 읽고 문식 공동체에서 연관 짓기를 성찰하고 공유하는 과정은 연관 짓기 방법을 학습하는 데 효과적이다. 학습 독자는 성찰을 통해 책의 의미를 이해하는 방향이 자신의 경험과 연관이 된다는 것을 깨닫게 된다. 그리고 성찰을 공유하면서 상이한 배경지식과 관점의 차이를 경험하게 되며, 결국 배경지식과 관점의 차이가 해석의 차이로 나타난다는 개념적 이해를 하게 된다.

학생의 반응

문학책을 전혀 읽지 않는 학습 독자(6학년)가 문학책 선택을 거부하였기에 먼저 북매치 전략을 이용하여 과학책을 선택하도록 하였다. 학습 독자는 이후에 북매치 전략을 이용하여 문학책을 선택하여 읽었다. 그 학습 독자는 "책 표지에서 말한 대로 눈물을 흘렸잖아요. 아! 문학책도 참 좋구나 하고 생각했어요."라고 독서 경험을 공유하였다.

※ 책 선택 학습에서 책 선택의 범위를 한정하여 제시할 때, 자신이 읽고자 하는 다른 범위의 책을 읽고 싶어 하는 학습 독자들이 있다. 이때에는 책 선택 전략을 적용하여 원하는 범위에서 책을 선택하도록 허용한다. 이후에, 학습한 책 선택 전략을 이용하여 다양한 종류의 책을 선택해 보는 경험을 유도해 볼 수 있다.

라. 기대 효과

북매치 전략은 제시한 책 선택 기준을 바탕으로 자신에게 필요한 기준을 스스로 파악할 수 있다는 것이 장점으로 파악된다. 아홉 가지의 책 선택 기준을 모두 익혀야 한다고 생각하여 복잡하다는 학습 독자가 있는 반면에, 자신이 그간에 책 선택을 하면서 가졌던 어려움이 무엇인지를 파악하고 그 어려움을 해결하는 기준으로 삼은 학습 독자가 많았다.

저학년 학습 독자의 경우 교사가 책을 읽어 주는 시간에 각 기준들을 다루는 것을 시범 보일 수 있고, 독서 입문 단계의 학습 독자에게는 한 가지씩 기준을 제시하면서 지도할 수 있다. 책 선택의 경험이 많은 독자의 경우에는 실패한 독서 경험에서 자신이 겪는 책 선택의 어려움을 해결하는 기준을 찾아서 사용할 수 있도록 지도할 수 있다.

북매치 전략은 책과 독자를 연결함으로써 배경지식을 활성화한다. 책 선택과 독서의 단계에서 독자의 배경지식을 활성화시키면서 주도적인 책 선택과 독서를 이끌어 낸다. 문학책뿐만 아니라 정보책을 선택하여 읽을 때에도 북매치 전략을 활용할 수 있다. 특히 독자의 독서 경험을 통해 책과 독자를 연결함으로써 상호 텍스트성을 파악하는 독서 지도가 가능하다. 내용교과 학습과 관련된 상호 텍스트성을 발견하여 공유할 수 있도록 지도할 수 있으며, 이때 교사는 국어과에서 학습한 읽기 방법을 활용하여 실제적인 읽기를 지도[30]할 수 있다.

---

[30] 국어과에서는 교과서라는 제한된 텍스트 수준에서 익힌 읽기 방법을 실제 읽기에 적용하여 읽도록 한다. 따라서 학년 수준의 필수 읽기 기능을 신장하기 위한 읽기 전략을 학습 독자가 책을 읽으면서 적용하도록 한다. 교사는 훑어보기, 예측하기, 간추리기, 요약하기, 질문하기, 내용의 타당성 평가하며 읽기 등 국어 시간에 학습한 전략을 다양한 영역의 책을 읽으면서 반복적으로 적용하여 기능화할 수 있도록 지도한다.

3장 | 한국 십진분류표

　한국 십진분류표 전략은 광범위하고 다양한 영역의 독서를 지원하는 전략이다. 다양한 분야의 내용과 언어의 형태로 표현된 책을 읽으면서 특정 분야의 학문적 문식성이 길러진다. 학문적 문식성은 내용 지식뿐만 아니라 그 학문에서 사용되는 담화 지식을 포함한다. 따라서 광범위한 영역의 다양한 책 읽기는 지식을 습득하고 읽기 유창성을 증가시키는 효과적인 방법이다.

　광범위하고 다양한 독서를 위해서는 문학책뿐만 아니라 다양한 분야와 주제를 다루고 있는 정보책 독서 방법을 익힐 필요가 있다. 초급 독자들의 독서 실태를 파악해 보면 자신들이 문학책이나 학습만화 위주의 편향된 독서를 하고 있음을 알아채지 못하고 있다. 그럼에도 주도적인 독서 태도와 독서 습관 형성을 우선시하는 관점에서 초급 독자의 독서 경향성은 존중되어야 한다고 주장한다. 그러나 초급 독자의 경우에 폭넓은 독서와 개인의 특성이 반영되어 독서 경향성이 형성되었다고 보기 어렵다. 광범위한 독서를 경험하지 못함으로써 다양한 종류의 책이 있음을 알지 못한 채로 좁은 영역의 독서가 고착화된 경우가 많다.

　책 선택 학습에서는 내용교과 학습과 관련된 다양한 주제를 읽는 교과 독서의 방법으로 정보책 읽기를 지도한다. 내용교과 학습에서 학습한 주제와 분야의 책을 선택하여 읽는 과정은 학습 독자의 배경지식을 활성화하는 데 매우 효과적이다.

  한국 십진분류표 전략은 책 선택 학습에서 세 번째로 적용되는 전략으로 정보책을 선택하면서 앞서 학습한 책 선택 전략과 함께 사용하게 된다. 먼저, 교과 독서의 주제를 정할 때는 독자 자기 인식 전략을 활용하여 학습 독자가 학습한 내용교과 영역 중에서 관심 있는 교과와 단원에서 스스로 찾게 한다. 그리고 한국 십진분류표를 활용하여 내용교과 영역의 관심 주제를 탐색할 수 있는 해당 분류를 결정한다. 그다음 도서관의 해당 분류 서가에 가서 책을 선택할 때 북매치 전략을 활용하여 책의 특성을 독자에게 맞추어 보면서 책을 선택한다. 이렇게 지금까지 학습해 온 책 선택 전략을 점진적으로 사용해 나가면서 자신의 Right Book을 찾는 기능을 익혀 나간다.

  한국 십진분류표 전략을 교과 독서의 상황에서 지도하지만 이 전략을 익혀서 자유 독서 상황에서도 활용할 수 있다. 학습 독자는 광범위한 지식 분류 체계와 도서 분류 체계를 이해하면서 시스템 리터러시를 기르고 책 선택 환경(도서관)을 주도적으로 활용할 수 있게 된다.

전략 / 선택의 초점화	책 선택 요인	독서 상황	독서 방법	주요 학습 요소	주요 학습 중점
한국 십진분류표(KDC)	맥락적 요인 (상황 맥락)	교과 독서	정보책 독서	목차 읽기 발췌독 다문서 읽기	비판적으로 생각하기

1 학습 중점

가. 정보책 독서

자유 독서 상황과 달리 특정 학습 목표를 달성하거나 과제를 완성하기 위하여 제한된 시간 내에 책을 읽고 관련 과제나 독후 활동을 해야 하는 학습 독서 상황에서는 그 시간 내에 책 읽기를 완성할 수 있을지, 또한 쉽게 이해할 수는 있는지가 중요한 준거가 된다. 한편 학습 독서 상황에서는 자신의 관심·흥미에 따라 책을 고르기보다 학습 주제에 적합한 책인지, 과제 해결에 도움이 되는지 등을 기준으로 고르는 경우가 많기 때문에, 학습 과제에 대해 흥미를 가지지 않은 경우에는 더욱더 읽기가 어려워질 수 있다. 학습 독서 상황에서는 학습 과제에 따라 대체로 독자가 가지고 있는 특정한 기준(얻고자 하는 정보의 유무나 양, 과제와 관련성, 설명 방식 등)에 따라 어떠한 책이 그 기준에 맞는지 또는 자신의 독서 목적(학습, 과제 해결 등)에 가장 적합한지를 판단해야 하기 때문에 어려움을 느낀다(왕효성, 2014).

학생들에게 자유 독서뿐만 아니라 학습 독서 상황에서도 책 선택권이 주어지면 그 과제에 대한 흥미도가 높아져 과제 행위를 지속하게 되고 몰입할 수 있게 된다(박영민·최숙기, 2008). 따라서 책 선택 학습에서는 학생들의 선택권이 부여될 수 있는 학습 독서 상황으로 학습을 구성할 필요가 있다. 초급 독자는 학습이나 과제 해결을 위한 독서가 아니라 교과 학습 내용과 관련하여 자신이 발견한 관심과 흥미에 맞는 책을 스스로 선택하여 읽는 교과 독서 상황에서 학습할 필요가 있다.

지금까지 교과 독서는 교과 수업의 이해를 돕기 위해 교사 주도로 읽기 자료가 선정되었다. 만약 학습자가 스스로 교과 학습과 관련하여 관심과 수준에 맞게 다양한 책을 찾는 방법을 활용한다면 주도적인 교과 독서를 해 나가면서 학습 독서 방법을 익혀 나갈 수 있다. 무엇보다 교과 학습과 관련하여 다양한 주제의 자료를 선택하여 읽는 과정에서 독서의 영역을 넓혀 가면서 다양한 종류의 정보책 읽기를 지도할 수 있다.

교과 독서와 관련된 독서 자료는 교과 주제와 '상호 텍스트성(intertextuality)'을 가지고 있어서 독서의 과정에서 더욱 적극적인 의미 구성을 할 수 있으며, 내용과 형식 면에서 다양한 책과 장르를 폭넓게 읽을 수 있는 기회를 준다. 다루는 내용 역시 세상사에 대한 다양한 관점이 드러나는 것이 많아 독자는 단순한 정보와 지식을 수용하는 것이 아니라 비판적 읽기를 하는 과정을 통해서 자신의 신념과 가치관, 인생관을 변화시킬 수 있다(이경화, 2012).

초급 독자도 개인적인 경험을 적극적으로 활용하는 상호 텍스트성 기반 읽기를 통해 독해력이 향상된다. 특히 자신들이 읽고 있는 텍스트와 연관된 다른 텍스트를 찾고, 다음에 읽을 텍스트를 학습자가 결정할 수 있는 텍스트 선정 방법을 활용하여 주도적인 독서를 유도할 수 있다(공혜란, 2017).

따라서 내용교과 학습을 시작하는 초등학교 3, 4학년부터 내용교과와 관련된 주제를 스스로 찾아서 읽는 교과 독서를 지도한다면 내용교과 학습의 배경지식을 활성화하면서 학문적 문식성을 기르는 정보책 독서 방법을 익혀 나갈 수 있다.

나. 시스템 리터러시

학습 독자가 다양한 영역과 분야의 책을 선택하여 주도적으로 책을 읽기 위해서는 책을 선택하는 공간을 활용할 지식과 기능을 갖출 필요가 있다. 학교에서 책을 선택하는 공간인 온·오프라인 도서관의 시스템을 잘 알고 활용하는 능력은 독자가 Right Book에 접근하는 데 필요한 리서치 스킬(Research skill)의 요소이다.

한국 십진분류표 전략에서 사용하는 한국 십진분류표는 우리나라 공공 도서관에서 책을 배열하는 규칙이면서 광범위한 영역의 지식을 분류하는 규칙이다. 그러므로 한국 십진분류표를 책 선택 전략으로 활용하면 학습 독자들이 책을 선택하는 공간에서 책 배열 규칙에 따라 책을 선택하면서 지식의 분류 체계를 직간접적으로 경험하게 되는 계기가 될 것이다.

지금까지 학교에서는 한국 십진분류표를 사서(교사) 업무의 범위에서 주로 사용되었다. 학교 도서관에서 책을 관리하고 대출과 반납을 처리하는 측면에서 한국 십진분류표가 중점적으로 사용되었다. 사서(교사)에 따라서 '도서관 이용자 교육'에서 일회성으로 학생들에게 한국 십진분류표에 의한 도서관 배열을 안내하는 편이다. 따라서 독서 교육을 하는 교사들은 학생들이 책을 선택하는 공간에서 사용되는 한국 십진분류표를 교과 독서 지도 방법으로 활용될 수 있음을 인지하지 못하고 있다(이경화·신의경, 2017).

사서(교사)와 독서를 지도하는 교사는 도서관의 책 배열 기준이면서 지식 분류 기준인 한국 십진분류표를 활용하여 학생들이 자신의 독서 목적에 맞는 책을 선택해 가면서 시스템 리터러시를 길러 갈 수 있도록 지원할 수 있어야 한다.

　한국 십진분류표 전략은 주제 분류를 활용하여 책 선택의 범위를 초점화하면서 선택 부담과 인지 부하를 줄여 줄 것으로 기대된다. 학습 독자는 한국 십진분류표를 활용하여 내용교과 학습에서 관심을 가진 주제 범위를 초점화하여 선택의 범위를 줄일 수 있다. 학교 도서관은 초·중등학교 급별로 학습자의 수준에 맞춰 교과 학습을 지원하는 책이 구비되어 있다. 따라서 학교 도서관에서 한국 십진분류표를 활용하여 책을 선택한다면 성공적인 교과 독서를 경험을 할 수 있다.

　학습 독자가 성공적인 독서 경험을 통해 한국 십진분류표를 활용하는 시스템 리터러시를 기른다면 우리나라의 거의 모든 공공 도서관에서 독서 목적에 맞는 책을 선택할 수 있다.

다. 다문서 읽기

　정보책 읽기의 목적이 정보 수집에 있으므로 독자는 책의 내용을 잘 이해하는 읽기 능력과 함께 정보의 신뢰성을 평가하는 태도와 기능을 갖추어야 한다. 독자가 텍스트의 아이디어를 있는 그대로 받아들여 사용하지 않고 텍스트의 정보를 능동적으로 사용하여 독자적인 관점을 개발하기 위해서는 비판적 문식성을 길러야 한다.

　독자가 책의 신뢰성을 평가하면서 비판적으로 책을 읽기 위해서는 먼저 글을 쓴 작가의 관점을 파악해야 한다. 이를 위해서 책은 작가의 저작물로 작가의 관점을 담고 있다는 것을 이해하며 독자는 늘 작가의 의도와 글에 제시된 정보에 질문을 제기하며 읽어 가야 함을 인식해야 한다.

작가의 의도와 글에 제시된 정보에 질문을 제기하며 읽기 위해서는 먼저, 작가가 '누구를 대상으로', '왜 글을 썼는지' 동기를 파악해야 한다. 작가는 글을 쓸 때 특정한 독자를 대상으로 하기 때문에 독자가 텍스트를 이해하도록 작가가 사용한 특정 표현 방식을 이해한다면, 즉 작가가 사용하는 담화 구조를 잘 이해할 때 작가의 관점을 잘 파악할 수 있다.

그런데 초급 독자가 '작가의 관점'을 파악하기란 어려운 일이다. 먼저 '관점'이라는 개념을 이해하기가 쉽지 않을뿐더러 '관점'이 편향(Bias)을 포함한다는 것을 저절로 알아내지 못한다. 그렇기 때문에 초급 독자가 독서를 하면서 '관점'과 '편향'에 대해 개념적 이해를 해 나갈 수 있도록 지도할 필요가 있다.

다문서 읽기를 활용하면 관점의 차이에 대하여 개념적 이해에 접근할 수 있다. 학습 독자가 내용교과에 관심을 가진 주제에 대해 상호 텍스트성을 가진 둘 이상의 책을 함께 읽다 보면 각자 다른 관점을 파악할 수 있다. 내용교과에서 학습한 주제는 학습 독자가 배경지식을 가지고 있기 때문에 상호 텍스트성을 가진 다문서 읽기를 하면서 관점이란 유일하지 않음을 알게 된다. 초급 독자 수준에서 관점의 차이가 있음을 알고 작가가 의도한 관점이 편향으로 나타남을 개념적으로 이해할 수 있다. 그리고 작가의 목적과 의도에 따라 사용한 담화 구조의 특성을 파악하도록 지도할 수 있다.

한편, 학습 독자는 독자 중심으로 정보를 파악하면서 담화 구조를 이해할 수 있다. 정보책의 담화 구조는 목차에서 파악할 수 있는데 학습 독자는 목차 읽기를 하면서 자신에게 필요한 정보가 무엇이고, 그 정보에 접근하기 위해서 읽기 순서와 방법을 정하는 과정에서 목차에 나타난 텍스트의 구조를 파악할 수 있다.

학습 독자는 다문서 읽기를 하면서 목차에서 두 문서의 상호 텍스트성을 파악하고 텍스트의 구조를 파악하면서 담화 구조의 차이를 발견할 수 있다. 따라서 작가가 사용한 담화 구조를 이해하면서 작가의 관점과 의도를 비교하는 독서를 해 나갈 수 있다. 그리고 독서의 결과로 목차의 응집성을 파악하고 내용의 신뢰도와 정확성을 평가하게 된다.

2 한국 십진분류법(KDC)

가. 한국 십진분류표와 청구 기호

책 선택 학습에서는 한국 도서관의 분류 체계인 한국 십진분류표 전략을 활용해 교과 학습의 주제와 관련된 정보책 독서를 초점화하여 지도한다.

한국 십진분류법(KDC: Korean Decimal Classification)은 우리나라의 공공 도서관에서 자료를 수서하는 분류 방법이다. 한국도서관협회에서 1964년에 한국 십진분류법(KDC) 초판을 발행하였다. 이후 시대의 흐름을 반영하고 이전 판의 오류 등을 바로잡고 개선하기 위해, 한국도서관협회 분류위원회에서 개정 작업을 계속해 오고 있다.[31] 우리나라 대부분의 공공 도서관과 학교 도서관은 한국 십진분류법의 기본 체계에 따라 온라인과 오프라인 시스템에 자료가 수서·정리되어 있고 도서 대출과 반납이 이루어지고 있다.

한국 십진분류법(KDC)은 주류-강목-요목으로 이어지는 구조를 갖

---

31 한국도서관협회는 2013년 『한국십진분류법, 제6판』을 발행하였다.

는 계층적 분류법이다. 주류(主類)는 지식의 전 영역을 전통적인 학문 분야에 따라 각각 광범위한 학문 분야 또는 일단의 상호 관련된 학문 분야로 이루어지는 9개의 주류(100-900)로 구분하고 있다. 또한 너무 일반적인 성격으로 어떤 유에도 속하기 어렵거나 여러 학문 분야를 망라적으로 다루는 주제들을 모아 총류(總類)라는 별도의 유(000)를 설정하였다. 주류는 3자리 기호 중 첫 번째 자리만 의미를 갖게 되며, 뒤에 붙는 나머지 2개의 '0'은 기호를 항상 3자리로 유지한다는 KDC의 원칙을 지키기 위해 형식적으로 추가되는 기호이다. 강목(綱目)들은 각 주류들을 다시 각각 10개씩 세분하여 구성된다. 요목(要目)들은 각 강목들을 다시 각각 10개씩 세분하여 구성된다.

한국 십진분류표를 보면 크게 000 총류, 100 철학, 200 종교, 300 사회 과학, 400 순수 과학, 500 자연 과학, 600 예술, 700 어학, 800 문학, 900 역사까지 총 10개로 나누어 분류하고 있다. 아래 십진분류표는 주류(主類)로 나뉜 대분류를 각 주류별로 다시 각각 10개씩 세분하여 구성된 강목(綱目)들을 나눈 중분류표이다. 강목을 다시 분류한 세분류표는 전문적인 사서 영역에서 다룬다. 한국 십진분류법은 도서관에서 자료를 수서하고 정리하기 위한 분류법이면서 지식의 분류 체계[32]이기에 한국 십진분류표의 체계를 아는 것은 독자에게 필요한 책의 주제 분류에 따라 책을 선택하는 데 도움이 된다.

한국 십진분류표를 사용하기 위해서 분류표를 암기할 필요는 없고, 도서관에 직접 가서 책이 분류되어 있는 공간과 한국 십진분류표를 맞

---

[32] 도서관에서는 이용자들이 모든 유형의 지식 정보를 이용하는 것을 돕기 위해 모든 지식 분야에서 출판된 문헌을 체계적으로 분류하고 있다(남태우, 2015).

추어 보면서 이해할 수 있다. 한국 십진분류표를 이해하는 방법은 여러 가지가 있는데 먼저 독자가 즐겨 찾는 서가에서 선택하는 책의 중분류를 파악해 볼 수 있다.

　한국 십진분류표를 활용하기 위해서 우선적으로 학습 독자의 읽기 목적에 해당하는 책이 어떤 분류에 해당하며, 해당하는 분류가 도서관에서 어느 곳에 위치하는지를 서로 연결하는 것이 필요하다. 책을 선택하는 공간인 도서관의 책 배열 기준인 '한국 십진분류표' 체계를 활용하는 방법을 안다면 독자는 Right Book을 더 잘 선택할 수 있다.

학습 독자들에게

(1) 한국 도서관 십진분류표의 배열 기준

　한국 십진분류표 전략을 활용해서 책을 선택하는 과정을 자세하게 다루어 볼 텐데, 일단 여러분이 좋아하는 책이 어떤 분류에 있는지 분류표를 읽어 봅시다. 지금 학교 도서관이나 공공 도서관에서 대출해 온 책이 있다면 책등의 아래 부분에 도서관에서 붙인 분류 라벨이 있는지 살펴보세요. 분류 라벨의 숫자를 분류표에서 찾아보세요. 색으로 찾을 수도 있습니다. 대분류마다 같은 색의 라벨을 쓰는데 도서관에서 책을 끼리끼리 모아 놓는 데 도움이 됩니다. 다음번에 도서관에 갔을 때 책들이 정말 끼리끼리 모여 있는지 확인해 봅시다.

　여러분은 어떤 종류의 책을 좋아하나요? 그 종류의 책은 사회, 과학, 예술, 언어, 문학, 역사 분류 중에 어디에 해당하는지 각자 다른 색으로 표시된 대분류표에서 찾아보세요. 다음엔 대분류표를 세로 방향으로 천천히 읽으면서 내려가 봅시다. 이것을 중분류라고 해요. 중분류에 나타난 이름들이 다소 어렵지요? 제 생각에는 초등학생 수준에 맞는 중분류표가 나왔으면 하는 생각이 들어요. 여러분이 직접 중분류표를 파악하여 만들 수도 있답니다. 나중에 도서관에 가서 실제로 중분류표를 활용하는 방법에 대해 자세하게 소개할게요.

여러분이 좋아하는 책은 어떤 중분류에 해당합니까? 한국 십진분류표에서 중분류 번호를 확인한 후에 도서관에서 해당 서가를 찾아가 보세요. 해당 서가를 찾아갈 때는 먼저 색으로 분류된 대분류 서가를 찾습니다. 도서관의 책들은 책등에 각자 대분류의 색 띠를 두르고 끼리끼리 모여 있기 때문에 색으로 쉽게 구분할 수 있습니다. 그다음엔 그 색 띠 아래 숫자로 나타난 중분류 서가를 찾아가면 됩니다. 보통 도서관 서가에는 이 숫자의 순서대로 책이 배열이 되어 있습니다. 물론 도서관에 해당하는 책이 없다면 그 중분류의 숫자는 비어 있습니다. 이제 여러분이 관심을 갖는 중분류 서가에서 책 제목을 살펴보면서 독자에게 맞는 책을 선택하면 됩니다.

여러분이 좋아하는 주제의 책이 어떤 중분류에 해당하는지 살펴보았나요? 이번에는 중분류표를 천천히 읽으면서 관심이 가는 주제가 있는지 살펴보세요. 많은 학생이 중분류표를 보면서 새롭게 관심이 가는 주제를 찾아내기도 합니다. 제 경험상 한국 도서관 십진분류표는 원래의 목적대로 도서관에서 책을 찾는 방법으로 사용되지만 한편으로는 학생들에게 새로운 지식의 영역을 탐색할 수 있는 도구가 되기도 합니다.

[그림 15] **한국 도서관 십진분류표(한국도서관협회 편, 2013)**

대분류 → 중분류 ↓	000 총류	100 철학	200 종교	300 사회 과학	400 순수 과학
	010 도서학, 서지학	110 형이상학	210 비교 종교	310 통계학	410 수학
	020 문헌 정보학	120 인식론, 인과론, 진화론	220 불교	320 경제학	420 물리학
	030 백과사전	130 철학의 체계	230 기독교	330 사회학, 사회 문제	430 화학
	040 강연집, 수필집, 연설문	140 경학	240 도교	340 정치학	440 천문학
	050 일반 연속 간행물	150 아시아 철학, 사상	250 천도교	350 행정학	450 지학
	060 일반 학회, 단체, 협회	160 서양 철학	260 신도	360 법학	460 광물학
	070 신문, 언론, 저널리즘	170 논리학	270 바라문교, 힌두교	370 교육학	470 생명 과학
	080 일반 전집, 총서	180 심리학	280 회교	380 풍속, 민속학	480 식물학
	090 향토 자료	190 윤리학, 도덕 철학	290 기타 종교	390 국방, 군사학	490 동물학

대분류 → 중분류 ↓	500 기술 과학	600 예술	700 언어	800 문학	900 역사
	510 의학	610 건축술	710 한국어	810 한국 문학	910 아시아
	520 농업, 농학	620 조각	720 중국어	820 중국 문학	920 유럽
	530 공학, 공업 일반	630 공예, 장식 미술	730 일본어	830 일본 문학	930 아프리카
	540 건축 공학	640 서예	740 영어	840 영미 문학	940 북아메리카
	550 기계 공학	650 채화, 도화	750 독일어	850 독일 문학	950 남아메리카
	560 전기 공학, 전자 공학	660 사진술	760 프랑스어	860 프랑스 문학	960 오세아니아
	570 화학 공학	670 음악	770 스페인어	870 스페인 문학	970 양극 지방
	580 제조업	680 연극	780 이탈리아어	880 이탈리아 문학	980 지리
	590 가정학 및 가정생활	690 오락, 운동	790 기타 제어	890 기타 제문학	990 인물 이야기

제안하기

한국 십진분류표는 우리나라 공공 도서관에서 책이 수서되는 원리이다. 그러므로 공공 도서관을 활용하는 독자가 잘 이해하고 사용할 수 있도록 제시될 필요가 있다. 특히 초등학생이 이해하기 쉬운 한국 십진분류표가 제공된다면 학생들이 익히고 활용하는 데 도움이 될 것이다.

먼저 '중분류 100, 중분류 200, 중분류 300······'처럼 해당 대분류의 전반적인 내용을 담고 있는 전집류나 단행본이 배치되는 중분류 'n00'의 구간을, 분류 개념이 다소 부족한 학생들이 시각적으로 이해할 수 있는 표가 필요하다.

그리고 중분류의 용어도 쉽게 풀이하거나 자세하게 설명하였으면 좋겠다. '내가 여행하고 싶은 나라의 지리와 역사에 관한 책'을 찾기 시작하였을 때, 학생들은 '미국, 브라질······' 등 국가명으로 선택의 범위를 초점화하였으나 중분류표에서 '양극 지방, 북아메리카, 오세아니아······' 등 대륙 이름으로만 표시되어 있어 활용하는 데 어려움이 있었다.

초등학생들은 중분류표를 활용하여 새로운 주제에 대하여 관심과 흥미를 발견하고 있으므로 수준에 맞는 한국 십진분류표가 제시될 필요가 있다.

확장하기 팁

학생 수준의 한국 십진분류표를 활용하는 방법과 관련하여 관심 분야가 같은 학생들이 모둠을 정하여 '내가 만드는 KDC 중분류표' 활동을 해 볼 수 있다.

- 관심 분야가 같은 학생 모둠을 묶는다.
- 학교 도서관에 직접 가서 책등에 표시된 제목을 보면서 각 중분류의 키워드를 찾아서 적는다.
- 모둠별로 활동한 중분류표를 모아서 학급(학교 도서관)에 배치하고 활용한다.

'내가 만드는 KDC 중분류표' 활동은 중분류를 이해하는 활동이면서, 관심 있는 책을 찾기에 좋은 활동이다. 학생들은 해당 중분류를 깊이 있게 탐색함으로써 자신이 읽고 싶은 책을 선택한다. 그리고 키워드를 활용하여 대분류와 중분류의 분류 체계를 이해함으로써 책을 선택할 때 상위어와 하위어의 연관 관계를 더욱 잘 사용하게 된다.

(2) 대분류에 대한 이해

대분류 900번부터 살펴볼까요? 900번은 보라색 라벨로 표시하는데 역사와 관련된 책들이 모여 있어요. 역사책을 유독 좋아하는 친구들이 있지요. 도서관에 가면 역사와 관련된 책은 900번 서가에 규칙을 두고 꽂혀 있는 것을 볼 수 있답니다. 900번에는 역사와 관련된 어떤 책들이 모여 있는지 세로 방향으로 중분류를 읽어 봅시다.

800번은 문학이고 700번은 어학 분류입니다. 700번과 800번의 중분류를 살펴보면 배열이 비슷한 점을 찾을 수 있지요? 700번은 언어 학습과 관련된 책을 언어별로 분류해 놓았어요. 언어별로 중분류를 나누고 국어사전, 영어 사전, 프랑스어 사전, 한자 사전 등이 각 언어별로 분류되어 있습니다. 한국어 분류에는 우리말 속담과 사자성어, 맞춤법에 관한 책들이 모여 있답니다.

800번은 문학 작품이 쓰인 언어별로 중분류해 놓았습니다. 한국어, 일본어, 중국어, 영어, 프랑스어 등으로 쓴 문학 작품을 언어별로 분류했습니다. 그런데 800번에 있는 책들이 모두 한글로 쓰여 있다고요? 그래요. 잘 발견하였습니다. 우리 학교 도서관에는 원어로 출판된 책도 있지만 여러분이 쉽게 읽을 수 있도록 한글로 번역해서 출판해 놓은 작품이 대부분입니다. 문학 분류에는 세계 문학 작품을 번역하여 원래 작가가 쓴 언어(출발어)에 따라 한국 문학, 일본 문학, 중국 문학, 영미 문학, 독일 문학······ 순서로 중분류해 놓았습니다.

번역이란 원래 작품이 쓰인 출발어를 독자가 읽을 수 있도록 도착어로 옮겨 놓는 것을 말해요. 번역가는 출발어와 도착어를 잘 알고 문학 작품의 사회·문화적인 배경을 잘 이해하며, 언어의 차이를 매끄럽게 다듬는 능력이 있는 사람이지요. 번역가(옮긴이)가 한국어(도착어)로 잘 옮겨 놓은 덕분에 여러분이 세계 여러 나라의 문학 작품을 읽을 수가 있답니다. 앞으로 800번 대분류에서 문학 작품을 선택하여 읽을 때에는 작가가 어떤 언어(출발어)로 글을 썼는지 알아보고, 책을 옮긴 번역가를 소개하는 부분도 찾아서 읽어 보세요.

600번은 노란색 라벨로 예술에 관한 책들을 모아 두었습니다. 600번의 중분류에는 어떤 책들을 모아 두었는지 살펴보세요. 미술, 음악, 운동 등 여러분이 좋아하는 과목 이름들이 보인다고요. 그래요, 도서관의 책 분류는 지식을 분류한 체계표이기 때문에 음악에 관한 책을 찾을 때는 먼저 음악이 예술 분야에 분류됨을 알고 600번 분류표를 살펴보아요. 세로 방향 중분류에서 음악은 몇 번으로 분류되어 있나요? 670번에 음악에 관한 책이 분류되어 있군요. 여러분이 도서관에서 음악에 관한 책을 찾으려고 할 때도 마찬가지로 이 순서로 접근할 수 있답니다. 도서관에 가서 600번 서가를 찾습니다. 600번 서가를 찾을 때는 노란색 분류 라벨의 색을 찾으면 수월합니다. 책등에 노란색 띠를 두른 600번 책들이 모여 있는 서가를 찾아간 다음, 분류 라벨에 670번대 책이 있는 곳을 찾고, 여러분의 관심을 끄는 책 제목을 살펴보세요. 한국 십진분류표는 외울 필요가 없이 활용하는 방법을 알면 된답니다.

400번과 500번은 우리가 과학 시간에 배우는 영역들의 책이 분류되어 있는데 400번은 순수 과학 분류이고, 500번은 순수 과학의 학문을 응용하여 발전시킨 기술 과학 분류입니다. 어떤 학생들은 왜 수학이 과학이냐고 묻기도 하는데 수학은 과학이라는 학문의 기초가 됩니다. 400번과 500번에는 과학의 영역에 따라 분류되어 있기에 중분류에서 여러분의 관심을 끄는 영역을 잘 살펴보세요.

300번은 주황색 라벨로 사회 과학에 관한 분류를 나타냅니다. 그런데 왜 사회가 과학이냐고요. 사회 과학은 주로 인간과 인간 사이에 일어나는 사회 현상과 인간의 사회적 행동에 대해서 탐구하는 학문인데 자연 과학처럼 과학적 방법을 사용하여 탐구하기에 사회 과학이라고 한답니다. 중분류를 보면 사람과 사람이 살아가는, 즉 사회에서 일어나는 일들, 정치, 경제, 법, 교육 등의 주제를 다루고 있어서 보통 여러분이 사회 과목에서 배운 것들과 관련한 책들이 모여 있답니다. 300번 분류에는 직업과 진로에 대한 책들이 있습니다. 어떤 중분류에 모여 있을까요? 여러분이 알고 싶은 직업과 진로에 관한 책을 300번 서가에서 직접 살펴보세요. 그리고 흥미로운 점은 여러분이 알고 있는 전래 동화가 380번 중분류에 모여 있답니다. 왜 전래 동화는 800번 문학책 분류가 아닌 300번에 분류되어 있을까요? 눈치를 챘을까요? 380번은 풍속과 민속에 관한 책들을 모아 두었는데 전래 동화를 읽다 보면 옛날의 풍속에 대해서 알 수 있기 때문입니다. 여러분이 좋아하는 『팥죽할멈과 호랑이』 책을 보면 할머니가 한복을 입고 호미로 밭을 매서 팥 농사를 짓지요. 그리고 팥으로 동지 팥죽을 만드는 부엌에서 사용하는 아궁이와 가마솥 등을 통해 당시의 생활 모습을 알 수 있지요? 물론 호랑이가 잡

아먹겠다는 말을 하지는 않았겠지만, 그 옛날에는 호랑이가 많았고 실제로 사람을 해치는 경우도 있었기 때문에 상상력을 더해 만들어진 이야기이지요. 여러분이 전래 동화를 읽을 때는 옛날의 생활 모습을 찾아보고 그때 사람들 마음의 이야기도 읽어 보세요. 사회란 사람들이 살아가는 모습을 탐구하는 학문이라고 하니까요.

200번에는 종교와 관련된 책들이 분류되어 있습니다. 초등학교 도서관에는 종교에 관하여 다양한 책이 준비되어 있지는 않지만 공공 도서관의 200번 분류 서가에는 종교에 관한 책이 모여 있으니 여러분이 관심이 있는 책을 찾아보세요.

100번은 철학에 관한 책들이 모여 있는데 철학이라고 하면 어렵게 느껴지지만 100번 서가에 가서 책 제목을 살펴보면 좀 더 쉽게 이해할 수 있을 거예요. '공자 왈, 맹자 왈' 할 때처럼 책 제목에 공자, 맹자가 보입니다. 또 마음이라는 제목과 감정, 생각, 기분 이러한 제목을 찾아볼 수 있어요. 철학(Philosophy)이라는 용어는 고대 그리스어의 필로소피아($\varphi\iota\lambda o\sigma o\varphi\iota\alpha$, 지혜에 대한 사랑)에서 유래하였다고 해요. 여기서 지혜는 일상생활에 사용하는 지식이 아니라 인간과 자신과 그것을 둘러싼 세계를 바라보는 지식을 뜻해요. 앞서 사회 과학이나 자연 과학 등은 일상생활에서 사용하는 지식에 관한 학문이라면 철학은 인간의 삶에 대한 원리 등을 탐구하는 학문이에요. 철학자 소크라테스가 "너 자신을 알라."라고 했다는데 철학은 물질이 아닌 인간에 대한 학문임을 알 수 있을까요?

000번은 총류라고 부르는 분류예요. 앞서 우리는 학문과 지식의 분류로 한국 도서관 십진분류를 이해해 왔는데요, 어떤 책은 여러 분야의 학문과 지식을 담고 있어서 딱 한 가지 분류로 지정할 수 없어요. 그럴 때 이 책은 총류로 분류된답니다. 예를 들어, 잡지나 신문의 경우에는 픽션과 논픽션, 인물, 사회, 경제, 과학, 기술 등 다양한 분야의 지식과 내용을 담고 있기에 총류로 분류됩니다. 백과사전의 경우가 그러한데, 옷, 가방, 신발, 음식 등을 파는 백화점을 생각해 보면 이해하기가 쉬울 거예요.

(3) 청구 기호에 대한 이해 – 출처 정보 다루기

이제 대분류의 분류 기준을 이해할 수 있나요? 이 대분류를 다시 각각 10개씩 세분하여 중분류로, 다시 10개씩 세분하여 세분류로 나타냅니다. 우리나라 도서관에 있는 책은 한국 십진분류 체계를 바탕으로 분류되어 도서관 서가에서 고유한 자리 위치를 표시하는 청구 기호를 갖게 됩니다. 이 청구 기호는 책이 분류되고 도서관에 수서되는 주소와 같은 개념입니다. 여러분이 가지고 있는 도서관 책의 책표지에 붙은 청구 기호를 확인해 볼까요? 청구 기호는 책이 있는 위치를 찾을 때 사용합니다. 여러분이 친구 집의 주소를 가지고 친구 집을 찾아가는 것처럼 말이지요.

■ 청구 기호 이해하기
여러분이 찾은 책의 청구 기호를 알아봅시다.
(   )

청구 기호는 책 한 권, 한 권마다 서가에 꽂힐 주소라고 생각하면 됩니다. 도서관에서는 자료의 저자, 권수, 복본 등을 기호화하여 분류 번호와 함께 자료에 기록하여 놓는데요(보통 딱지를 붙여 놓아요. 도서관에서 붙여 놓은 딱지가 무엇인지 찾아보세요.). 이를 종합하여 '청구 기호'라고 합니다. 청구 기호에는 별치 기호, 분류 번호, 저자 기호, 권차 기호, 복본 기호 등이 나타납니다.

'마당을 나온 암탉'을 학교 도서관에서 검색하면 청구 기호가 '813.8 황54ㅁ c.2'로 나타납니다.

> **별치 기호:** (그 책이 있는 공간을 말해요. 그림책 코너, 영어 도서관 코너, 성인책 코너 등 그 책이 있는 특별한 공간을 표시해요.)
>
> **분류 기호 '813.8':** 한국 소설(동화)의 분류 기호예요.
> - 800 문학(류) - 대분류
> - 810 한국 문학(강) - 중분류
> - 813 소설(목) - 소분류가 조합되어 있어요.
>
> 즉 '813'에는 한국 소설로 분류된 책을 모아 두었다는 뜻입니다.
>
> **저자 기호 '황54ㅁ':** 황선미 작가의 성과 이름을 숫자화한 것과, 책 제목 '마당을 나온 암탉'의 첫 초성을 딴 저자와 작품에 대한 정보를 나타내요.
>
> **별치 기호:** (시리즈나 전집류의 경우 그 묶음의 몇 번째 책인지 표시해요. 보통 v1(volume 1), v2…로 표시해요.)
>
> **'c.2':** 도서관에 똑같은 책이 있고 둘째 책이라는 뜻으로 복본 기호를 나타냅니다.

여러분이 선택한 책의 청구 기호의 의미를 해독해 보세요.

(   )

확장하기 팁

■ 책 주소 찾기 놀이

청구 기호를 도서관에 책이 위치한 주소의 개념으로 이해한 후에는 도서관에 책을 대출하고 반납할 때 직접 그 해당 주소를 찾아가서 책을 놓아 보는 짝 활동을 할 수 있다.

- 사서(교사)에게 가서 먼저 반납 처리를 한다.
- 짝 활동으로 함께 청구 기호에 맞게 주소를 찾아가 책을 놓는다.

이 활동은 다양한 책의 분류를 이해하고 도서관 서가의 배열 구조에 익숙해지는 데 도움이 된다.

나. 우리 학교 도서관에 무지개 기차가 있어요

한국 십진분류표 체계는 책과 지식의 분류 기준이면서 동시에 도서관에 책을 배열한 기준이다. 따라서 한국 십진분류표를 활용하여 책을 찾을 때 도서관에서 어느 위치에 해당 분류가 있는지 알아야 한다. 보통의 도서관은 입구에서부터 000-900까지 순서대로 분류하지만 책이 많거나 도서관의 공간 구조를 활용하여 배치하기도 한다.

따라서 한국 십진분류표 전략을 활용하기에 앞서 한국 십진분류표와 도서관 책 배열 위치를 일치시켜 이해해야 한다. '우리 학교 도서관에 무지개 기차가 있어요'는 학습 독자가 실제 학교 도서관에서 한국 십진분류표의 체계를 이해할 수 있도록 구성된 활동이다. 도서관 서가를 탐색하면서 색과 숫자로 분류되어 있음을 이해하고 이후에 분류 번호에 해당하는 색종이를 찾아 무지개 기차에 붙인다.

[그림 16] **우리 학교 도서관에 무지개 기차가 있어요**

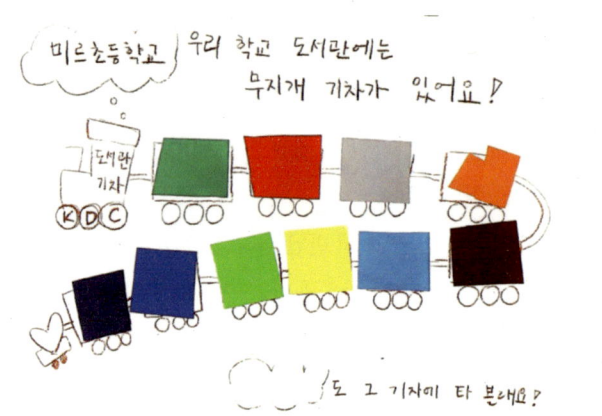

○ 활동하기

- 우리 학교 도서관에는 무지개색을 실은 기차가 있어요. 무지개에는 어떤 색이 있나요? 우리 그 색들을 찾으러 가 볼까요?
- 도서관에서 기차 모양으로 줄을 서서 서가를 순서대로 돌아봅시다.
  - 학생들은 먼저 책장이나 천장에서 대분류를 표시하는 색을 찾아 내기도 함.
- 우리 학교 도서관에는 빨주노초파남보 색을 실은 기차가 있어요. 정말 빨강 기차, 파랑 기차가 있는지 살펴봅시다.
  - 도서관 서가를 한 바퀴 돌기 전에 아이들은 책등에 붙은 라벨이 색별로 모여 있다는 것을 찾아냄.
- 그래요. 기차에는 같은 색 허리띠를 한 책들이 타고 있어요. 정말 그런지 이번에는 색 허리띠를 만지면서 돌아봅시다.
  - "선생님, 허리띠에 숫자, 번호가 있어요!"
- 정말 색 허리띠에 숫자가 있군요. 어떤 색에 어떤 숫자가 있는지 찾아서 학습지에 써 봅시다.(짝 활동)
  - 학습지를 받고 기차 바퀴에 대분류 번호를 씀.

- 숫자를 다 쓴 학생은 학습지의 번호를 확인하면서 기차의 순서대로 돌아보고, 또 끝부분부터 반대 방향으로도 돌아봅시다.

학생들은 서가를 탐색하면서 도서관 서가의 위치를 파악하고 새로운 관심의 영역을 발견하기도 한다. 이 활동을 하고 난 후 학생들 대부분이 서가에서 읽고 싶은 책을 발견했다고 한다. 이때 학생들이 읽고 싶어 하는 책을 바로 찾아와 읽을 시간을 준다면 독서 동기를 지원할 수 있다.

그런데 1, 2학년 학생들의 경우에 도서관의 책이 대부분 학생들의 문해력 수준보다 높은 편이기에 관심과 흥미에 맞지만 읽기 수준보다 어려운 책을 가지고 와서 읽고 싶다고 한다. 바로 그때, 간단하게 'Five-fingers rule' 전략을 가르쳐서 그 책이 학습 독자가 읽기에 적당한 수준인지 판단하고 읽기에 어렵다면 더 쉬운 책을 찾는 방법을 지도할 수 있다.

독서 교육의 장면
- 선생님, 이 책이 읽고 싶어요!

무지개 기차 활동 이후에 1학년 학생이 『물고기 도감』을 찾아와서 읽고 싶다고 했다. 그 책은 두껍고 내용이 많은 편이었다. 'Five-fingers rule'을 설명하기에 적절한 상황이었기 때문에 이때 다섯 손가락을 펴고 학급 학생들과 함께 『물고기 도감』의 난이도를 파악했다.

교사가 책을 펴서 한 쪽을 소리 내어 읽어 주는 동안 학생들은 모르는 단어가 나올 때마다 손가락을 하나씩 꼽아 간다. 교사도 함께 손을 꼽아 가는 시범을 보이며, 천천히 읽으면서 학생들이 생각하고 손가락을 꼽을 충분한 시간을 준다.

Five-fingers rule
- 손가락을 0~1개를 꼽으면 그 책은 읽기에 쉬운 책
- 2개나 3개를 꼽으면 조금 어렵지만 도전할 수 있는 책
- 4개나 5개를 꼽으면 아주 어려워서 읽을 수 없는 책

다섯 손가락 법칙을 활용하여 학생들이 책의 난이도를 파악하는 방법을 설명한다. 대개 1학년 학생의 경우 다섯 개를 넘어 열 손가락을 꼽는 경우도 생기는데 책의 이독성을 가시적으로 파악할 수 있게 된다. 이때 교사는 "음, 이 책은 지금 내가 읽기에 어렵군. 내가 책을 많이 읽고 똑똑해졌을 때 다시 보자."라고 말하며 책에게 손을 흔들며 내려놓는다.

그런 다음에 쉬운 물고기책을 찾을 수 있는 방법을 안내한다.

"이 책은 어려워서 읽을 수 없지만, 조금 쉬운 책을 찾을 수 있어요. 우리가 어떻게 하면 지금 친구가 읽을 수 있는 물고기책을 찾을 수 있을까 생각해 봅시다."

"그래요, 제목에 물고기가 쓰여 있거나 책 표지에 물고기 그림이 있는 책이 물고기에 관한 책이겠지요. 그런 책 중에서 두껍지 않고 얇은 책을 선택해 보세요. 그리고 책을 펴 보았을 때 책 페이지에 글자 수가 많지 않고, 글자 크기가 큰 책은 어렵지 않을 수 있어요."

"네, 맞아요. 찾은 책의 한 쪽을 읽으면서 다섯 손가락 법칙을 적용해 보면 지금 여러분이 읽을 수 있는 책인지 알 수 있겠지요."

"그런데 그런 책이 어디에 있느냐고요? 물고기책은 물고기책 옆에 있을 거예요. 학교 도서관에는 비슷한 책끼리 끼리끼리 모아 두거든요."

1학년 학생은 처음에 물고기책을 찾았던 서가에서 얇고 그림이 많은 물고기책을 선택하는 데 성공하였다.

확장하기 팁

무지개 기차 활동은 학생의 수준에 따라 후속 활동을 할 수 있다.
- 학생들이 무지개 기차 활동을 하면서 새롭게 관심을 발견한 책으로 제목을 읽고 분류 번호 색 라벨을 확인하면서 대분류를 이해한다.
- 그리고 학습 독자가 자신이 어떤 분류의 책을 좋아하고 있는지 성찰하고 공유하면서 대분류 색별로 같은 관심을 가진 친구들을 모아 볼 수도 있다. 학습 독자는 자신이 좋아하는 대분류와 선택한 책에 대하여 설명하면서 같은 분류 라벨의 색을 확인하고 책의 특징을 파악하여 비슷한 점을 공유한다.
- 활동을 통해 새롭게 관심을 가지고 발견하게 된 대분류에 대하여 성찰하고 공유한다. 이때 학습 독자가 새롭게 관심을 가진 대분류 색별로 모이고 그 이유를 설명하고 공유한다.

3 정보책 찾아 읽기

'화제/주제'와 '제목'은 책을 선택할 때 많은 독자에게 강력한 영향을 주는 요소이다. '화제/주제' 요인은 학생 개개인의 관심과 흥미와 상호작용하며, '제목' 요인은 책 선택에 관여하는 모든 요인 중 가장 크게 영향을 미치는데 학년이 올라갈수록 학생들이 책을 고를 때 제목을 고려하는 정도가 꾸준히 증가한다(이지영·박소희, 2011).

특히 정보책을 찾아 읽을 때 한국 십진분류표를 활용하여 해당 주제 분류에서 제목으로 책을 찾는다면 학습 독자가 적합한 책을 선택하는 데 도움이 될 것이다. 따라서 학습 독자는 책의 제목을 다루면서 책 선택을 초점화하는 방법을 리서치 기능으로 사용할 수 있어야 한다.

앞서 살펴본 바와 같이 도서관에서 찾은 '물고기'와 관련된 책의 경우 제목이 같지만 책의 두께나 그림 등을 이용해서 책의 수준을 고려해 보게 할 수 있다. 그리고 '부제목'을 파악해 보는 것도 도서의 특징을 파악하는 데 도움이 된다. 한국 십진분류는 주제 분류이기 때문에 해당 주제 분류 서가를 찾으면 인접한 범위에서 비슷한 제목이나 '부제목'을 활용하여 학습 독자의 독서 수준에 맞는 책을 선택할 수 있는 장점이 있다.

> # 제안하기
>
> 학교 도서관에서는 교과 연계 도서 등을 별치로 두지 않아야 한다고 생각한다. 별치를 따로 둠으로써 책을 선택할 때 다루어야 하는 공간이 늘어나 인지 부담으로 작용한다. 분류 기호에 맞게 배가한다면 학습 독자는 해당 주제 분류에서 제목과 부제목을 활용하여 적합한 책을 선택할 수 있다.

가. 정보책 찾기 중분류 플랜 ABC

교과 독서의 주제로 책을 선택할 때 학습 독자는 독자 자기 인식 전략을 활용하여 학습 독자가 교과 학습에서 관심을 가진 화제 또는 주제를 선택한다. 교과 단원의 마무리 단계에서 단원 학습을 정리하고 '더 알고 싶어요'[33]에 해당하는 활동에서 더 자세히 알고자 하는 내용으로 선택의 범위를 초점화할 수 있다.

---

[33] 단원의 학습 마무리를 하다 보면 학습 결과에 따른 피드백 요소를 찾을 수 있다. '더 알고 싶어요' 활동을 하다 보면 학생들의 학습 결과를 알 수 있고 새로운 학습 요소를 발견하기도 한다. 그러나 단원의 마무리 학습의 특성상 '더 알고 싶어요'를 이끌어 주지 못하고 학생의 자율에 맡기게 되는 경우가 있어 아쉽다(순천 o초등학교, 김 교사 인터뷰).

주제를 정할 때는 마인드매핑으로 상위어와 하위어, 상위 개념과 하위 개념이 연결되도록 정리할 필요가 있다. 마인드매핑으로 정리한 연관 어휘를 제목이나 목차에서 찾아보면서 학습 독자가 원하는 정보에 초점화할 수 있게 된다.

[그림 17] **정보책 찾기 - 한국 십진분류표 활용하기**

■ 정보책 찾기

학습한 과학 교과 단원에서 독자의 관심과 흥미를 끄는 주제가 있습니까?

단원명

○ 관심 있는 단원을 마인드매핑하고 더 알고 싶은 주제에 관한 책을 선택하여 봅시다.

한국 도서관 십진분류표(KDC)

400 순수 과학			500 기술 과학		
400	400~409		500	500~509	
410	410~419	수학	510	510~519	의학
420	420~429	물리학	520	520~529	농업, 농학
430	430~439	화학	530	530~539	공학, 공업 일반
440	440~449	천문학	540	540~549	건축 공학
450	450~459	지구 과학	550	550~559	기계 공학
460	460~469	광물학	560	560~569	전기 공학, 전자 공학
470	470~479	생명 과학	570	570~579	화학 공학
480	480~489	식물학	580	580~589	제조업
490	490~499	동물학	590	590~599	가정학 및 가정생활

○ 독자가 찾고자 하는 주제는 어느 대분류에 해당합니까? (   )
  그리고 어느 중분류에서 그 주제를 찾을 수 있을까요? (   )

독자가 생각하는 방법을 써 보고 공유해 봅시다.

○ 독자는 그 주제를 어떻게 찾을 수 있을까요?
  〈방법Ⅰ〉
  ① 중분류 (   )에서
  ② 제목이 (   ), (   )과/와 관련하여 찾고
  ③ 목차에서 해당 주제가 있는지 살펴봅니다.

  〈방법Ⅱ〉
  ① 해당 대분류의 첫 번째 중분류(401~409, 501~509)에서
  ② 제목이 (   ), (   )과/와 관련하여 찾고
  ③ 목차에서 해당 주제가 있는지 살펴봅니다.

  400번과 500번이 아닌 대분류에서도 과학과 관련된 주제를 찾을 수 있습니다. 000번 대분류의 백과사전류에서 해당 주제를 찾아봅시다.

  〈방법Ⅲ〉
  ① 총류(000)-030번 중분류에서
  ② 제목이 (   ), (   )과/와 관련하여 찾고
  ③ 목차에서 해당 주제가 있는지 살펴봅니다.

주제를 선택한 후에는 한국 십진분류표를 활용하여 먼저 학습 독자가 탐색하고자 하는 중분류와 책을 선택하는 방법을 확인할 필요가 있다. 그리고 교사는 새로운 방법으로 중분류 플랜 ABC를 안내한다.

(1) 중분류 플랜 A

첫 번째는 순수 과학 분류인 400번 대분류에서 천문학 주제를 다루는 440번 중분류이다. 학습 독자는 한국 십진분류표에서 대분류-중분류 순서로 천문학 주제 분류인 440번 중분류를 확인한다. 그리고 직접 도서관에 가서 400번 대분류 서가를 찾고, 440번 중분류 책들 중에서 책 제목을 살펴보면서 우주와 별자리에 관한 책을 찾을 수 있다.

이때 교사는 지식의 분류 체계인 한국 십진분류표가 도서관에서 어떻게 책 배열 규칙으로 사용되는지 도서관 서가에서 직접 한국 십진분류표를 활용하여 책을 찾는 방법을 자세하게 시범 보일 필요가 있다.

400 순수 과학		
400	400~409	
410	410~419	수학
420	420~429	물리학
430	430~439	화학
440	440~449	천문학
450	450~459	지구 과학
460	460~469	광물학
470	470~479	생명 과학
480	480~489	식물학
490	490~499	동물학

중분류표에서 440번 표식은 천문학 주제의 책이 440번부터 449번에 해당한다는 의미이다. 교사는 학습 독자가 분류 개념에 익숙해지도록 가시적인 시범을 보일 필요가 있다. 해당 서가에서 440번 책(440.☐

□□번이 없을 수도 있다. 개념적으로 439.□□9번 다음에 꽂힌 책, 즉 440번 대의 첫 번째 책)의 등을 절반쯤 앞으로 당긴다. 그리고 440번 대의 마지막 449번(449.□□9) 책의 등을 절반쯤 앞으로 당겨서 중분류 440번 대의 의미를 시각적으로 보여 준다.[34] 선택의 범위의 시작과 끝을 표시해 주면서 학습 독자가 책을 선택해야 하는 범위를 인지시킨다.

학습 독자는 중분류 A를 다루는 방법을 이해하고 독서 목적에 맞게 다른 대분류 서가에서 활용할 수 있다. 교사는 교과 독서 상황에서 독자의 책을 초점화해 가는 과정에서 중분류 플랜 A를 사용할 수 있도록 학습을 구성한다.

(2) 중분류 플랜 B

우주와 별자리에 관한 주제의 책을 선택할 수 있는 두 번째는 400번 대분류의 400번 중분류이다. 중분류 400번은 한국 십진분류표에 따로 시각적으로 표시되어 있지 않지만, 책 선택을 배우는 학습 독자에게 꼭 짚어 주어야 한다. 중분류 400번은 대분류 400번을 10개 강목으로 나눈 첫 번째 중분류이다.

대분류 000을 총류로 분류하는 개념과 같게 순수 과학(400번 대분류) 책 중에서 특정 중분류로 구분할 수 없는 책을 중분류 400번대(400번~409번)에 분류해 놓았다. 교사는 400번~409번의 첫 번째 책과 마지막 책의 책등을 절반쯤 앞으로 꺼내어 책 선택의 범위를 표시해 준다.

---

[34] 학생들이 한국 십진분류표의 중분류를 활용하여 책을 선택하는 모습을 보고 □초등학교 사서는 서가에서 중분류 구간을 북엔드 형식으로 시각적으로 표시해 주었다. 학생들은 한국 십진분류를 더욱 잘 이해하고 활용하게 되었다.

400 순수 과학		
400	400~409	
410	410~419	수학
420	420~429	물리학
430	430~439	화학
440	440~449	천문학
450	450~459	지구 과학
460	460~469	광물학
470	470~479	생명 과학
480	480~489	식물학
490	490~499	동물학

보통 이 중분류에는 출판사에서 기획적으로 출판한 전집류와 둘 이상의 순수 과학 분야를 포함한 책이 수서되어 있다.

학습 독자는 중분류 B를 다루는 방법을 알고 독서 목적에 맞게 해당 대분류 서가에서 활용할 수 있다. 교사는 교과 독서 상황에서 독자의 책을 초점화해 가는 과정에서 중분류 플랜 B를 사용할 수 있도록 학습을 구성한다.[35]

(3) 중분류 플랜 C

우주와 별자리에 관한 주제의 책을 세 번째로 선택할 수 있는 중분류는 총류(000)의 030번 중분류이다. 총류(000)는 여러 분야의 학문과 지

---

[35] 학생들이 선택한 책으로 청구 기호를 학습할 때 400(n00)번과 같은 중분류를 이해할 수 있도록 목차 읽기와 함께 지도할 수 있다.

식을 담고 있어서 딱 한 가지 분류로 지정할 수 없는 책을 분류하는데 그중 백과사전과 같이 다양한 분야의 지식을 묶은 책이 030번 중분류에 수서된다. 학습 독자는 독서 목적에 맞게 백과사전에 해당하는 중분류를 다루게 된다. 교사는 교과 독서 상황에서 중분류 플랜 C를 활용할 수 있도록 학습을 구성한다.

000 총류		
000	000~009	
010	010~019	도서학, 서지학
020	020~029	문헌 정보학
030	030~039	백과사전
040	040~049	강연집, 수필집, 연설문
050	050~059	일반 연속 간행물
060	060~069	일반 학회, 단체, 협회
070	070~079	신문, 언론, 저널리즘
080	080~089	일반 전집, 총서
090	090~099	향토 자료

학습 독자는 이상에서 살펴본 세 가지 중분류를 활용하여 해당 서가에서 우주와 별자리에 관한 책을 찾을 수 있다. 책 선택 학습에서는 교과 독서로 독서 상황을 한정하여 제시하지만 학습 독자가 관심을 가지고 선택한 주제에 초점화하면서 독서 목적을 분명히 하면서 중분류 플랜 ABC를 사용하게 된다.

이때 학습 독자는 앞서 학습한 북매치 전략을 활용하여 책의 특징을 파악하고 자신의 독서 목적과 독서 능력을 점검하면서 책을 선택해 간다. 정보책 독서의 목적에 맞게 독자가 알고자 하는 내용이 충분한지, 사진이나 그림 등의 시각 자료가 도움이 되는지 판단해 볼 수 있고 지식과 정보가 변화하는 특성을 고려하여 정보책의 출판 연도를 확인하는 것도 필요하다.

독서 교육의 장면
- 선생님 책이 없어요!

한국 도서관 십진분류표를 활용하여 책을 찾을 때 학습 독자가 해당하는 책을 찾지 못한 경우를 교과 독서 상황(과학)에서 안내한다.

1. "선생님, 책이 없어요!"
   - 학습 독자는 해당 중분류 서가를 찾지 못하였다. 한국 십진분류표에서 자신이 관심과 흥미를 가진 주제가 해당하는 중분류를 찾았다 하더라도 실제 도서관에서 해당하는 중분류를 찾기가 쉽지 않다.
   따라서 한국 십진분류표를 활용하여 교과 독서를 처음 지도할 때는 하나의 대분류 영역으로 초점화할 필요가 있다. 과학 과목(400이나 500 중 하나), 사회(300), 음악·미술·체육(600)으로 대분류 영역을 초점화하고 그 범위 내에서 중분류를 찾도록 한다.

2. "선생님, 책이 없어요!"- 중분류 플랜 A
   - 학습 독자는 아직도 해당 대분류 서가에서 중분류 서가를 찾지 못하였다. 이유는 한국 십진분류표에서 제시한 440(천문학) 중분류의 범위를 이해하지 못했기 때문이다.
   - 중분류 플랜 A가 필요한 사항으로, 중분류 440의 구간(440~449)을 시각적으로 설명해 줄 필요가 있다. 개념적으로 439가 끝나고 440에서 가장 가까운 책을 반쯤 앞으로 당겨서 꺼내고 450번이 시작되기

전에 있는 449에서 가장 가까운 책을 반쯤 앞으로 당겨 꺼내서 중분류 범위를 책 선택 범위로 보여 준다.
- 초급 독자를 위하여 중분류표는 중분류 구간의 범위를 표시해 줄 필요가 있다.

3. "선생님, 책이 없어요!"- 중분류 플랜 B
- 해당 중분류 구간에서 마음에 드는 책을 찾지 못한 학습 독자는 "책이 없어요!"라고 말한다. 맞다. 학습 독자가 찾지 못하면 그것은 없는 책이나 다름없다.
- '중분류 플랜 B'가 필요한 상황으로 과학책 중에서 단행본이 아닌 전집류에 해당하는 책은 대분류 400번이 아닌 중분류 400번 범위(400~409)로 순수 과학 전반을 다루는 중분류에 수서되어 있다.
- 이 구간을 한국 십진분류표에도 시각적으로 표시해 두고 해당 서가에서 중분류 400번 범위의 시작과 끝에 있는 책을 당겨 두고 같이 확인해 볼 필요가 있다. 그 범위에 있는 전집류와 단행본이지만 과학 영역을 전반적으로 다루는 책의 특성을 같이 파악한다. 이때 단행본은 제목과 부제목을 확인하여 책의 내용을 예상해 보게 하고 목차를 펴서 책의 내용을 확인하여 중분류 400번의 범위를 이해하게 한다.
- 이러한 개념적 이해를 통해 학습 독자는 중분류 300, 중분류 500, 중분류 600 등 n00번 중분류를 활용하게 된다.

4. "선생님, 책이 없어요!"- 중분류 플랜 C
- 중분류 플랜 A와 B에서 만족할 만한 책을 찾지 못하였거나 특정 주제에 관하여서는 도서관에 단행본이 없는 경우가 있다.(예 경험으로 광물학에 관한 책을 해당 학교 도서관에서 찾기 힘들었다.)

- 중분류 플랜 C가 필요한 상황이다. 중분류 플랜 B에 대한 이해를 확장하여 대분류 총류의 백과사전(중분류 030)에서 해당 주제를 찾는 방법이다. 이때 백과사전 전집의 제목과 목차를 활용하는 방법을 함께 안내한다.

5. **"선생님, 그래도 책이 없어요!"**
   - 도서관에서 책 선택을 할 때 한 가지 주제에 관하여 학급 전체가 학습을 하게 되는 특성상, 해당하는 주제의 책이 많지 않아서 학습 독자의 마음에 맞는 책을 찾지 못하는 경우가 있다. 또는 학습 독자가 특정한 주제를 선택하였을 때 도서관에 해당 주제의 책이 없을 때가 있다.
   - 책 선택 전략을 활용하여 책을 선택하고자 하였으나 찾지 못하였을 때 오히려 독서 동기가 떨어지는 경우가 있다. 때문에 정보책 읽기 상황에서 책 선택 학습을 할 때에는 교과 독서 주제를 다루는 것이 좋다. 학교 도서관의 특성상 교과 독서를 지원하고 학교급별 수준에 맞는 책이 많이 수서되어 있기 때문이다.
   - 책이 부족하여 선택하지 못한 경우는 동료들과 함께 읽도록 안내한다. 한 권의 책을 읽지만 목차 읽기를 통해 '가장 먼저 읽고 싶은 내용'을 정하고 그렇게 생각한 이유를 말하면서 함께 읽기를 지도할 수 있다.
   - 특정한 주제의 책을 읽고 싶어 하는 학습 독자에게는 학교 근처의 공공 도서관에서 책 선택을 하도록 안내한다. 정보책 찾기 플랜 ABC를 한국 도서관 십진분류표 체계를 사용하는 우리나라 공공 도서관에서 시스템 리터러시로 활용할 수 있도록 한다.

나. 목차 읽기

　작가는 쓰기 목적과 의도를 가지고 책을 쓰며, 독자는 읽기 목적에 따라 책을 선택하고 읽는다. 독자는 독서의 과정에서 작가의 관점을 이해하고 자신의 관점에 비추어 의미를 해석한다. 그리고 독서 후에 독서 목적에 맞게 책 선택과 해석을 평가하고 피드백해 나간다. 이렇게 작가, 독자 그리고 텍스트를 구성 요소로 하여 의미를 해석하는 독서는 어쩌면 작가의 표현 과정을 포함하는 쓰기와 읽기의 상호 작용이라고 할 수 있다.

　따라서 책을 선택하고 읽는 과정에서 작가와 독자, 쓰기와 읽기의 상호 관계성을 고려하는 것은 의미를 해석하는 데 유용하다. 초급 독자는 책을 내용으로만 받아들이는 경향이 있는데 책을 본격적으로 읽기에 앞서 그 문서가 언제, 누구에 의해, 누구를 위해 작성되었는지 출처 정보를 파악함으로써 작가를 염두에 두고 독자로서 상호 작용할 수 있게 된다.

　능숙한 독자일수록 작가, 독자와 책의 상호 작용을 파악하여 자신이 읽고 있는 텍스트에서 무엇이 중요한지 잘 결정할 수 있다. 독서 목적에 따라 무엇이 중요한 정보인지 독자 중심의 주요 정보를 결정하며, 작가 중심의 주요 정보를 결정하는 데 탁월한 능력을 보인다. 능숙한 독자는 주요 정보를 식별하고 조직하기 위하여 텍스트 구조에 관한 지식을 십분 활용하며, 내용의 중요성을 결정하기 위하여 작가의 의도와 목적과 편견에 관한 지식을 활용할 줄 안다(박영목, 2000).

　목차는 작가가 책에 담은 내용의 순서를 나타내고 또한 작가가 쓰기 목적에 따라 정보를 효과적으로 조직한 구조를 나타낸다. 책 선택 학습에서는 이러한 목차의 특징을 활용하여 학습 독자가 작가의 쓰기와 독자의 읽기 간의 상호 관계성을 이해할 수 있도록 중점을 두어 지도할 수 있다.

먼저 책을 선택할 때 독자의 읽기 목적에 따라 목차를 훑어 읽으면서 독자가 원하는 정보가 책에 포함되는지를 파악할 수 있다. 정보책의 독서 목적은 정보 수집에 있으므로 책에 독자가 찾고자 하는 정보가 충분한지 그리고 정확한지 파악할 수 있어야 한다. 그런데 제목만으로 독자가 원하는 책을 찾기가 쉽지 않을 때가 있다. 이때 책의 목차 부분을 펴서 해당 주제와 연관된 단어를 찾아볼 수 있다.

독자가 정보책의 내용을 잘 이해하기 위해서는 작가가 내용을 효과적으로 표현하기 위해 사용한 담화 구조를 알고 활용할 필요가 있다. 목차에는 작가가 표현하고자 하는 주요 정보를 효과적으로 표현하기 위해 작가가 선택한 담화 구조가 나타난다. 독자는 그 담화 구조를 파악하고 그 담화 구조에 맞는 읽기 방법을 사용하여 읽을 때 작가 중심의 주요 정보를 더 잘 파악하여 책의 내용을 잘 이해하게 된다.

이때 교사는 학습 독자에게 목차 읽기를 통해 작가가 표현한 내용과 방법을 인식함으로써 지금 읽고 있는 책을 쓴 작가가 있음을 인지하도록 지도할 필요가 있다. 학습 독자가 계속해서 '작가가 누구에게 말하고 있는가? 어떤 의도와 목적을 가지고 있는가? 어떠한 편견을 담고 있는가?' 질문하면서 읽어 가도록 지도한다. 이 과정에서 독자는 독서 목적에 따른 독자 중심의 주요 정보가 아닌 것을 분별할 수 있으며 책의 내용을 있는 그대로 받아들이지 않고 정보의 적합성을 비판적으로 해석할 수 있게 된다.

책을 선택하고 읽을 때마다 목차 읽기를 하면서 작가, 독자와 책의 상호 작용을 이해해 나가고, 책마다 다른 담화 구조와 담화 구조에 따라 읽기 방법에 차이가 있음을 파악할 수 있다. 학습 독자가 목차 읽기를 하다 보면 책마다 다르게 나타나는 다양한 표현 방식을 금세 이해하게 된다. 역사 분야의 책은 시간의 순서에 따라 연대기적으로 구성되기도 하고, 공간에 따라 구성되기도 한다. 과학 분야의 책은 계절의 변화에 따라 구성되기도 하고 사회학과 관련한 책의 경우 현상을 보는 관점에 따라 구성되기도 한다. 그리고 간학문적이고 지식이 융합된 책의 목차에서는 다양한 관점이 드러나기도 한다. 책에 따라 목차 구성 방법 또한 책의 주제를 잘 드러낼 수 있도록 디자인적인 요소가 두드러지기도 하며, 다채로운 목차 구성이 독자에게 책에 대한 관심을 이끌어 낸다.

이처럼 목차는 작가가 책에 담은 내용과 그 내용을 가장 효과적으로 표현한 구조를 드러낸다. 따라서 목차 읽기는 다양한 담화 구조가 있음을 알게 하고 책마다 담화 구조가 다름을 알게 하는 데 효과적이다. 초급 독자가 다양한 책을 읽으면서 담화 구조가 다름을 이해하며 담화 지식을 쌓고 그에 맞는 독서 방법을 선택하여 책을 효과적으로 읽을 수 있다.

본격적으로 읽기에 몰두하기 전에 책의 목차를 읽고 담화 구조의 특징을 파악하고, 도표, 사진 등 시각 정보를 활용하여 어떤 내용의 책일지 예견하고 자신의 배경지식을 활용하여 보이는 내용에 대해 의미를 추측한다. 사진이나 그림 자료가 있는 경우 작가가 사용한 출처 정보의 신뢰성을 파악해 보고 그 자료를 사용한 작가의 관점을 연관 지어 생각해 본다. 특히 그래프와 도표를 사용한 경우 자료를 정확하게 표시하고 있는지 점검해야 한다. 작가가 사용한 자료에서 작가의 관점이 무엇인지 파악하고 상반된 증거를 사용한 다른 해석도 찾아볼 수 있어야 한다.

학생의 반응
 - 목차 읽기와 발췌독 그리고 다문서 읽기
 "정말로 책을 끝까지 읽지 않아도 되나요?"
원하는 부분만 읽어도 된다고 발췌독을 안내하였을 때 학습 독자 대부분은 고개를 갸웃거린다. 발췌독은 작가가 차려 놓은 목차(table contents) 중에 독자의 관점에서 읽고 싶은 부분과 읽고 싶은 순서를 정하여 읽는 독자 주도의 읽기 방법이다. 처음에 발췌독을 어색해하던 학습 독자는 일면 두꺼운 책을 자신의 맘대로 조절하여 읽을 수 있다는 새로움에 신기해한다.
 정보 수집을 목적으로 하는 독서에서 책 한 권에서만 찾은 정보는 불충분하다. 또한 정보의 신뢰성을 파악하기 위해서도 둘 이상의 자료를 찾아 읽을 필요가 있는데, 이 경우에 독자의 읽기 목적에 맞는 자료를 발췌독의 방법으로 읽을 수 있다.
 학습 독자는 교과 독서의 방법으로 한 가지 주제에 관한 정보를 종합하고자 할 때 발췌독의 방법으로 다문서 읽기를 할 수 있다. 이 과정에서 정보의 중요도를 결정하면서 정보를 종합하는 능력이 길러지고, 같은 주제에 대한 작가마다 다른 관점과 의도를 파악할 수 있게 된다.

 목차 읽기는 책을 선택하는 단계에서 독자 중심의 정보를 선택하고, 담화 구조를 파악하는 데 도움이 된다. 뿐만 아니라 독서의 전 과정에서 독자의 읽기 목적에 따라 독자 주도로 읽기를 조절하는 방법으로 활용된다. 책 선택 학습에서는 학습 독자가 자신의 독서 목적과 관련하여 독서 전, 중, 후 과정에서 목차 읽기를 활용하고 성찰하도록 지도한다.

(1) 목차 읽기

  목차 읽기를 지도할 때 짝 활동으로 한 권의 책을 '함께 읽기'로 지도할 수 있다. 선택한 책의 목차를 함께 읽으면서 작가 중심의 정보를 파악하고, 독자 중심의 정보를 찾으면서 관점에 대한 개념적 이해에 접근할 수 있다.

  함께 읽기 위해서 먼저 내용교과의 관심 주제가 같은 동료끼리 짝을 이루어 함께 책을 선택하게 한다. 이 과정에서 학습 독자는 협력적으로 학습한 책 선택 전략을 활용한다.

  본격적으로 책을 읽기 전에 목차와 시각 자료들을 살피면서 책에 어떤 내용이 담겨 있을지 이야기 나눈다. 그리고 각자 가장 관심이 가는 챕터를 정하고 이유를 설명한다. 다음으로 각 챕터를 자세히 보면서 각자 읽고 싶은 부분과 순서를 정한다. 그 순서대로 한 권의 책을 발췌독의 방법으로 '함께 읽기'를 할 수 있다.

  책을 읽은 후에는 각자 가장 재미있었던 챕터와 새로운 정보를 알게 된 챕터에 대해 이야기 나눈다. '함께 읽기'로 같은 주제의 책을 읽고 의견을 나눌 수 있는데 목차 읽기에 대한 성찰을 통해서 학습 독자는 자신의 배경지식이 활성화되는 과정을 인지할 수 있다. 그뿐만 아니라 동료의 상이한 배경지식을 만나는 경험을 통해 관점에 대해 이해할 수 있게 된다.

  본격적으로 책을 읽기 전에 [그림 18]과 같이 목차 읽기 방법을 익히면서 담화 구조를 파악하고, 책을 읽은 이후에 [그림 19]와 같이 담화 구조의 응집성을 파악해 볼 수 있다.

[그림 18] **함께 읽기 – 짝 활동**

○ 책을 본격적으로 읽기 전에 목차를 읽어 볼까요?

　목차는 그 책이 어떤 내용으로 구성되어 있는지 각 장의 소제목을 차례로 제시합니다. 목차는 책을 선택하는 단계에서 살펴볼 수 있고, 책을 읽기 전에 책의 구조를 파악하는 단계에서 미리 읽기를 할 수 있습니다. 독자가 선택한 책의 목차를 살펴봅시다.

※ 각 장을 소개한 부분과 소제목을 읽으세요.
　- 완전히 다루고 싶은 챕터(장)이 있다면 각 단락의 첫 문장을 차례로 읽어 보세요.
　① 독자가 가장 먼저 읽고 싶은 개념과 내용이 담긴 소제목은 무엇인가요?
　（　　　　　　　　　　　　　　　　　　　　　　　）
　② 독자가 ①번을 이해하기 위해서 우선적으로 읽어야 할 소제목은 무엇인가요?
　（　　　　　　　　　　　　　　　　　　　　　　　）

○ 정보책의 경우에는 책을 처음부터 읽어도 되고, 읽고 싶은 부분을 먼저 읽어도 됩니다.

○ 책을 잘 읽었습니까?(나의 Right Book 성찰하기)
　① 독자가 알고 싶은 내용이 적합하고 충분했습니까?
　（　　　　　　　　　　　　　　　　　　　　　　　）
　② 이 책은 독자의 독서 목적에 적합한 책입니까?
　（　　　　　　　　　　　　　　　　　　　　　　　）
　③ 독자의 Right Book이라고 할 수 있습니까?
　（　　　　　　　　　　　　　　　　　　　　　　　）

[그림 19] 정보책 목차 읽기

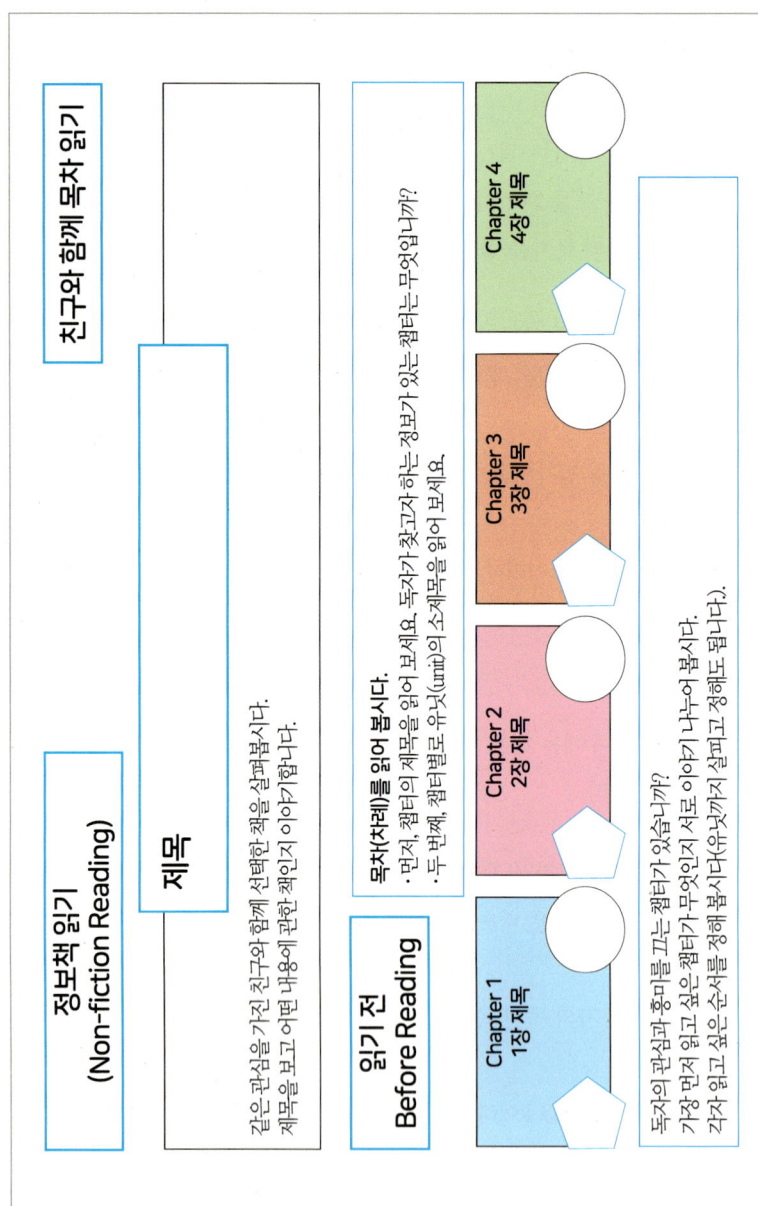

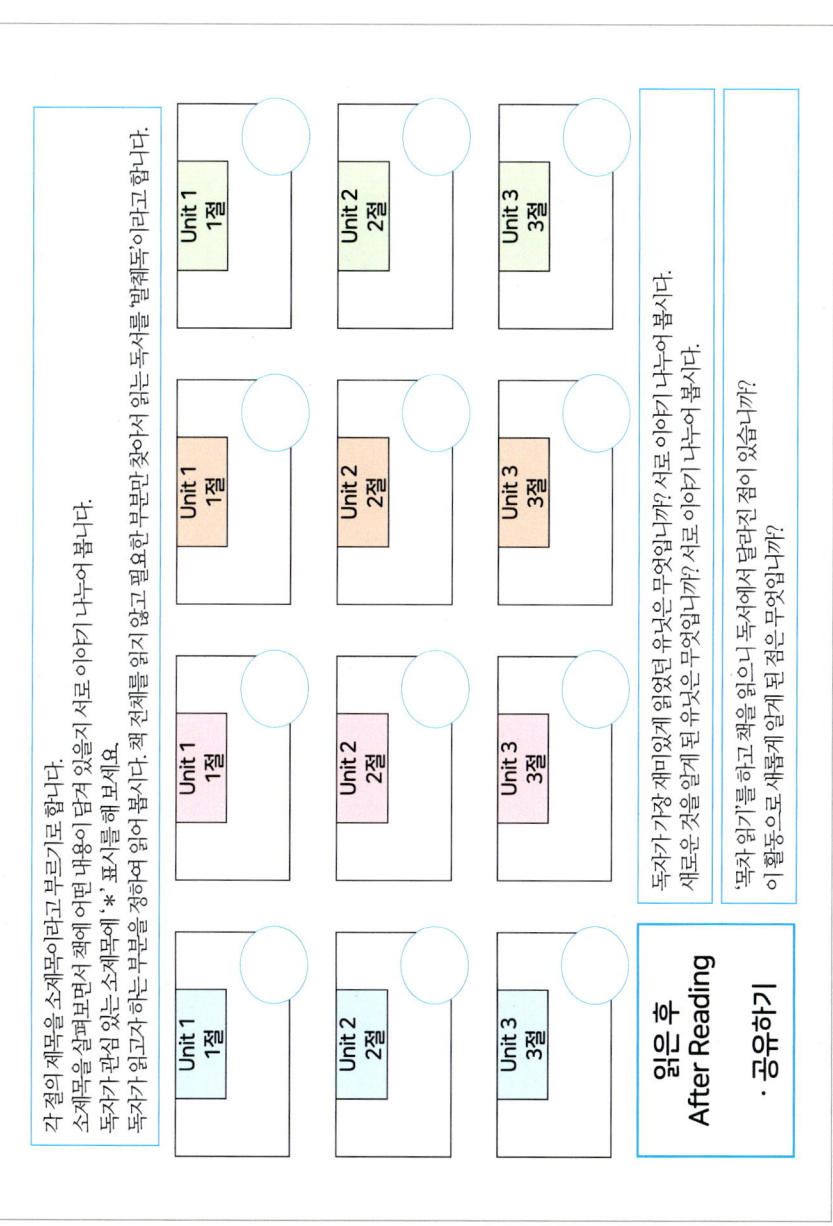

[그림 20] **정보책 목차 응집성 파악하기**

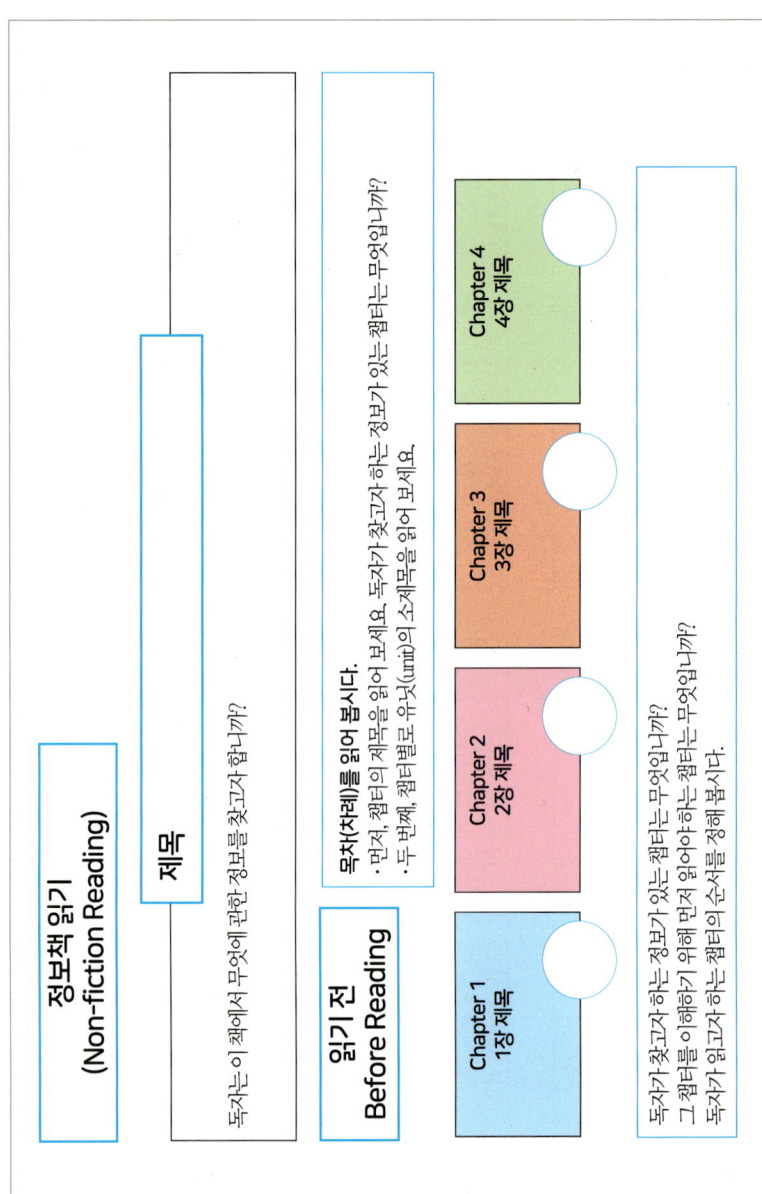

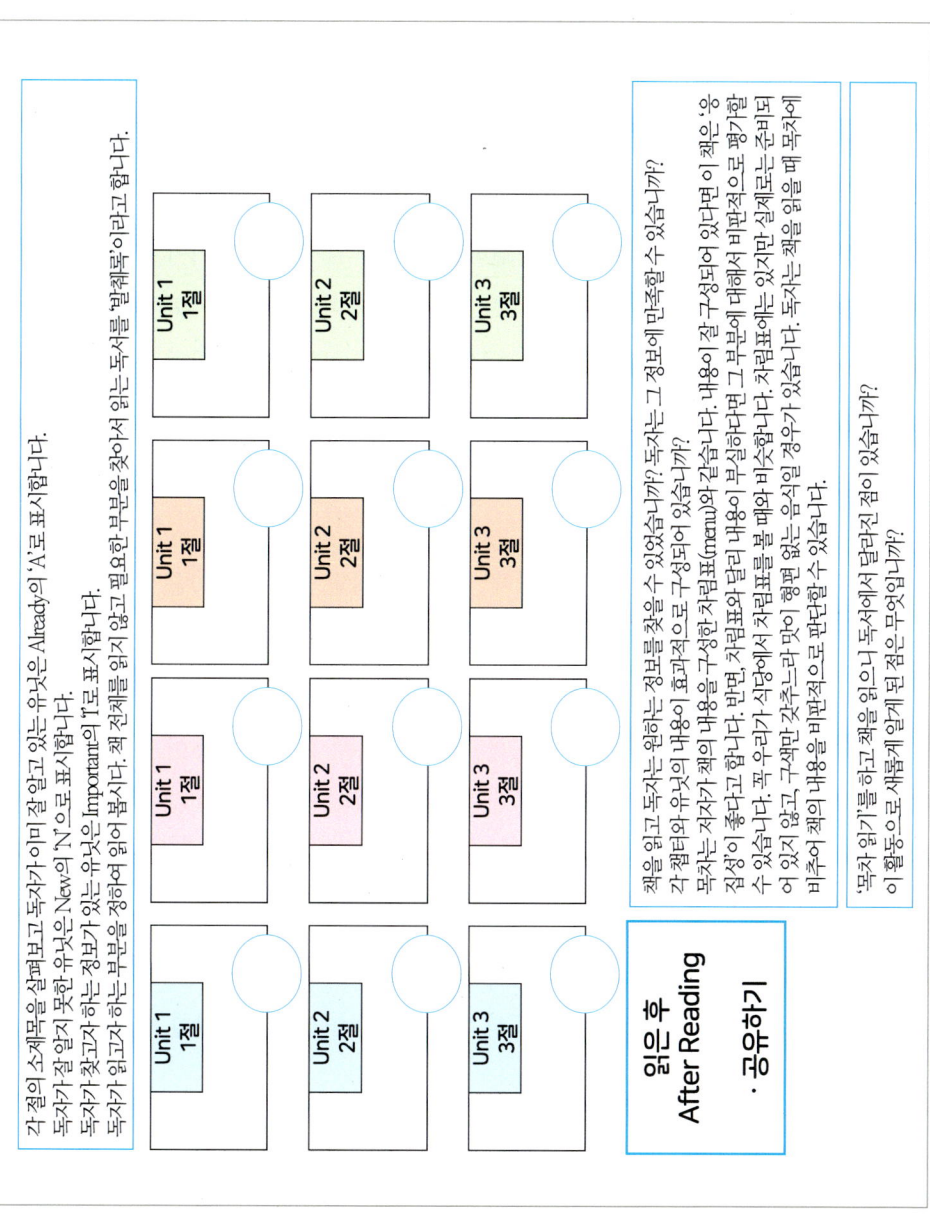

(2) 목차 응집성 파악하기

목차 읽기에 익숙해지면 목차의 응집성을 파악하며 읽기를 지도한다. 목차 응집성은 책의 내용과 구조를 파악함으로써 발췌독을 할 때 독자 중심의 정보를 얻기 위해 읽어야 하는 책의 범위를 결정하기 위해 활용한다.

학습 독자는 목차 읽기를 통해 원하는 정보를 얻기 위해 읽어야 하는 소제목이 무엇인지 찾는다. 그리고 그 부분의 의미를 제대로 이해하기 위해서 먼저 알아야(읽어야) 하는 내용이 담긴 소제목이 무엇인지 파악한다. 만약에 독자가 이미 충분하게 알고 있는 내용이라면 건너뛰고 학습 독자의 독서 목적과 독서 수준에 따라 책을 읽어야 하는 순서와 범위를 정하여 읽을 수 있다.

이 과정을 통해 학습 독자는 책에 내용이 배열된 순서의 의미를 담화 구조와 관련하여 이해할 수 있으며 자신이 이미 알고 있는 정보와 알고자 하는 정보를 구분하여 독서 목적을 초점화할 수 있다. 그리고 독서를 마친 이후에 목차에서 제시한 소제목과 관련하여 본문의 내용이 불충분하고 적절하지 않은 경우에 책에 대한 신뢰성을 평가하는 기준이 될 수 있다.

목차 읽기는 목차의 응집성을 파악하여 독자의 독서 목적에 맞는 책을 선택하는 방법이면서 독서 중에는 독자 중심으로 책을 읽는 방법으로 활용된다. 그리고 독후에는 독서 목적이 이루어졌는지 성찰할 때 활용할 수 있다.

[그림 21] **목차 응집성 파악하기**

○ 책을 본격적으로 읽기 전에 목차를 읽어 볼까요?
  목차는 그 책이 어떤 내용으로 구성되어 있는지 소제목을 차례로 제시합니다. 목차는 책을 선택하는 단계에서 살펴볼 수 있고, 책을 읽기 전에 책의 구조를 파악하는 단계에서 미리 읽기를 할 수 있습니다. 독자가 선택한 책의 목차를 살펴봅시다.

○ 기본적으로 각 장을 소개한 부분과 소제목을 읽으세요.
  완전히 다루고 싶은 챕터(장)이 있다면 각 단락의 첫 문장을 차례로 읽어 보세요.

  ① 독자에게 가장 관심을 불러일으키는 개념과 내용이 담긴 소제목은 무엇인가요?

  ② 독자가 알고 있는 개념과 내용이 담긴 소제목은 무엇인가요?

  ③ 독자가 잘 모르고 있는 개념과 내용이 담긴 소제목은 무엇인가요?

  ④ 독자가 가장 알고 싶은 개념과 내용이 담긴 소제목은 무엇인가요?

  ⑤ 독자가 ④번을 이해하기 위해서 우선적으로 읽어야 할 소제목은 무엇인가요?

  ⑥ 독자가 알고자 하는 내용을 이해하기 위해서 읽어야 하는 소제목을 순서대로 나열해 봅시다.

○ 정보책의 경우에는 책을 처음부터 읽어도 되고, 읽고 싶은 부분을 먼저 읽어도 됩니다.
  - 독자가 읽고 싶거나 읽어야 할 순서를 생각하여 책을 읽어 봅시다.

○ 책을 잘 읽었습니까?

나의 Right Book을 성찰해 봅시다.

① 독자가 알고 싶은 내용이 적합하고 충분했습니까?

② 독자가 전혀 알지 못했던 새로운 개념과 내용은 무엇인가요?

③ 책의 내용이 불충분하고 아쉬운 부분은 무엇인가요?

④ 이 책은 독자의 독서 목적에 적합한 책입니까?

⑤ 이 책은 독자의 Right Book이라고 할 수 있습니까?

⑥ 독자 목적에 더 적합한 책을 찾는다면, 그 책의 제목이나 목차에서 무엇을 찾아야 할까요?

확장하기 팁

■ 목차 읽기 연습

한편 다양한 책의 담화 구조를 파악하기 위하여 '훑어 읽기' 방법으로 목차 읽기만을 따로 학습할 수 있다.
- 먼저 문식 공동체에서 성찰을 공유하는 과정에서 독자에게 새롭게 관심이 생긴 책의 목차 읽기를 해 볼 수 있다.
- 모둠별, 분단별로 물레방아 돌리기로 책을 돌려 보면서 빠르게 목차 읽기를 해 볼 수 있다.

이 활동은 목차 읽기 연습이면서 다양한 책의 담화 구조를 이해하고 다양한 내용의 책에 관심과 영역을 확장하는 데 도움이 된다.

다. KWL 전략과 KWLS 전략 활용하여 읽기

정보책 읽기는 정보 수집을 목적으로 하는 읽기이므로 KWL 읽기 전략을 활용하여 책을 읽을 수 있다. KWL 읽기 전략은 국어과에서 학습하는 읽기 전략으로, 독서 전·중·후 과정에서 독서 목적을 분명히 하고 배경지식을 활성화하여 책을 읽기에 효과적이다. 이 전략은 독자가 알고 있는 것, 알고 싶은 것, 알게 된 것을 성찰하게 하며 메타 인지를 활용하여 주도적 읽기를 지원하므로 KWL 전략이다. 읽기 전략이지만 책 선택 단계에서도 독자의 책과 연관 지어 사용할 수 있다.

책 선택 학습에서는 정보책의 독서 목적에 따라 책을 읽은 후 알게 된 정보를 정리하여 신뢰성을 판단하도록 한다. 그리고 독서의 결과로 보충할 정보가 필요하거나 새롭게 관심을 가지게 된 주제에 대해 알고 싶을 때 독자가 후속 독서를 계획할 수 있다. 이렇게 선택하는 후속 독서는 상호 텍스트성을 고려하기 때문에 학습 독자는 주도적인 독서 과정에서 배경지식을 활성화하고 형성하는 과정을 경험할 수 있다.

따라서 KWL 전략을 KWLS 전략으로 확장하여 독자 주도의 다문서 읽기를 지도할 수 있다. 독자는 독서의 결과로 작가의 관점을 이해하고 책 내용의 신뢰성을 평가한다. 그리고 새로운 독서의 필요성에 대한 판단에 따라 후속 독서로 다문서 읽기를 할 수 있다. 저자의 관점이 전부는 아닐 것이라고 생각하고 정보를 제공하는 저자의 목적과 의도를 파악하며 읽는 것은 비판적 문식성을 기르는 바탕이 된다.[36]

---

36 독자가 질문을 생성하고 읽는 과정에서 해소되지 않는 질문에서 촉발된 후속 독서는 능동적으로 텍스트를 추가하는 다문서 읽기로 이어진다. 다문서를 읽고 텍스트 간의 종합된 의미를 쓰기로 표현하는 일련의 과정은 담화 종합에 해당한다. 그러므로 담화 종합으로써 필요한 정보를 찾고 정보의 신뢰성을 판단하고 의미를 구성해 나가는 비판적 읽기가 다문서 읽기의 방향이 되어야 한다(강미정, 2016).

[그림 22] **KWLS 전략을 활용하여 책 읽기**

1	2
Know(읽기 전에) – 책 선택 내가 선택할 책의 주제와 관련하여 알고 있는 것은 무엇인가?	〈책 선택하기〉 독자의 읽기 목적과 읽기 수준에 맞는 책을 선택합니다.
3	4
Want(읽기 전에) 이 책에서 내가 알고 싶고, 찾고 싶은 것은 무엇인가?	**Learn(읽은 후에)** 이 책을 읽고 알게 된 것은 무엇인가? 또는 충분히 알지 못한 것은 무엇인가?
5	6
Search(읽은 후에) – 책 선택 책을 읽고 난 후 더 알아보고 싶은 것은 무엇인가? 또는 추가로 더 찾아보아야 하는 것은 무엇인가?	〈책 선택하기 2〉 독서 목적에 맞는 책을 선택하기 위해 독자가 더 고려해야할 것이 무엇입니까?

4 학습 독자의 반응 및 기대 효과

가. 도서관 공간의 주도적 활용

학생들은 도서관 서가의 책 배열 규칙을 활용하면서 도서관이라는 거대한 공간을 좀 더 잘 다룰 수 있다는 자신감을 나타냈다.

학습 독자는 한국 십진분류표 전략을 실제 도서관 공간을 활용하는 기술로 크게 호응하였다. 학습 독자는 한국 십진분류표의 분류 체계를 다루는 것보다 실제 서가 위치를 파악하고 서가에서 책을 찾는 것을 더욱 어려워하였는데 책의 위치를 파악할 수 있는 기술로 한국 십진분류를 의미 있게 받아들였다.

학습 독자들은 도서관에 책이 놓인 위치를 아는 것이 처음에는 필요 없다고 생각했는데 배우고 나니 유용했다는 반응이 많았다. 청구 기호를 처음 알게 된 지식이라고 표현한 학습 독자는 KDC를 활용해 책을 찾기가 쉬워졌다고 하면서 책의 분류보다 '책의 위치'를 알게 되어 도서관을 공간을 편안하게 활용할 수 있게 된 변화를 인식하였다.

한국 십진분류표가 학교 도서관과 공공 도서관의 수서 기준임에도 불구하고 고학년 학습 독자조차 한국 십진분류표 활용에 능숙하지 못함이 발견된다. 한국 십진분류표가 사서(교사)를 위한 분류 기준, 책의 수서 기준으로만 활용된 까닭이다.

도서 검색을 통해 원하는 책의 청구 기호를 가지고서도 도서관에서 책이 배열된 위치를 몰라서 책을 찾기가 어려웠음을 말하는 학습 독자가 많았다. 그러한 어려움을 해결하지 못한 채로 책을 찾는 데 많은 시간이 걸렸다. 자신이 청구 기호를 다룰 수 있다는 것이 신기하고 책이 어디에 있는지 아니까 찾기가 쉽다고 말하는 학습 독자는 도서관을 편하게 여기며 서가를 자유롭게 사용하였다.

　학습 독자는 도서관을 자유롭게 이용함으로써 심리적 도서관의 크기가 확대되어 갔다. 책이 수서된 위치, 관련된 청구 기호에 관한 지식을 새로운 지식으로 받아들임으로써 정보 리터러시를 신장해 나갔다. 정보를 다루고 접근하는 방법에 관한 문식성은 책을 선택하는 리서치 기능에 중요한 요소이다. 한국 도서관 십진분류표를 활용하여 도서관 시스템을 다루는 시스템 리터러시는 다양하고 광범위한 책의 세계를 인식하고 다룰 수 있다는 자신감을 통해 독자 효능감을 기르게 한다.

[그림 23] 우리 학교 도서관에 무지개 기차가 있어요

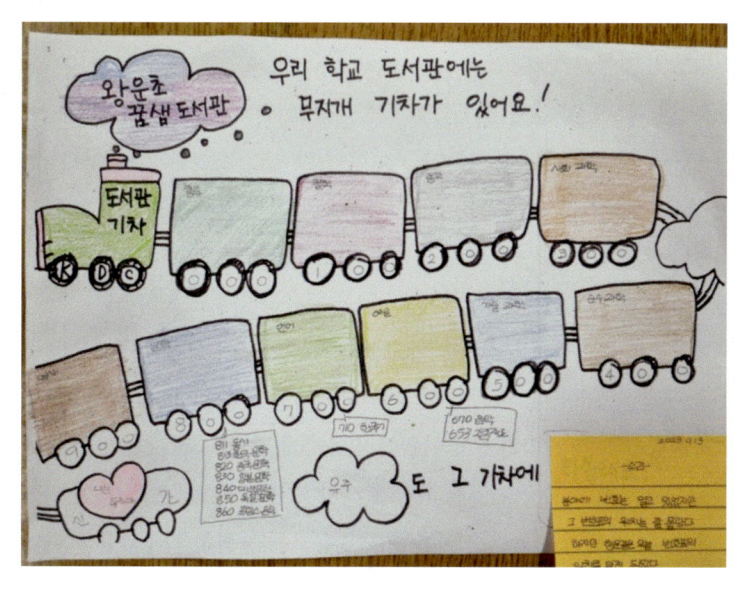

확장하기 팁

- 시스템 리터러시 활용하기
  - 교사는 학습 독자의 수준에 따라 책을 직접 선택하는 환경인 학교 도서관에서 대분류를 먼저 활용하고 점차적으로 중분류를 활용할 수 있도록 지도한다.
  - 학교 도서관을 활용하는 시스템 리터러시가 길러지면 근처의 공공 도서관에서 한국 십진분류를 활용하여 책을 선택해 보도록 안내한다. 공공 도서관에서 한국 십진분류표를 활용하여 책을 선택하면서 학생들은 시스템을 활용하는 의미를 이해할 수 있게 된다.
  - 학습 독자가 새로운 맥락에서 자신의 기능을 활용함으로써 능력의 진화를 인식할 수 있고, 심리적인 도서관의 크기를 확장할 수 있다.

학생의 반응

3학년 학생들이 가장 좋아했던 활동은 '도서관 무지개 기차'였다. 한국 십진분류 체계에 따라 도서관이 구성되어 있다는 것을 알게 되면서 우리는 도서관 무지개 기차를 타고 원하는 책 마을에 정확하게 찾아갈 수 있게 되었다. 학생들은 도서관을 즐겨 찾았으며, 중분류를 이해하고 책 마을을 탐방하면서 새로운 책을 발견하는 기쁨을 공유하였다.

학생들이 도서관의 시스템을 알고 활용하는 기능이 생기면서 도서관 곳곳을 거침없이 누비고 즐기게 되었다. 아쉽게도 학년 말에 학교 도서관이 리모델링 공사를 시작하면서 이용하지 못하게 되었을 때 시립 도서관 이용을 안내하였다. 학급 친구들과 함께 시립 도서관에서 책을 찾을 때 학생들은 이미 자신이 한국 십진분류표를 활용하는 능력을 갖추었음을 확인하였다.

"평소에는 도서관이 그리 달갑지 않았는데 십진분류표를 배우고 나니 도서관을 나오면 그립고 들어가면 계속 있고 싶은 느낌이 들었다. 세상에 도서관이란 존재는 소중한 것 같다."라고 책 선택 학습을 성찰한 아이의 글을 읽고 '세상의 모든 도서관'을 선물한 기분을 느꼈다.

독서 교육에서 독서의 즐거움을 알게 하는 것 못지않게 도서관을 활용하고 책을 선택하는 기능을 기르는 것이 필요함을 인식할 수 있었다. 책 선택 학습은 학생들에게 세상의 모든 도서관을 선물하는 멋진 방법이다.

— 순천 ○초등학교 김 교사 인터뷰

나. 독서 영역의 확장

책을 많이 읽는 학습 독자라 하더라도 책의 수서 기준을 알지 못하고 그동안 자신이 즐겨 찾는 서가만을 줄곧 이용하였음을 인식한 독자가 많았다. 광범위하고 다양한 책의 분류 체계를 이해하면서 그동안 자신이 특정 분야에 편독하였고, 읽기에 쉬운 학습 만화에 집중하였음을 비로소 깨달은 학습 독자가 많았다.

교과 독서 상황에서 성공적으로 책을 선택한 경험(학교 도서관이기 때문에)을 통해 "달리기에 관한 책이 있다는 것을 처음 알았다.", "그런 책은 없을 줄 알았는데 있었다."고 반응하였다. 학습 독자들은 이제, "내가 원하면 그 책은 거기에 있다"고 한다.

교과 독서 상황에서 학습 독자는 주제 분야별로 선택의 범위를 초점화하여 도서관 서가를 탐색하는 중에 자신들의 관심과 흥미에 맞는 주제와 분야를 새롭게 발견하기도 한다. 한편으로 도서관에서 책이 수서된 공간을 분야별로 나누어 이용하게 되므로 선택 범위를 한정하고 인지 부담을 줄이면서 광범위한 영역의 책이 수서되는 원리를 개념적으로 이해하고 활용하게 된다.

교과 독서를 통한 정보책 독서는 정보 수집이라는 독서 목적이 분명하다. 그러므로 독자 중심의 책 선택 과정에 대한 성찰과 공유를 통해 학습 독자는 새로운 관심과 흥미를 발견하게 된다. 그리고 동료의 성찰과 공유를 통해서 독자 중심으로 책을 선택하고 읽는 과정에 나타나는 새로운 관점을 발견하고 이해하게 된다. 서로 상이한 배경지식을 가진 문식 공동체에서 나타나는 독자의 관점과 작가의 관점이 상호 작용하는 과정을 학습하게 된다.

학습 독자는 이 과정에서 문식 공동체의 비계(scaffolding)에서 상호 텍스트성을 발견하며 관심 분야를 확장하면서 독서 영역을 확장해 나갈 수 있다.

학생의 반응

책 선택 학습을 하고 성찰을 공유할 때 4학년 학생이 "동물에 관한 책이 있다는 걸 처음 알았어요. 동물에 관한 책을 찾아서 읽어 보고 싶어요."라고 말하였다. 그 학생은 수업 시간 내내 자꾸 옆 친구가 선택한 책을 기웃거렸기에 동물책을 좋아하는가 보다라고 생각했었다. 면담 결과 집에 책이 거의 없으며 부모님이 그림책을 읽어 준 경험도 갖지 못한 학생이었다.

독서의 가치를 믿는 사람들은 어린아이가 집에서 갖는 책장의 규모가 세상의 규모가 된다고 생각한다. 그래서 자녀가 어릴 때부터 책으로 집 안을 채우고, 자녀와 함께 도서관 나들이를 하며 집으로 책을 나른다. 가정에서 독서 환경을 가지지 못하는 학생들도 주도적으로 도서관을 활용하는 방법을 익혀서 학교 도서관이 그 학생의 서가가 될 수 있도록 지도할 필요가 있다.

다. 성공한 독서 경험과 독자 효능감 발견

교과 독서의 주제는 다양하기 때문에 도서관 서가를 두루 살피면서 자신에게 맞는 책을 선택하면 도서관 공간을 익숙하게 다룰 수 있는 자신감이 길러진다. 교과 독서의 독서 목적에 적합한 책을 찾아 성공적인 책 선택과 독서를 경험한 학습 독자는 자신이 원하는 책을 찾을 수 있는 기술을 가지고 있다는 독자 효능감을 나타냈다.

정보책 찾기 플랜 ABC를 활용하면 책 선택을 실패할 가능성이 거의 없을 뿐만 아니라 독자의 관심과 흥미에 맞는 책을 2권 이상 선택하게 된다. 독자의 읽기 목적과 독서 수준에 맞는 책을 여러 권 선택하여 읽으면서 학습 독자는 책 선택뿐만 아니라 독서에 대한 자신감까지 나타냈다.

학생의 반응

"이제 나는 『완역 파브르 곤충기』를 읽을 준비가 되어 있다."

주제별로 책을 분류해 놓은 KDC를 활용하면 독자의 수준에 맞는 책을 선택하기가 수월함이 발견되었다. 학습 독자들은 더 빨리, 더 재미있는 책을 찾을 수 있다고 했는데 주제 분류 서가에서 여러 권의 책을 살피면서 자신의 독서 수준에 따른 책의 난이도를 파악하기가 수월했기 때문이다.

'곤충'에 관한 책을 좋아한 이 학생은 곤충책 분류 서가에서 자신의 독서 능력에 맞는 곤충책을 선택하여 읽어 나갔다. 독자의 수준에 맞는 책을 선택하여 읽는 성공적인 독서 경험은 긍정적인 독서 태도를 향상시키면서 책의 난도를 높여 가게 한다. 그리고 드디어 자신이 목표했던 『완역 파브르 곤충기』를 읽을 수 있도록 독서 능력이 신장되었음을 스스로 인식하였다.

이는 독자가 자신의 읽기 수준과 읽기 능력의 향상도를 스스로 파악할 수 있게 되었음을 의미한다. 독서 능력에 맞는 책을 선택하여 읽으면서 학문적 문식성이 길러졌음을 깨달으면서 자신의 독서 능력의 진화를 깨닫고 독자 효능감이 길러졌다.

책 선택 학습을 진행할수록 '목차 읽기'와 '연관 짓기'에 대한 학습 독자의 뜨거운 반응을 발견할 수 있었다. 학습 독자는 해당 중분류 서가를 찾아가 주제에 맞는 책을 탐색할 때 제목과 표지를 훑어보고 목차 읽기를 하는 과정에서 책과 자신을 연관 지으면서 독서를 시작하였다.

학습 독자는 목차 읽기를 통해 책의 내용을 쉽게 파악하고 원하는 책을 정확하게 고를 수 있다고 하였는데 책에 대한 관심과 흥미를 새롭게 발견하기도 했다. 목차를 읽으면 그 책을 던질지, 안 던질지 결정하기 수월하다고 하면서 독자의 관심과 흥미 그리고 독서 수준을 연관 짓고 있었다.

　목차 읽기를 통해 발췌독을 경험하면서 짧은 시간에 중요하고 좋아하는 부분을 읽을 수 있게 되었다고 평가하였다. 발췌독을 통해 다문서 읽기를 하고, 읽을 순서를 결정하여 읽는 독자 중심의 독서 경험을 새로운 독서 방법으로 받아들였다. 특히 한 권의 책이 아닌 두세 권의 책을 한꺼번에 선택하여 주도적으로 다문서 읽기를 하는 동안 학습 독자는 책에 드러난 작가의 관점에 대해 이해하게 되었다. 다문서 읽기는 관점이 하나일 수 없고 대표될 수 없다는 것을 인식하기에 적합한 읽기 방법이다.

　목차 읽기에 익숙해지면서 담화 구조에 대해 인식하고 목차 응집성을 파악하게 되었다. 목차 응집성을 활용하여 자신의 독서 목적과 관심, 능력에 따라 읽을 순서를 결정하면서 학습 독자는 자신이 독서를 조절하고 있다고 인식하였다. 독서와 자신을 연결시키는 주도적 독서 경험을 통해 학습 독자는 자신을 깊이 이해하고 성찰하게 되었다. 독자 중심으로 '읽고 싶은 순서를 정하여 읽기'는 자신을 독서와 연결하면서 자신에 대해 깊이 이해하고 표현하게 한다.

학생의 반응
- 내가 읽고 싶은 순서 정하여 읽기

동물도감[37]의 목차 읽기
① 가장 먼저 읽고 싶은 챕터는?
　- 2장 가족과 함께 있으면 우울해
② 챕터의 소제목을 보고 연관 짓기

---

37 『세상에서 가장 재미있고, 불쌍하고, 놀라운 동물도감』, 살림어린이, 2021.

- 요즘 제가 가족과 함께 있으면 우울하다고 느끼는데 동물들도 그런지 읽어 보고 싶어요.

라. 기대 효과

책 선택에 필요한 리서치 기능은 학습 독자가 독자 중심의 독서를 계획하고 조절할 수 있다는 자신감을 바탕으로 주도적인 독서를 뒷받침한다. 따라서 교사는 교과 독서 상황에서 한국 십진분류표 전략을 활용하여 독자의 관심과 흥미, 학습 수준에 맞는 책을 선택하도록 지도하면서 독서의 영역을 확장시킬 수 있다. 이때 한국 십진분류표와 실제 도서관을 연결하기가 핵심이 되어야 한다.

책 선택 공간을 다루는 기술을 가지고 있다는 자기 효능감은 책 선택과 독서에 대한 자신감으로 나타난다. 학습 독자는 청구 기호를 책 선택에 필요한 새로운 지식으로 받아들인다. 그러므로 책 선택 학습에서 교사는 항상 학습 독자가 선택한 책으로 청구 기호를 이해하도록 안내할 필요가 있다. 실제 책 표지에 붙은 청구 기호 표식과 도서관 책 배열이 일치하는 점을 이해할 때 학습 독자는 책을 선택하는 공간 활용에 대한 자신감을 얻는다. 또한 청구 기호에 포함되는 저자 기호의 의미를 알면서 책이 작가의 저작물로서 갖는 지위에 대해 명확히 인식하게 된다.

다양한 책을 탐구할 때 문식 공동체에서 독립적이고 협력적으로 성찰하는 학습의 효과가 나타났다. 학습 독자는 문식 공동체에서 자신의 독서 경험을 성찰하고 독서 과정을 공유하면서 자신을 표현하는 의사소통 기능이 향상되었다. 성찰의 과정을 경청하면서 다양한 책이 있음을 인식하였고, 새로운 관심과 흥미를 발견하여 다양한 책을 찾아서 읽는 독서로 확장해 나갔다.

따라서 책 선택 학습에서는 교과 독서 상황에서 배경지식을 활성화하고 성찰과 공유를 통하여 상이한 배경지식과 관점을 만날 수 있도록 학습을 구성해 나가야 한다. 이를 통해 독서 과정에서 작가의 관점과 독자의 관점이 상호 작용함을 인식하도록 지도할 수 있다.

그리고 목차 읽기의 효과를 살려 학습 독자가 다양한 책의 목차 읽기를 하면서 책마다 다른 담화 구조에 따라 읽기 방법이 달라진다는 것을 개념적으로 이해하도록 지도한다. 국어과에서 학습한 읽기 방법을 적용하여 읽도록 지도[38]하면서 읽기 기능을 신장시킬 수 있다. 읽기 기능이 신장되면서 초급 독자가 책 선택과 독서에서 읽기 전략을 활용하여 독서를 조절하는 능력이 진화되고 있음을 인식할 수 있도록 한다. 그래서 향후 읽기 학습을 통해 학습한 읽기 방법을 적극적으로 활용하여 실제적 읽기에 적용해 나가는 태도를 기르도록 중점을 둘 수 있다.

---

[38] 충분한 양의 다양한 글 읽기는 제한된 자료를 사용하는 것보다 읽기 기능을 향상시킨다. 글마다 다른 읽기 전략이 있을 수 있지만, 충분한 양의 다양한 글을 읽기에 한 가지 전략을 사용하여 기능화할 수 있다(Anne Polselli Sweet·Catherine E. Snow, 2003).

4장 주제 통합 자료 검색

　주제 통합 자료 검색 전략은 온라인 도서관 공간에서 책을 검색하는 전략으로 도서관에서 책을 찾기 전에 우선적으로 온라인 도서관 자료 검색으로 1차 책 선택을 할 때 사용한다. 온라인 도서관의 검색 시스템을 활용하여 독자의 읽기 목적에 따라 자유 독서와 교과 독서 상황에서 초점화하는 전략이다.

　책 선택 학습에서는 주제 통합 자료 검색 전략을 독자 자기 점검 전략과 함께 사용하여 온라인 도서관에서 도서를 검색하고 난 후에 이어서 한국 십진분류표 전략과 북매치 전략을 점진적으로 활용하도록 한다.

　주제 통합 자료 검색 전략은 온라인 도서 검색 프로그램을 이용하여 독자가 찾고자 하는 주제에 관한 책을 우선 검색하는 전략이다. 이 전략은 오프라인 도서관에서 한국 십진분류표 전략을 활용하는 방법과 유사하다. 온라인의 특성상 선택의 범위를 초점화하는 데 수월하다는 장점을 가지고 있으며 한국 십진분류표를 사용하기 때문에 한국 십진분류표 전략을 내면화하는 방법으로 사용한다.

전략	선택의 초점화	책 선택 요인	독서 상황	독서 방법	주요 학습 요소	주요 학습 중점
주제 통합 검색 전략		맥락적 요인 (상황 맥락)	교과 독서	주제 통합 중심 독서	다양한 책 읽기	세상의 문제에 대한 관심 갖기

1 학습 중점

가. 상호 텍스트성을 살려 읽기

책 선택 학습에서는 자유 독서와 교과 독서 상황에서 다양한 문학책과 정보책을 찾고 읽는 방법을 지도한다. 궁극적으로 다양한 책의 상호 텍스트성을 살려 책을 선택하여 읽는 방법을 지도하기 위함이다.

주제에 관련된 둘 이상의 텍스트를 선택하여 읽는 다문서 읽기도 상호 텍스트성을 살리는 읽기 방법이다. 학습뿐만 아니라 일반적인 독서도 주제를 중심으로 하여 복수의 텍스트를 비교, 대조, 분석, 통합하는 방식으로 이루어진다. 다양한 지식을 융합하고 복합하여 창조하는 시대에 단일 텍스트 읽기에 머무르지 않고 주제를 중심으로 다양한 텍스트를 통합적으로 읽는 독서가 필요하다.

독서가 의사소통 과정임을 생각할 때 독서는 늘 이전의 독서와 상호 텍스트성을 고려하여 다양한 책을 읽어 가면서 의미를 해석해 가는 과정이다. 그런 의미에서 독자가 특정한 주제를 중심으로 다양한 책을 검색하고 읽기 위해서는 상호 텍스트성을 고려한 책 선택 방법이 필요하다.

나. 주제 통합 독서와 신토피콘

주제 통합 독서 또한 주제 중심으로 상호 텍스트성을 살리는 독서 방법이다. 주제 통합 독서는 특정 주제에 대하여 종합적이고 균형적인 관점을 형성하게 하고 더 나아가 문제 사태에 대한 효과적인 해결책을 스스로 탐색하게 함으로써 문제 해결력을 향상시키는 데까지 이어진다. 또한 복수 텍스트를 다루면서 비교, 분석, 통합이라는 지적 노력을 수행하는 동안 다양한 분야의 표현들에 익숙해질 수 있는 것과 같은 부수적 학습 효과를 나타낼 수 있다.

Adler(1972)는 『How To Read a Book(독서의 기술)』을 통해 창조적·생산적인 독서를 할 수 있도록 독서의 규칙과 태도를 서술하였다. 그는 독서를 수준에 따른 4단계로 구분하였는데, '초급 독서', '점검 독서', '분석 독서', '신토피컬 독서'이다.

가장 고도의 수준인 '신토피컬 독서'는 가장 복잡하고 조직적인 독서법으로 비교 독서법으로도 볼 수 있다. 신토피컬로 읽는다는 것은 한 권뿐만 아니라 하나의 주제에 대하여 몇 권의 책을 서로 관련지어서 읽는 것을 말한다. 이는 단순히 각 텍스트를 비교하는 것에만 그치는 것이 아니라 책에 쓰여 있지 않은 주제를 독자가 발견하고 재구성할 수 있는 가장 적극적인 독서법이라고 할 수 있다.

주제별 통합 독서의 영어 표현인 'syntopical reading'에서 syntopical은 '함께 또는 합성'을 뜻하는 'syn-'과 '화제 또는 주제'를 뜻하는 'topic'이 합쳐진 복합어이다. 따라서 신토피컬은 주제나 화제를 통합한다는 의미를 갖는다고 할 수 있다. 여기서 주제나 화제를 통합하기 위해서는 어떤 분야의 다양한 관점이나 다양한 분야 또는 장르를 필요로 한다. 즉 하나의 주제를 중심으로 그 주제를 다루고 있는 인문, 사회, 자연, 예능 등 모든 분야를 통합적으로 읽는 것이 신토피컬 리딩, 즉 주제별 통합 독서이다. 독자가 선정한 주제(화제)에 맞는 관련된 독서 자료를 검색한 후, 자신이 읽을 책의 목록인 신토피콘을 작성하는 것은 주제 통합 독서의 시작이라고 할 수 있다. 이때 독자가 작성하는 신토피콘은 주제(화제)에 대한 다양한 관점이나 장르를 모두 한꺼번에 작성할 수도 있으나, 선택한 책을 읽고 난 후 상호 텍스트성을 살려 다음 책을 선택해 나가며 신토피콘을 작성해 나갈 수도 있다. 즉 신토피콘은 주제를 통합해 가는 독서의 과정에서 독자가 자신의 독서를 주도적으로 조절해 가는 과정을 포함한다고 할 수 있다(박정진, 2014).

다. 온라인 시스템 리터러시

가장 고도의 독서 수준이라고 하는 신토피컬 독서에서는 독자가 자신의 주제를 정하고 자신이 읽을 책 목록을 스스로 작성해야 함을 강조하고 있다. Adler가 『위대한 저서』[39]를 정리하고 그 저서를 주제별로 읽을 수 있는 색인 목록으로 신토피콘을 만들었던 때에는 자료에 접근하는 방법이 몇 권의 색인 목록으로 가능하던 시대였다.

---

39 『위대한 저서』와 신토피콘: 시카고 대학과 브리태니커 백과사전이 함께한 『위대한 저서(The Great Books of the Western World)』 백과사전화 작업이 있다(Adler, 1966:ix). 이것은 100여 명의 학자들이 8년 동안 철학, 문학, 신학, 사회 과학, 자연 과학 등의 분야를 망라하여 54권의 전집(저자 74명, 작품 443편)으로 개발한 것이다. 1952년 발행된 초판의 경우에, 그 54권 중 아들러가 주도한 2, 3권이 『위대한 아이디어(Syntopicon) 4』이다. 신토피콘을 활용한 독서 수준을 독서의 네 번째 수준인 '주제별 통합 독서(신토피컬 리딩)'로 명명하였다(이병기, 2012).

더 이상 『위대한 저서』를 전제로 하지 않은 시대[40]에서 독자가 자신의 신토피콘을 만드는 능력은 매우 중요하다. 분초 단위로 바뀌어 가는 정보에 접근이 가능한 시대에, 정보화 시스템을 활용하여 목적에 맞는 정보에 접근하는 리서치 기능이 요구되는 시대이다. 주제 통합 독서를 위한 신토피콘을 작성할 때에도 고도로 정보화된 시스템을 활용하는 능력이 필요하다.

신토피콘을 작성하는 데서부터 시작하는 주제 통합 독서의 특성을 고려할 때 독자의 읽기 수준에 맞게 상호 텍스트성을 고려하여 신토피콘을 만들 수 있다면 초급 독자도 스스로 주제를 선택하고 읽는 주제 통합 독서를 할 수 있다.

초급 독자가 방대한 도서관 자료를 주제 중심으로 선택하기 위해서 온라인 도서관 자료 검색을 활용할 수 있다. 온라인 자료 검색은 검색 조건을 활용하여 효율적으로 다양한 관점과 장르의 책을 검색하고 특징을 파악하여 신토피콘을 작성하는 데 도움을 줄 수 있다. 온라인 도서관 자료 검색 방법을 활용하여 상호 텍스트성을 가진 자료를 빠르게 검색할 수 있다. 인터넷과 디지털이 일반화된 정보화 시대에 온라인 도서관 시스템을 활용하여 주제 중심으로 상호 텍스트를 선정하는 방법은 초급 독자들이 어렵지 않게 온라인 시스템 리터러시를 기르는 방법이다.

---

40 신토피컬 독서는 『위대한 저서』를 전제로 한 것이 아니라 독자가 직접 주제와 관련된 자료를 선정하고, 선정한 자료를 대략 훑어보면서 토픽 리스트, 즉 신토피콘(syntopicon)을 만들고 신토피콘에 따라서 여러 책을 동시에 읽을 수 있는 방법을 제시하고 있다(이병기, 2012). 『위대한 저서』(1990년 제2판 발행)의 시대로부터 정보량이 기하급수적으로 변하고 있다. 정보의 접근 방법이 『위대한 아이디어 syntopicon』 2권만으로는 불가능한 정보화 시대에서 독자는 자신의 신토피콘을 스스로 만들어야 한다.

온라인 책 선택 단계는 인터넷 서점과 공공 도서관의 온라인 프로그램을 활용하여 폭넓게 이루어지고 있다. 그러나 초등학생 독자들은 온라인 프로그램을 이용하여 이미 제목을 알고 있는 책을 검색하기만 할 뿐 읽고 싶은 책을 찾기 위한 방법으로 사용하지 않는다(정진수, 2011).

관찰 결과 초등학생들은 온라인 도서관 자료 검색 프로그램을 활용하여 책을 찾는 방법을 잘 알지 못하고 있으며 단순하게 온라인 도서관 자료 검색으로 책의 청구 기호를 찾아 사서(교사)에게 책을 찾아 달라고 요청[41]하기 위해 사용하고 있다.

온라인 도서관 자료 검색 능력은 도서관의 시스템을 활용하는 시스템 리터러시에 해당한다. 그런데 전 국민이 인터넷과 스마트폰을 활용하여 정보를 검색하는 능력을 가지고 있음에도 정작 학교 온라인 도서관에서 자료를 검색하는 방법에 대해서 지도하지 않고 있다.

책 선택 학습에서는 온라인 도서관의 시스템을 활용하여 독자의 독서 목적에 따라 책을 선택하는 방법을 지도하면서 시스템 리터러시를 길러 나간다. 온라인 도서관 자료 검색은 주제, 저자, 분류 등으로 검색 범위를 한정하므로 조건에 따라 책 선택의 범위를 줄일 수 있다. 게다가 온라인의 특성상 검색 결과가 재빠르게 제시되며 많은 자료를 효율적으로 확인할 수 있는 점에서 효과적이다.

---

41 고전적으로 청구(請求) 기호는 사서에게 책을 요청(call)하기 위해 사용했기 때문에 'Call Number'라고 불렀다. 도서관에서 소장 자료를 구분하고 수서하는 기준이기에 기본적으로 도서관의 이용자가 책을 청구하기 위해서는 읽고자 하는 책 제목에 맞는 청구 기호를 찾는 방법을 알아야 했다.
지금은 도서관 시스템이 디지털로 시스템으로 변환되어 있기에 훨씬 수월하게 자료를 검색할 수 있다. 따라서 디지털 시스템을 활용하여 다양한 검색 조건으로 책을 검색한다면 독자에게 적합한 책을 잘 찾을 수 있다.

기본적으로 온라인 도서관은 한국 십진분류표 체계로 이루어진 오프라인 도서관과 모든 자료가 일치한다. 따라서 한국 십진분류표를 활용하여 온라인 도서관에서 검색된 자료의 분야를 파악할 수 있다. 검색된 청구 기호를 사용하여 학교 도서관에서 책을 찾을 때에도 한국 십진분류표를 활용하게 되므로 도서관을 활용하는 시스템 리터러시를 기를 수 있다.

　근래에 우리나라 학교 도서관은 온라인 도서관 운영 체계로 '독서 교육 종합 지원 시스템'[42]을 사용해 왔다. 이 독서 활동 지원 시스템은 학교 도서관에 있는 모든 책에 대한 정보를 다루고 있으며, 사서(교사)는 학교 도서관에 구입하는 자료를 정리하고 책을 대출과 반납 업무를 하는 기능으로 사용한다. 그리고 학생들은 이 시스템으로 학교 도서관에 있는 도서 자료를 검색할 수 있으며, 교사는 학생들의 독서 활동 이력을 지원하고 관리할 수 있다.

　학생들 대부분은 '독서 교육 종합 지원 시스템'과 같은 온라인 도서관을 활용하는 프로그램이 이 인터넷 웹사이트라는 것을 알지 못했다. 주로 학교 도서관 검색대에 제공하는 컴퓨터에서 제목을 검색하는 범위로 안내되고 사용해 왔기 때문이다. 독자는 다양한 책을 찾아 읽기 위해서 온라인 도서관 시스템에 접근하고 활용하는 방법을 익혀 시스템 리터러시를 기를 필요가 있다. 각종 스마트 기기에서 '온라인 전자 도서관

---

[42] 지금까지 학교 도서관 시스템과 독서 교육 시스템으로 활용되었던 '독서 교육 종합 지원 시스템'의 체계가 2024년 3월에 '독서로'(https://read365.edunet.net)로 전면 개편됨에 따라 기존에 학교에서 사용하던 '독서 교육 종합 지원 시스템'의 학생 자료가 '독서로'로 이관(2024년 6월 30일까지)되고 있다. 따라서 이 장에서는 '주제 통합 자료 검색'의 방법으로 지금까지 온라인 도서관 프로그램으로 사용하였던 '독서 교육 종합 지원 시스템'(https://reading.ssem.or.kr)의 자료와 함께 '독서로'의 활용 방법도 함께 안내한다.

프로그램'을 활용하여 제목뿐만 아니라 다양한 검색 조건으로 책을 검색할 수가 있다. 학교에서는 새로운 프로그램인 '독서로'를 적용하는 시기인 만큼 학생들이 '독서로'에서 '온라인 자료 검색' 방법을 익히기에 적기라고 할 수 있다.

2 주제 통합 자료 검색 – 독서로

가. 온라인 도서관 자료 검색 방법

학생들이 온라인 도서관에서 자료 검색을 하기 위해서는 먼저, '우리 학교 온라인 도서관'의 문을 여는 방법을 알아야 한다. '독서로'에 접속한 후 '우리 학교 도서 검색' 항을 찾는다. 그 항에서 지역과 학교 이름을 찾아서 연결한 곳이 우리 학교의 온라인 도서관이다. '독서로'에서는 학교의 독서로 주소를 복사하여 컴퓨터 바탕화면에 '자료 검색 바로 가기'를 생성하는 방법을 안내하고 있다. 한편으로는 학교 홈페이지에 바로 가기 배너를 걸어 둔다면 학생들이 '우리 학교 온라인 도서관'에 가장 쉽게 연결할 수 있을 것이다. 온라인 자료 검색을 할 때 교사와 함께 그 배너를 활용해 본다면 학생들은 손쉽게 학교 온라인 도서관의 문을 열고 들어갈 수 있다.

온라인 자료 검색 방법을 안내하기 위해서는 교사는 교사가 먼저 온라인 자료 검색 방법을 익숙하게 다룰 수 있어야 한다. 자료 검색 조건에 따라 검색되는 책이 달라지기 때문에 검색창의 조건을 차례로 이용하고 특징을 파악해야 한다.

[그림 24] 독서로

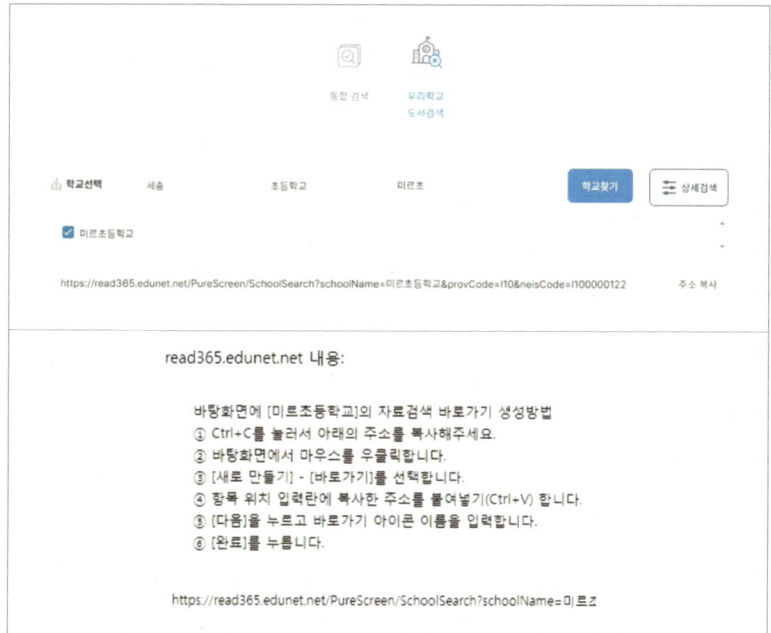

학습 독자가 온라인 자료 검색 방법을 처음 익힐 때에는 새로운 주제로 검색하기보다는 학습 독자가 선택하여 읽은 책의 서지 정보를 활용하도록 지도할 필요가 있다. 학습 독자가 가지고 있는 책의 서지 정보를 검색 내용과 연관 지으면 학교 도서관과 온라인 도서관의 시스템을 잘 이해할 수 있다.

학생들이 좋아하는 책 제목 '강아지 똥'으로 도서 검색을 하면 아래와 같이 자료가 검색된다. 그림책 『강아지 똥』과 상호 텍스트성을 가진 책이 검색됨으로써 독자들이 상호 텍스트성을 이해하는 데 도움이 된다. 이때 교사는 책을 한 권씩 살펴보면서 한국 십진분류의 주제 분류와 연결 지어서 설명함으로써 시스템을 활용하는 방법을 지도한다.

[그림 25] 독서로

우리학교 도서검색 (미르초등학교)

전체 | 강아지똥

전체 7 | 단행본 7 | 멀티미디어 0 | 전자책 0

전체 7건 중 7건의 검색결과 [키워드: 강아지똥]

단행본
(노래하는) 강아지똥
백창우 쓰고 만들 저자(글)
길벗어린이 · 2012 · 미르초등학교
도서관 673.311 백82ㄱ
0000001223

단행본 인문
강아지똥 할아버지
창주식 지음;최석운 그림 저자(글)
사계절출판사 · 2011 · 미르초등학교
그림책 813.8 장76ㄱ 도서관
0000000666

단행본
강아지 똥
권정생 글;정승각 그림 저자(글)
길벗어린이 · 2012 · 미르초등학교
그림책 813.8 권74ㄱ c.4 도서관
0000005717

단행본
강아지 똥
권정생 글;정승각 그림 저자(글)
길벗어린이 · 2012 · 미르초등학교
그림책 813.8 권74ㄱ   도서관
0000000664

단행본 어린이
강아지똥 권정생 동화의 꽃을 피...
전신애 글;이상권 그림 저자(글)
청어람미디어 · 2011 · 미르초등학교
991.1 전58ㄱ c.2 도서관
0000005318

단행본 어린이
강아지똥 권정생 동화의 꽃을 피...
전신애 글;이상권 그림 저자(글)
청어람미디어 · 2011 · 미르초등학교
991.1 전58ㄱ 도서관 0000000351

[그림 26] 독서로

권정생의 『강아지 똥』을 선택하면, 책에 관한 정보인 서명, 출판사, 발행 연도, 소장처, 청구 기호, 도서관 등록 번호가 나타나고 카테고리 분류와 한국 십진분류 사항이 보인다. 그리고 책에 대한 소개와 같은 주제의 책을 소개하는 항이 보인다.

자료 검색창의 검색 조건을 지정하고 학생들이 현재 읽고 있는 책과 관련하여 '전체', '서명', '저자', '발행자'를 검색 조건으로 하여 검색 결과를 확인하면서 활용 방법을 익히도록 한다. 학습 독자들은 온라인 자료 검색으로 순식간에 많은 책이 검색되는 것을 놀라워하며 검색 조건에 따라 검색 결과가 달라지므로 연관 검색어를 잘 선택해야 함을 금세 파악한다.

온라인 자료 검색 방법을 활용하면 상호 텍스트성을 가진 다양한 책을 연관 지어 선택하도록 지도할 수 있다. 예를 들어, 좋아하는 작가로 검색을 한 후 검색된 책을 출판 연도별로 정렬해 볼 수 있다. 또는 좋아하는 책과 비슷한 제목이나 장르의 책에 대한 연관 검색어를 찾아서 검색할 수 있다.

학습 독자들에게

여러분은 온라인 도서관 자료 검색을 어떻게 사용하고 있나요? 제가 관찰하기에 대부분의 학생들은 제목을 알고 있는 책을 찾으려고 검색창에 책 제목을 넣고 검색된 청구 번호를 메모하여 서가에 가서 책을 찾습니다. 이렇게 알고 있는 책 제목의 위치를 찾는 방법으로 사용할 수도 있고, 알고 싶은 '주제'에 관해 어떠한 책들이 있는지 새로운 책을 검색할 수도 있습니다. '독서로'에서 '주제'에 관한 책을 검색하는 방법을 살펴봅시다.

우선 여러분은 '독서로'에 접속을 해야 합니다. 이 시스템은 웹사이트로 제공되기 때문에 여러분이 아무데서나 인터넷을 연결하여 컴퓨터, 태블릿, 핸드폰에서 사용할 수 있습니다. '독서로'의 웹사이트 주소를 여러분이 사용하는 기기에 즐겨찾기를 해 두고 편리하게 사용해 봅시다.

자! 드디어 여러분이 학교 도서관에서 자료를 검색할 때 사용하는 화면이 나왔습니다. 이제 책을 검색하는 방법을 알아봅시다.

여러분이 사회 시간에 학습한 주제인 '의식주'에 대하여 알고 싶다면 자료 검색창에 가장 위 칸에 '전체'라고 설정된 부분에 '의식주'를 넣고 검색을 합니다. 이번에는 자료 조건을 '서명'으로 설정한 후에 '의식주'

[그림 27] 독서로

단행본
지혜로운 주생활
김미조 글;양수민 그림 저자(글) 다림
2021 미르초등학교 549 김38 ㅈ
도서관 0000027500

단행본
어휘력 - 의식주
박혜숙 글;박기종 그림 저자(글) 성우
2019 미르초등학교 710 신53 v.13
도서관 0000023024

단행본
의식주
[성우주니어편집부] 편저 저자(글)
성우주니어 2017 미르초등학교 308
신53 v.7 c.2 도서관 0000022169

단행본 어린이
우리나라 오천년 이야기 생활사 ...
원명주 글;청진희 그림 저자(글)
계림북스 2013 미르초등학교 911
원64ㅇ v.1 도서관 0000007941

단행본 어린이
(재미있는)의식주 이야기
김현숙 글;조봉헌;김창희 [외] 그림 저자(글)
가나 2013 미르초등학교 082
신36 v.23 도서관 0000010306

단행본
손에 잡히는 사회 교과서 16: 의...
신생화;이종하;김소정;이슌 글;신명근 그림
저자(글) 길벗스쿨 2010
미르초등학교 375.43 길44ㅅ v.16
도서관 0000002174

를 넣고 검색을 해 봅시다. 검색된 자료 수가 달라진 것을 알 수 있습니다. 검색창의 설정에 따라 검색 결과가 달라지는데, 여러분이 검색 방법에 익숙해지면 더 잘 활용할 수 있을 것입니다.

우리 학교 도서관에 있는 '의식주'와 관련된 책들이 검색되었지요? 책 표지가 사진으로 나타나고, '제목, 저자, 출판 정보(출판사와 출판된 해), 청구 기호, 소장하고 있는 곳' 등의 안내가 나옵니다. 검색된 도서를 한 권씩 클릭하여 자세하게 살펴봅시다.

[그림 28] 독서로

○ 주제 분류 살피기

온라인 검색으로 책을 선택할 때에는 먼저 그 책이 어떤 학문 분야인지를 살필 필요가 있습니다. 저기 '카테고리 분류'와 '한국 십진분류'를 표시해 두었네요. 보통 청구 기호를 살피면 책의 대분류를 금세 파악할 수 있어요. 청구 기호를 보니 000번 총류와, 900번 역사 분류네요. 어느 특정 학문 분야로 분류하지 못할 때 총류에 분류됨을 생각하면서 청구 기호를 활용해 볼 수 있습니다.

여러분은 검색한 책의 청구 기호를 확인하면서 자신이 읽고 싶은 분야와 장르에서 책을 선택할 수 있습니다. 그러므로 독자는 책을 선택할 때마다 자신이 선택한 책으로 한국 십진분류의 대분류의 분류 사항을 익혀 갈 필요가 있습니다.

○ **청구 기호 해독하기**

독자 여러분은 청구 기호가 무엇인지 알고 있나요? 청구 기호는 그 책이 도서관에 자리 잡은 주소와 같아요. 도서관에는 책이 아주 많기 때문에 우리 집을 나타내는 단 하나의 주소와 같은 체계가 필요합니다. 청구 기호는 앞서 배운 한국 십진분류법을 바탕으로 대분류, 중분류, 소분류 된 분류 기호에 저자 정보와 책 정보를 담아서 각 책마다 주소를 만듭니다.

청구 기호는 독자가 온·오프라인 도서관에서 사용하는 지식의 분류 체계를 이해하고 책을 선택할 때 필요합니다. 보통 청구 기호는 '한국 십진분류 번호 + 작가 정보 + 책 정보'로 이루어집니다. 『우리나라 오천 년 이야기 생활사』의 청구 번호인 '911 원64 ㅇ v.1'을 살펴볼까요?

'911'의 의미는 무얼까요? 대분류의 의미로 900번인 이 책은 역사 분류에 해당합니다. 중분류 의미로 910번대 아시아의 역사를 다룬다는 것을 나타냅니다. 우리나라는 아시아에 속해 있으니 이 책은 아시아의 역사책으로 분류됩니다. '911'은 더 자세한 세분류까지 나타낸 것인데 이것은 도서관에서 책을 관리하는 영역에서 세밀하게 다룹니다. 여러분은 이 세분류의 숫자 순서대로 책이 놓여 있음을 알고 활용할 수 있습니다.

　작가 정보를 나타내는 '원64'는 어떤 표시일까요? 눈치 챘나요? 바로 작가 원영주의 성인 '원'과 이름을 숫자화한 64의 조합을 나타냅니다. 다음으로 책 정보를 나타내는 'ㅇ v.1'의 'ㅇ'은 바로 책 제목 '우리나라 오천 년 이야기 생활사: 1 의식주 이야기'의 첫 글자의 '우'의 'ㅇ'을 나타냅니다. 그리고 이 책이 전집류(시리즈)의 첫 번째 책이란 뜻으로 'v.1(volume 1)'로 표시하였습니다.

○ 소장 정보와 출처 정보 확인하기

[그림 29] **독서로**

『어휘력-의식주』는 제목에서 알 수 있듯이 옷, 음식, 집에 관한 어휘를 다루는 책인가 봐요. 그래서 대분류 700번 대의 언어책으로 분류되어 있습니다.

　『손에 잡히는 사회 교과서 16』은 300번대 책으로 분류되어 있고 소장 정보를 보니 도서관에 같은 책이 3권이 있다고 합니다. 책 세 권의 청구 기호를 자세히 보세요. 같은 책인데 무엇이 다른가요? c2, c3의 c는 'copy'로 같은 책이지만 주소를 달리 할 때 씁니다. 두 번째 복본, 세 번째 복본이라는 뜻이에요. 그 앞에 v.16은 어떤 뜻일까요? 맞아요. 전집류의 16번째 책이란 뜻이랍니다. 아! 이 책의 작가 정보가 좀 이상하다고요? '375.43 길44ㅅ'에서 '길'의 의미를 모르겠다고요? 벌써 눈치 챘나요? 전집류처럼 집필에 참여하는 작가가 많을 때에는 출판사 명의 첫 글자를 쓰기도 한답니다. 어떤 의미에서 출판사도 책을 만드는 역할을 하기 때문에 작가 정보(출처 정보)에 넣을 수 있겠습니다.

　온라인 도서관에서 '의식주'에 관한 책을 검색하니 이렇게 다양한 분야의 책이 검색이 됩니다. 온라인 도서관에서 검색된 자료 중에서 독자의 관심을 끄는 책의 제목, 지은이, 청구 기호 등을 메모하여 도서관에 가서 직접 그 책을 찾은 다음 그 책이 독자에게 맞는 책인지 살펴봅시다.

　이때 온라인 자료 검색에서는 충분히 파악할 수 없었던 목차 읽기를 하면서 책의 특성을 파악하도록 합니다. 여러분이 관심을 가진 책이라면 두 권 이상의 책을 선택하여 읽어도 됩니다. 하나의 주제를 다루는 책을 두 권 이상 같이 읽는 독서를 다문서 읽기라고 합니다. 다문서 읽기를 하면 저자마다 다른 관점으로 표현한 책을 읽을 수 있습니다.

나. 신토피콘과 주제 통합 독서

온라인 자료 검색을 활용하여 교과 독서의 방법으로 주제 중심으로 책을 검색하여 다문서 읽기를 지도할 수 있다. 학습 독자는 다양하게 검색된 책 중에서 자신이 좋아하는 장르와 분류에서 책을 두세 권 선택하여 책을 읽으면서 다문서 읽기를 이해할 수 있다. 이때 정보 리터러시를 기르기에 중점을 둘 수 있다.

■ 정보 리터러시 기르기-information literacy
○ 제목/부제목 다루기
 - 부제목은 종종 제목보다 책의 내용에 대해 더 많은 것을 알려 준다.
 학습 독자가 온라인 자료 검색으로 검색된 서지 정보를 확인할 때 제목과 더불어 부제목(표제 관련)을 확인하도록 지도할 필요가 있다. 때로는 부제목이 더 많은 책 내용에 대해 더 많은 정보를 안내하고 있다. 온라인 검색 단계는 오프라인 도서관에서 책을 선택하기 전에 우선 검색 또는 1차 검색 단계로 활용되는데 같은 제목이라 할지라도 예상하는 독자 수준이 다르기 때문에 부제목을 자세히 확인하도록 지도한다. 온라인 자료 검색 단계에서 선택 범위를 초점화하는 방법이기도 하다.

○ 청구 기호 다루기
 이때 학습 독자는 온라인 도서관 자료 검색의 서지 정보를 활용하여 오프라인 도서관에서 직접 책 표지에서 찾을 수 있는 정보를 확인한다. 그리고 소장 정보에 해당하는 청구 기호를 활용하여 해당 책의 분류와 장르를 빠르게 확인한다. 청구 기호는 도서관 시스템에서 수서를 위해 활용하는 정보로 청구 기호를 활용하는 능력은 정보 리터러시에 해당하며 시스템을 아는 시스템 리터러시에도 해당한다.

주제 중심으로 선택한 다문서 읽기는 때로 다양한 분야의 책 읽기로 확대되면서 주제 통합 독서로 발전할 수 있다. 온라인 도서관 자료를 검색하면서 학습 독자는 주제 중심으로 검색되는 다양한 책을 점검하는 과정에서 다양한 영역의 책에 새롭게 관심을 갖게 된다. 그 과정에서 자연스럽게 주제 통합 독서 목록인 신토피콘이 만들어지고 주제 통합 독서를 하게 된다.

교과 연계 지도 사례

초등학교 3학년 과학과 단원 마무리 학습으로 교과 독서를 위해 다문서 읽기에 필요한 책을 선택하였다. 해당 모둠은 '혼합물의 분리' 단원에서 '소금'이 분리되는 과정에 대해 책을 찾아 읽기로 결정하였다.

[그림 30] **독서 교육 종합 지원 시스템**

모래소금
저자: 정종영 글;윤종태 그림
출판정보: 파란자전거 (2015)
청구기호: 813.8 파292 v.1
소장처: 도서관

바람과 태양의 꽃 소금
저자: 김성호 글;김영민 그림
출판정보: 미래아이 (2011)
청구기호: 458.63 김54ㅂ
소장처: 도서관

세상을 바꾼 다섯 가지 상품 이야기
저자: 홍익희 지음
출판정보: 행성비 (2015)
청구기호: A 909 홍68ㅅ
소장처: 도서관

소금 세계사를 바꾸다
저자: 마크 쿨란스키 글;S. D. 쉰들러 그림;안효상 옮김
출판정보: 웅진주니어 (2011)
청구기호: 909 쿨292ㅅ
소장처: 도서관

소금꽃나무
저자: 김진숙 지음
출판정보: 후마니타스 (2011)
청구기호: A 336.0911 김78ㅅ
소장처: 도서관

소금꽃이 피었어요
저자: 박상용 글;김천일 그림
출판정보: 보림 (2011)
청구기호: 380.911 솔14ㅂ v.19
소장처: 도서관

소금을 만드는 맷돌
저자 : 권규헌 글;이수희 그림
출판정보 : 꿈꾸는꼬리연 (2013)
청구기호 : 권장 388.111 권16ㅅ
소장처 : 도서관

소금이 온다
저자 : 보리지음;백남호 그림
출판정보 : 보리 (2021)
청구기호 : 472.5 보298ㅅ
소장처 : 도서관

 온라인 도서관 자료 검색창에서 '소금'을 입력하고 검색된 책 중에서 과학 단원의 학습을 마무리하기 위한 목적으로 400번, 500번 대분류의 책을 선택해 나갔다. 그러나 한 학습 독자는 '소금을 만드는 맷돌'이라는 제목을 신기하게 여겼고, 평소에 역사책 읽기를 좋아하는 학습 독자는 '소금 세계사를 바꾸다'라는 제목에 집중하였다. 모둠 토의 결과, 과학 분야의 책을 넘어서 문학, 사회, 역사 분야의 책까지 다문서 읽기 목록에 넣었고 함께 읽기를 해 나갔다.

 그 결과 '소금'에 대해 다양한 분야의 책을 선택하여 읽으면서 자연스럽게 주제 통합 독서를 해 나갔다. 학습 독자들은 주제 통합 독서를 통해 과학적으로 '소금'이 만들어지는 과정뿐만 아니라 '소금'의 가치와 희소성 등에 대하여 개념적 이해를 획득하였다. 이렇게 때로는 독자가 주제에 관하여 읽고 싶은 책을 모은 신토피콘이 주제 통합 독서를 이끌어 내기도 한다.

제안하기

온라인 자료 검색 방법을 사용하면 '주제'에 대하여 상호 텍스트성이 있는 다양한 책이 검색된다. 다양한 책 목록에서 자신의 관심과 흥미에 맞는 분야의 책을 선택하여 읽는 데 유리하며, 학생들은 검색된 책 목록에서 새로운 관심과 흥미를 발견하고 확장하는 데 효과적이다.

주제에 대하여 독자가 읽을 책을 다양한 분야에서 선택하는 활동은 자연스럽게 신토피콘을 작성하는 활동이며 주제 통합 독서를 이끌어 낸다. 따라서 주제 통합 독서를 이끌어 내는 온라인 자료 검색 방법을 학생들이 잘 활용할 수 있도록 지도할 필요가 있다.

학생들은 한국 십진분류의 대분류가 학문 분야의 분류임을 알고 활용할 필요가 있다. 자신이 좋아하는 분야가 무엇이며, 자신의 독서 목적에 맞는 책이 있는 대분류를 파악할 수 있어야 한다. 오프라인 도서관 서가에 대분류별로 책이 배열되는 것처럼 온라인 도서관에서 검색되는 책의 대분류를 이해하고 활용하도록 한다.

그런 의미에서 '주제 통합 독서'를 위해 '온라인 자료 검색'의 방법으로 '독서로'를 효과적으로 사용하기 위해서 몇 가지 개선점이 요구된다. '독서로'에서는 한국 십진분류를 활용하는 방법이 전체 자료로부터 대분류, 중분류, 소분류 단계를 지정하면서 검색하도록 되어 있는데, 한국 십진분류 체계를 잘 알지 못하는 학습 독자에게 어려운 방법이다. 특히 초급 독자에게는 온라인으로 검색된 책을 대분류 정도로 분류하여 활용하기가 적당하다.

온라인 자료 검색 방법은 빠른 시간에 많은 자료를 제시해 주는 장점이 있지만 검색된 자료가 많을 때는 책을 하나하나 살펴보아야 해서 인지부하가 발생할 수 있다. 따라서 '주제'에 의해 검색된 자료를 대분류 기준으로 정렬하는 기능이 있다면, 대분류별로 정렬된 자료의 특성을 빨리 알아채고 적합한 분류의 책을 선택하는 데 도움이 될 것이다.

특히, 학생들이 온라인 검색에서 1차로 선택한 책 목록을 바탕으로 도서관 서가에서 2차로 책을 선택하는 특성을 고려할 때 학교 오프라인 도서관에 있는 책등에 붙은 대분류 숫자로 한국 십진분류를 이해하는 학생들에게 맞추어 '독서로'에서도 대분류를 숫자로 병기해 줄 필요가 있다.

3 주제 통합 독서 방법

가. 함께 읽기

교과 독서 상황에서도 독자의 관심에 맞는 주제와 독자의 수준에 맞는 책을 선택하여 신토피콘을 만들면서 주제 통합 독서를 지도할 수 있다.

교사가 교육과정을 분석하고 재구성하여 선택한 주제를 뒷받침하기 위해 구성된 주제 통합 독서는 교과 독서를 뒷받침할 수는 있으나 학습자의 자기 주도적 독서 선택의 기회는 주어지지 못한다는 한계가 있다. 그러나 학습 독자가 주제 통합 자료 검색으로 신토피콘을 만든다면 주제 통합 독서가 가능하다.

그동안 학습 독자는 알고 있는 책의 위치 정보를 찾기 위한 목적으로 청구 기호를 검색하려고 온라인 자료 검색 시스템을 사용해 왔다. 온라인 도서관 자료 검색은 책 제목으로만 찾을 수 없는 주제 분류의 검색 결과를 보여 준다. 학습 독자는 교과 학습을 통해 얻는 배경지식을 바탕으로 연관 검색어를 활용하여 자료를 검색하고 분석하여 주제 통합 독서 목록 즉 신토피콘을 만들 수 있다.

주제 통합 독서를 처음 익히는 단계에서는 학급 단위로 교과 독서 주제를 함께 읽는 방법으로 주제 통합 독서와 신토피콘 만들기를 이해하도록 구성할 수 있다.

　교사는 단원 학습을 마치고 난 후, 학습 독자가 교과 주제와 관련된 배경지식을 활성화하여 자신의 흥미와 관심 분야에서 책을 선택하여 읽도록 한다. 그리고 책 선택과 독서의 과정을 공유하고 학습 독자는 문식 공동체에서 공유한 책을 선택하여 함께 읽어 나가면서 주제에 대한 독서 영역을 확대해 나가게 된다.

　문식 공동체에 공유한 도서 목록은 구성원들이 온라인 도서관 자료 검색을 통해 주제와 관련된 자료를 검색하고 그중 독자의 관심 분야와 장르에서 주제의 적합성을 따져 선택한 책 목록이다. 따라서 주제 중심으로 선택한 책 목록은 문식 공동체의 비계 범위에 있으며 성찰을 통한 독서 과정을 공유함으로써 주제에 관한 상호 텍스트성을 더욱 잘 파악할 수 있는 장점이 있다.

　학습 독자는 주제와 관련해 자신의 관심 장르에서 출발하여 문식 공동체에서 공유한 상호 텍스트성을 가진 책을 읽으면서 독서를 확장할 수 있다. 곧 주제 통합 독서의 신토피콘을 만들어 가는 과정으로 볼 수 있다.

　신토피콘을 작성하는 것은 주제 통합 독서의 시작이라고 할 수 있다. 독자는 신토피콘을 한꺼번에 작성할 수도 있고, 선택한 책을 읽고 난 후 상호 텍스트성을 살려 다음 책을 선택해 나가며 신토피콘을 추가해 나갈 수도 있다. 그런 의미에서 신토피콘은 주제를 통합해 가는 독서의 과정에서 독자가 자신의 독서를 주도적으로 조절해 간 발자취를 나타낸다.

　일반적으로 독서는 상호 텍스트성을 살린 독서를 통해 신토피콘을 추가하면서 주제 통합 독서를 해 가는 과정이라고 볼 있다. 학습 독자는 문식 공동체에서 상호 텍스트적 관점에 따라 선택한 목록을 협력적으로 만들고 읽는 동안에 주제 통합 독서를 경험하게 되고, 점진적으로 자신의 탐구 주제에 관한 신토피콘을 만들어 가면서 자신의 주제 통합 독서를 조절하는 능력을 기르게 된다.

나. 함께 만드는 신토피콘

교과 연계 지도 사례

<세종 ㅁ초등학교 윤 교사 지도 >

(1) 학습 순서

① 5학년 인권 프로젝트의 마무리 학습으로 인권을 주제로 학습한 내용을 정리하면서 함께 읽기를 계획한다.

② 온라인 도서관 자료 검색을 활용하여 학습한 배경지식을 바탕으로 '인권'과 관련된 검색어로 책을 검색한다.

③ 청구 기호를 활용하여 학습 독자가 관심을 가지고 읽고 싶은 영역에서 책을 선택하고 읽는다.

④ 책을 읽고 난 후, '내가 소개하는 인권책' 활동지로 공유한다.[43]

⑤ 친구의 추천 글을 참고하여 책을 읽고, '내가 소개하는 인권 책' 활동지에 생각과 느낌을 공유하며 '함께 읽기'를 해 나간다.

⑥ '함께 만드는 신토피콘' 목록을 활용하여 학습 독자는 자신이 선택하여 읽을 신토피콘 목록을 작성하고 주제 통합 독서를 한다.

---

43   온라인 자료 검색의 특징을 살려서 Padlet, Canva, Google 공유 문서 등과 같이 학습자에게 익숙한 온라인 프로그램을 활용하여 활동지를 구성할 수 있다. 학급에서 자주 사용하는 온라인 프로그램을 활용하여 독서 교육 종합 지원 시스템에서 검색한 책 표지와 서지 정보를 올려 두고 추천하는 글을 공유하면 '함께 읽기'가 쉬워질 것이다.

(2) 함께 읽기

■ '내가 소개하는 인권책' (학습 활동 예시)

○ 내가 고른 인권책 - 『내일을 바꾸는 사회 참여』
- 나의 추천사

이 책은 어린이들에게 사회 참여를 알려 주는 책이다. 사회 참여 주제 정하기, 사회 참여 방법 등을 알려 주고 사회 참여를 하고 싶어 하는 사람들도 도와주는 책이다.

- 함께 읽은 느낌 한 줄
  - 우리도 사회 참여를 할 수 있다는 것을 알았고 참여를 하는 방법까지 알려 줘서 정말 좋았다.

○ 내가 고른 인권책 - 『안네 프랑크』
- 나의 추천사

전쟁이라는 어두운 현실 속에서도 꿈을 잃지 않았던 안네. 안네는 자신의 일기로 나치와 히틀러의 잔인함을 알렸다. 안네가 죽은 뒤 안네의 일기가 출간되면서 결국 작가의 꿈을 이룬 안네의 이야기를 담은 책이다.

- 함께 읽은 느낌 한 줄
  - 안네가 어릴 때 얼마나 힘들었는지 상상이 갔다.
  - 나쁜 짓을 한 히틀러가 밉고 안네와 주변 인물들이 당한 일이 슬프다. 수용소에 끌려가지 않도록 비밀 은신처에서 매일 살아갔다는 게 마음이 아프다. 안네의 일기 덕분에 그 당시의 상황을 인지할 수 있어 다행이라고 해야 되나? 아무튼 기록이 남아 다행이다.
  - 안네가 엄청 힘들었을 것 같다. 그것도 어린 나이에. 이 책은 뭔가 슬프고도 흥미로운 책이고 전쟁인데도 열심히 꿈을 이룬 안네! 너무 대단하다.
  - 우리는 전쟁이 없는 세상에 살아서 다행이라고 생각한다.

○ 내가 고른 인권책 - 『노동』
- 나의 추천사

  노동에 관하여 좋은 점과 나쁜 점, 고친 점, 고칠 점을 잘 설명하였다. 이 책을 읽고 나서 노동이 부정적이지만은 아닌 것을 알 수 있었다. 노동에 대해 궁금할 때 읽으면 좋을 것 같다.

- 함께 읽은 느낌 한 줄
  - 노동의 편견을 깰 수 있는 이야기라 재미있고 이해하기 쉬웠다.
  - 노동하면 '힘들다, 돈이 없다'라는 편견이 있었는데 그 편견을 없앤 책인 거 같아 재미있고 인상적이다.

○ 내가 고른 인권책 - 『나는 평화를 꿈꿔요』
- 나의 추천사

  이 책은 전쟁으로 상처받은 세계 어린이들을 돕기 위해 세계 15개 나라에서 공동으로 출간된 작품이고, 옛 유고슬라비아 어린이들이 직접 쓰고 그린 전쟁의 모습이 담겨 있다. 또 이 책은 전쟁 속에서 힘든 날을 보내는 어린아이들의 조그만 희망이 고스란히 담겨 있다. 전쟁터로 들어갔다 아직도 못 돌아온 가족의 이야기, 어느 곳을 가도 위험한 공간뿐인 이야기이다.

  이 이야기는 전쟁과 그 이후의 고통과 슬픔을 담은 것 같다. 그래서 전쟁 후에 평범하게 살아갈 수 없다는 것에 대해 궁금한 사람과 원래 자신이 알고 있는 것보다 더 알고 싶은 친구들에게 이 책을 추천하고 싶다.

- 함께 읽은 느낌 한 줄
  - 전쟁 때문에 많은 아이가 고통스러운 것이 슬프다.
  - 전쟁이 얼마나 무서운 건지 다시 한번 깨달았다.
  - "나는 평화를 꿈꾼다."가 아니라 "나는 평화를 느낀다."라는 말이 나왔으면 좋겠다. 전쟁이 싫고, 환경을 파괴하면서까지 전쟁을 하는 건 더 싫다.

○ 내가 고른 인권책 - 『나의 미누 삼촌』
• 나의 추천사
인권을 잃어버린 사람들의 목소리가 높아진다. 제니, 소반, 썸낭, 테이, 찬드라, 미누라는 사람이 인권이 없었다. 이 사람들이 인권을 찾아가는 방법이 쓰여 있다.

• 함께 읽은 느낌 한 줄
 - 제목이 나의 미누 삼촌이어서 미누 삼촌의 이야기만 있는 줄 알았는데 여러 사람의 이야기가 나와서 인권이 없는 사람들에 대해 잘 알게 되었다.

○ 내가 고른 인권책 - 『오, 미자!』
• 나의 추천사
이 책은 2019년 박숲님이 만든 책입니다. 이 책은 여러 가지 뜻이 있습니다. 첫 번째는 산다는 건 맵거나 쓸 때도 있고, 시거나 짤 때도 있습니다. 달콤한 때도 있고, 이렇게 살아가는 것이 미자라는 뜻입니다. 그리고 단점은 너무너무 재미있어서 더 읽고 싶은데 글이 조금밖에 없는 거고, 장점은 간단하고 빠르게 읽을 수 있다는 것입니다.

• 함께 읽은 느낌 한 줄
 - 표현이 재미있고 쉬워서 읽기 쉬웠다.
 - 짧지만 맛으로 표현해서 기억에 더욱 남는 것 같다.
 - 표현이 재미있고 짧은 책인데도 뭘 표현하고 싶은 책인지 알 거 같다.
 - 글이 쉬우면서도 재미있게 알려 준다.
 - 여러 일을 하는 각기 다른 미자들이 모두 멋져 보였다.
 - 많은 미자가 나와서 재미있었다.
 - 사람들을 미자로 표현한 것이 재밌다.
 - 직업을 미자로 표현한 것이 인상 깊었어요.

○ 내가 고른 인권책 - 『사라, 버스를 타다』
- 나의 추천사

이 책은 어린 소녀 사라가 버스에서 흑인은 뒷자리, 백인은 앞자리에 앉는 이상한 차별을 바꾸기 위해 용감하게 맞서 싸우는 내용이다. 심각한 인종 차별을 자세하게 느낄 수 있다. 친구들이 읽어 보면 정말 좋겠다.

- 함께 읽은 느낌 한 줄
  - 교과서에서도 보았던 이야기를 다시 보니 반가웠다. 그 시대에 차별이 얼마나 심한지 알게 되었다.
  - 사라는 진짜 용기가 있는 것 같다. 그런 사라에게 상을 주고 싶다.
  - 사라는 정말 용감하고 훌륭한 사람인 것 같다.
  - 사라의 용기가 법을 바꾸었다는 것이 대단하다.

○ 내가 고른 인권책 - 『모두가 행복할 권리 인권!』
- 나의 추천사

이 책은 어린이, 장애인, 노인 그리고 흑인 같은 사람들을 차별하지 말아야 한다는 내용들이 있다. 인권은 모두 공평한 기회를 갖으며, 모든 사람이 누리는 권리라는 것을 알려 주는 책이다.

- 함께 읽은 느낌 한 줄
  - 어려운 인권을 쉽게 알게 되어 좋다.
  - 인권에 대해 자세하게 알게 되었다. 인권이나 법을 모르는 사람들이 보면 좋을 거 같다.
  - 쉬운데 간단하게 권리와 인권을 알 수 있어서 좋은 거 같다.
  - 인권을 처음 배우는 아이들한테 보여 주면 도움이 될 듯하다.
  - 협약을 만든 이유, 남자와 여자 모두에게 기회가 있고 모든 생명은 소중하다는 것을 알려 준다.

(3) 함께 만드는 신토피콘

	책 제목	청구 기호
1	블루시아의 가위바위보	813.8 김76ㅂ
2	마하트마 간디	990.8 새52 v.10
3	마더 테레사	990 교15 v.60
4	마틴 루터 킹	998.3 래894ㅁ
5	헬렌 켈러	990 교15 v.72
6	이태석	998.2 서78ㅇ
7	어린이 토론 학교 1. 법과 인권	802.53 우298ㅇ v.1
8	노동	336 오82ㄴ
9	나는 평화를 꿈꿔요	392.1 유198ㄴ c.3
10	동글동글 지구촌 인권 이야기	342.1 신73ㄷ
11	전쟁에 끌려간 어린이 병사	331 치875ㅈ
12	모두가 행복할 권리 인권	342.1 피877ㅇ
13	사라, 버스를 타다	그림책 843 밀294ㅅ c.3
14	인권도 난민도 평화도 환경도 NGO가 달려가 해결해 줄게	361.4 이94ㅇ
15	내일을 바꾸는 사회 참여	308 우298ㄱ v.1
16	투명한 아이	813.8 안38ㅌ
17	카펫 소년의 선물	342.1 셰64ㅋ c.3
18	안네 프랑크	998.8 마54ㅇ
19	안네 프랑크의 일기	859.3 오72ㅇ
20	나의 미누 삼촌	813.8 이292ㄴ
21	오 미자!	그림책 813.8 박56ㅇ

4 학습 독자의 반응 및 기대 효과

가. 책이 뚝딱 나온다

책 선택 학습에서 가장 기억에 남는 활동으로 많은 학생이 온라인 도서관 자료 검색하기를 꼽았다. '독서 교육 종합 지원 시스템, 도서 검색, 인터넷·온라인 책 선택, 태블릿으로 책 찾기, 온라인 도서관 자료 검색, 컴퓨터로 책 찾기, 인터넷으로 도서를 찾고 그걸 빌리는 것'으로 온라인 도서관 자료 검색하기를 표현하였는데 대부분의 학습 독자들은 검색 결과로 책이 '뚝딱' 나오는 것을 신기해했다.

특히 독서 수준이 낮은 독자의 경우, 온라인 검색으로 책이 쉽고 빠르게 검색됨으로써 책 선택의 어려움을 해결하고 독서를 즐겨 하게 되었다. 온라인 도서관 검색 단계는 1차 책 선택 단계로서 온라인으로 선택한 몇 권의 책을 오프라인 도서관에 가서 직접 고르고 선택하는 우선 검색의 단계의 특징을 가진다.

그러나 학습 독자는 온라인 우선 검색 단계에서 선택한 책도 내가 선택한 소중한 책으로 여기며 도서관에서 그 책을 꼭 찾으려는 의지를 보였다. 온라인 도서관 검색 방법은 책 선택 학습에서 가장 늦게 적용한 전략이었는데 책 선택의 어려움을 느끼는 학습 독자에게는 온라인 검색 방법이 선택 범위를 초점화함으로써 인지 부담을 줄이는 효과가 있음이 분석되었다.[44]

---

[44] 도서관 서가에 가지런히 꽂힌 책을 꺼내 보는 것조차 두려워하는 학습 독자가 있다. 스마트 기기 검색에 익숙한 요즘 학습자의 특성을 살려 온라인 도서관 검색 방법을 적절하게 사용할 필요가 있다.

학생의 반응

지혁: 온라인 도서관 자료 검색이 도움이 되었다. / 더 재미있는 책을 선택할 수 있다. / 책 읽기가 재미있어졌다.

지하: 북매치는 일일이 찾아야 해서 힘들었다. / KDC는 작은 숫자(중분류, 소분류)도 찾아야 돼서 힘들었다. / 온라인 도서관 자료 검색은 쉽게 빠르게 되어서 좋다.

민지: 내가 원하는 책이 없었다. / 이제 원하는 책이 생겼다. / 내가 고른 책은 재미가 없어요. / 온라인 도서관 자료 검색이 쉽다.

태민: 책을 안 읽었다. / 지금은 책을 고르고 읽는다. / 더 재미있는 책을 선택할 수 있다. / 선택한 책을 끝까지 읽을 수 있다.

민혁: 온라인 도서관 자료 검색이 어렵지만 신기하고 도움이 된다.

호현: 인터넷으로 도서를 찾고 그걸 빌리는 것 / 온라인 책 선택은 책이 술술 나오니 재미있다. / 책 선택은 처음에는 힘들지만 점점 재미있는 것이다. / 더 재미있는 책을 선택할 수 있다. / 선택한 책을 끝까지 읽게 되었다.

건우: 나는 원하는 책을 잘 선택할 수 있다. / 책을 읽는 것이 재미있어졌다. / 책 선택은 내가 원하는 책을 빠르게 찾을 수 있는 방법이다. / 책 선택 수업은 재미있었고 책 찾는 데 도움이 됐다.

태영: 갯벌에 사는 동물을 다룬 책으로 나의 최애책이다. / 온라인 도서관 자료 검색으로 찾은 책은 나의 최애책이 되었다.

독서 수준이 높은 학습 독자들도 더 재미있고 다양한 책을 찾을 수 있는 방법이라고 평가하며 원하는 책을 우선 검색함으로써 도서관에 있는 시간을 줄이고 책 읽는 시간을 늘릴 수 있다고 하였다.

온라인 도서관 검색 방법을 활용한 학습 독자들은 온·오프라인 도서관의 규모가 같음을 알게 되고 광범위한 영역의 책을 경험하면서 '세상에 책이 많구나'라고 표현하였다.

　온라인 도서관 검색 방법은 온라인 책 선택 공간에 대한 이해와 적용 능력으로 넓은 책 선택 범위에 대한 인지 부하를 처리하는 정보 처리 능력으로 활용되면서 심리적 도서관의 크기를 키우는 효과가 나타났다.

　학습 독자들은 온라인 도서관 검색 방법을 활용하여 주제 통합 검색 전략을 새로운 전략으로 학습하고 적용하는 과정에서 새로운 지식을 알게 되었다는 만족감을 나타내었다. 학습 독자는 온·오프라인 도서관에 대한 시스템 리터러시를 기르면서 독서 환경을 장악하고 조절할 수 있다는 자신감을 드러내었다.

　다문서 읽기, 주제 통합 읽기를 통해 광범위한 영역에서 자신의 독서 목적에 맞게 초점화하는 과정을 학습하면서 광범위한 책의 세상을 접하며 심리적 도서관의 크기를 확충하였다.

나. 주제 통합 독서 효과

　인권 프로젝트의 마무리 학습으로 주제 통합 검색 전략을 활용하여 자신이 관심 있는 영역에서 책을 선택하여 읽기는 주제 중심 독서의 성격을 띤다. 그런데 교과 독서 상황의 주제 중심 읽기는 문식 공동체에서 도서 목록을 공유하면서 주제 통합 독서로 확장되었다. 학습 독자가 주제 통합 자료 검색 방법으로 자신의 관심 분야에서 책을 선택하고 읽는 과정을 성찰하고 공유함으로써 문식 공동체의 비계(scaffolding)에서 신토피콘이 만들어졌다.

　공유된 신토피콘에는 문식 공동체의 비계 범위의 상호 텍스트성이 나타난다. 학습 독자는 프로젝트 학습의 결과에 따른 배경지식을 활용하여 공유된 신토피콘의 책을 선택하였는데, '이름을 알고 있었는데 자세히 알게 되었다', '더 알고 싶었던 이야기였다'라고 상호 텍스트성을 고려한 책 선택의 이유를 밝히고 있다.

이렇게 상호 텍스트성을 고려하여 책을 선택하여 읽고 생각하고 표현하는 과정에서 말하기, 듣기, 읽기, 쓰기 등 언어 기능을 사용하며 적극적으로 자신의 생각을 표현하고 공유하였다.

함께 읽기를 통하여 공감을 하며 독후의 결과를 공유하는 과정에서 인권에 대한 주제를 통합적으로 이해하고, 주제 너머에 있는 개념적 이해에 접근할 수 있었다.

> '평화, 노동, 사랑, 용기, 차별, 외국인 노동자, 침해, 희생, 인종 차별, 장애, 전쟁, 어린이 인권, 행복, 평등, 사회 참여'

그리고 (함께 만든 신토피콘을 활용하여) 역사, 사회, 문학 등 다양한 영역과 장르의 책을 함께 읽고 상호 텍스트성을 살려 주제 통합 독서를 하면서 주제에 대한 깊은 이해를 넘어서 개념에 대한 발견과 전이로 확대되었다.

다. 자기 조절 기능의 진화

학습 독자는 함께 읽기를 통해 주제 통합 독서의 방법을 익혔고, 신토피콘 작성 방법에 대해서 자연스럽게 익혀 나갔다.

주제 통합 검색 전략을 활용하여 독자의 읽기 목적에 따라 책을 선택하여 다문서 읽기와 주제 통합 독서를 경험한 학습 독자는 자신의 스스로 독서를 조절하고 있다는 독자 효능감을 나타내었다.

책 선택 학습에서 다양한 읽기 상황에 따라 적합한 Right Book을 선택하는 리서치 기능에 대한 진화를 인식한 학습 독자는 성공적인 독서 경험을 통해 독자 효능감을 드러내었다. 특히 독자의 읽기 상황과 읽기 목적에 따라 독서 환경을 활용하는 시스템 리터러시는 독자의 배경지식을 적극 활용함으로써 자기 조절 기능에 대한 향상을 스스로 인식하게 하였다.

라. 기대 효과

책 선택의 어려움을 갖고 있는 초급 독자에게 관심과 흥미 영역에서 검색되는 책을 선택하는 온라인 도서관 검색 방법은 학습 독자의 시스템 리터러시를 활용하기에 좋은 방법이다. 학습 독자는 미디어나 디지털 검색에 익숙한 편으로 시스템을 다루는 방법을 지도하면 검색 조건과 방법을 활용하여 Right Book을 선택하는 데 도움이 될 것이다. 우선 검색 단계라 할지라도 자신이 선택한 책을 소중히 여기고 끝까지 찾으려는 태도를 보였는데, 선택이 가지는 주도성의 특징이 온라인 책 선택 단계에서도 나타나므로 학습자의 특성에 따라 온라인 도서관 검색 방법을 잘 활용해 볼 수 있다.

책 선택 학습에서는 초급 독자라 할지라도 교과 독서를 활용하여 주제 통합 독서를 이끌어 낼 수 있다. 주제 통합 독서는 상호 텍스트성을 살려 주제 중심으로 독서를 하면서 주제에 대한 깊은 이해를 넘어서 개념에 대한 발견이나 전이로 확장될 가능성이 높다.

교과 마무리 학습 단계에서는 학습자의 수준에 따라 신토피콘을 만들어 가면서 주제 통합 독서를 지도할 수 있다. 교사는 학습 독자가 주제 통합 자료 검색을 할 때 주제와 연관 지어 검색을 할 수 있도록 돕고 학습 독자가 미흡한 분야를 보충하여 신토피콘 목록을 함께 작성해 갈 수 있다.

신토피컬 리딩, 즉 주제 통합 독서는 주도적인 독서의 방법으로 정보화 시대에 신토피콘을 작성하고 활용하는 기능이 요구되는 독서 방법이다. 학습 독자가 독서 목적에 따라 독자 중심으로 신토피콘을 작성해 가는 과정에서 시스템 리터러시와 정보 리터러시를 기를 수 있다.

이렇게 독자 중심으로 온라인 자료를 검색하는 기능과 태도는 책 선택뿐만 아니라 온라인 포털에서 주어진 자료를 그대로 받아들이지 않고 독자의 목적에 따라 검색하고 여러 자료를 비교하여 비판적으로 읽는 태도와 연관하여 리서치 기능을 신장할 수 있다.

확장하기 팁

■ 내가 만드는 신토피콘

교과 학습의 단원 마무리 학습에 활용할 수 있다. '더 알고 싶어요' 영역에서 주제 통합 자료 검색을 통해 다문서 읽기 수준의 주제 통합 독서를 할 수 있다.

독서 목록을 공유하여 신토피콘을 만들 수 있다. 그중 자신의 관심과 흥미를 발견하고 책을 선택하여 읽고 독서 과정을 공유할 수 있다.

학습 독자가 신토피콘을 활용한 독서에 익숙해지면 프로젝트 학습을 구성하는 데 있어서 신토피콘 목록을 작성한 후 주제 통합 독서로 프로젝트 학습을 해 나갈 수 있다.

■ 함께 만드는 신토피콘 활용하기

학습 독자가 '내가 읽은 책 추천하기(활동지)'를 공유할 때 온라인 자료 검색의 특징을 살려서 학생들이 학습에서 사용하는 온라인 프로그램[45]을 활용하여 활동지를 할 수 있다. 학급에서 자주 사용하는 프로그램을 활용하여 독서 교육 종합 지원 시스템에서 검색한 책 표지와 서지 정보를 올려 두고 추천하는 글을 공유하면 신토피콘에 대한 독서로 확장하기가 쉬울 것이다.

그리고 일정 기간 친구들이 추천한 책을 함께 읽고 '내가 읽은 책 추천하기(활동지)'를 공유하면서 책에 대한 해석에 나타난 다양한 관점을 파악해 볼 수 있다.

마지막으로 학습 독자는 공유된 도서 목록에서 자신이 선택하여 읽은 신토피콘 목록을 작성하고 주제 통합 독서의 독후 결과를 성찰하여 공유할 수 있다.

---

45 Padlet, Canva, Google 공유 문서 등 학습자에게 익숙한 온라인 프로그램을 활용하여 독서 과정을 공유하도록 한다.

4부

다양한 책 읽기 지도의 실제

1장 다양한 책 읽기 지도 절차
2장 다양한 책 읽기 프로그램
3장 교과 연계 지도 사례

1장 다양한 책 읽기 지도 절차

　다양한 책 읽기 학습은 "나의 Right Book은 어떻게 선택할 것인가?"를 탐구하는 과정이다. 학습 독자는 독서 상황에서 자신의 Right Book을 선택하고 읽는다. 독서 상황은 탐구 상황으로 제시되며, 학습 독자는 책 선택 전략을 익혀서 자신의 Right Book을 탐구하는 데 활용할 정보로 결정(informed decision)한다. 따라서 책 선택 전략은 독서 상황에 초점화되어 구성되는데 학습 독자가 Right Book을 탐구할 때 독서 상황에 더 필요한 새로운 관점 및 지식과 기술로 제공된다.

　기본적으로 독서 상황에 따른 다양한 책 읽기 탐구 학습은 1회기를 3차시로 구성하며 독서 과정(전, 중, 후) 전반을 다룬다. 독서의 전 과정에서 학습 독자는 책 선택 전략을 활용하여 '나의 Right Book'을 찾는 과정을 성찰함으로써 책 선택의 지식과 기술을 습득하게 된다.

　따라서 다양한 책 읽기 학습은 학습 독자의 탐구와 성찰의 과정이 중심이 된다. 무엇보다 학습 독자가 독서의 전 과정에서 책 선택 전략을 활용하고 성찰하면서 주도적으로 독서의 과정을 조절하는 데 중점을 둔다. 책 선택 전략을 학습하고 책을 선택하고 읽는 전 과정에서 독자는 자신이 알고 있는 것과 모르고 있는 것, 알게 된 것을 끊임없이 적용하고 조절하게 된다.

　학습 독자는 책 선택과 독서에 대한 성찰을 통하여 스스로 점검하고 조절하는 초인지를 학습의 방법으로 익혀 나가게 된다. 따라서 책 선택 전략을 활용한 자기 주도적인 독서 지도 절차를 구성할 때 책 선택 전략을 학습하고, 책을 선택하여 읽고, 활용한 책 선택 전략을 독서 과정과 결과를 바탕으로 점검하는 모든 절차에 성찰과 초인지를 중점에 둔다. 책 선택 전략을 활용한 독서 지도 절차는 아래 그림과 같이 독서 과정을 따라 크게 '안내하기 - 책 선택하기 - 책 읽기 - 공유·평가하기'로 이루어진다.

[그림 31] **책 선택 전략을 활용한 다양한 책 읽기 지도 절차**

	읽기 전	읽기 전	읽는 중	읽은 후
	책 선택 전략 안내하기	책 선택하기	책 읽기	공유·평가하기
	• 독서 상황 이해하기 • 책 선택 전략 안내하기 • 책 선택 전략 이해하기 • 성찰하기	• 독서 목적 확인하기 • 책 선택 전략 활용하여 책 선택하기 • 책 선택 과정 공유하기 • 성찰하기	• 미리 읽기 – 책의 구조 파악하기 • 선택한 책 읽기 • 연관 지으며 읽기 • 독서 방법 정하여 읽기 • 성찰하기	• 책 선택 과정 공유하기 • 책 선택 전략과 독서 과정 평가하기 • 성찰하기
	1차시	1차시	2차시	3차시
차시 계획	1, 2차시를 연속 차시로 구성하여 학습 독자가 선택한 책을 읽을 시간을 확보한다. 2차시에는 독서 목적에 따른 독서 방법을 정하도록 하고, 차시 이후에 책을 읽을 시간을 충분히 확보한다.			

1 책 선택 전략 안내하기

　책 선택권을 학습 독자에게 주고 스스로 책을 선택하도록 지도할 때 항상 듣게 되는 말이 있다.
　"선생님, 학습만화책 읽어도 돼요?"
　"Why책 읽어도 돼요?"
　"만화책 읽으면 왜 안 되나요?"
　독서 시간을 확보하고 책 선택 기회를 제공하지만 학생들은 늘 책을 선택하는 어려움을 겪고 있다. 책 선택 학습에서는 독서 상황이 탐구 상황으로 주어진다. '자유 독서', '교과 독서', '문학책 독서', '정보책 독서', '주제 통합 독서' 상황을 탐구 상황으로 학습을 초점화하여 계획하므로, 독서 상황에서 "나의 Right Book을 어떻게 선택할 것인가?"라는 질문이 반복된다. 학습 독자는 독서 상황을 인식하고 독서 상황에 따라 Right Book을 선택하고 탐구 활동을 해 나가면서 '나의 Right Book'은 독서 상황에 따라 다르고, 나의 읽기 능력이 향상됨에 따라 달라짐을 이해하게 된다.
　독서 상황에 따라 '나의 Right Book'을 탐구하고, 다양한 책을 읽으면서 학습 독자는 독서의 영역을 확대해 나갈 수 있다.
　안내하기 단계는 이렇게 학습에 계획된 독서 상황을 탐구 상황으로 파악하는 데에서 시작한다. 안내하기 단계는 '책 선택 전략 안내하기', '책 선택 전략 이해하기', '성찰하기'로 구성된다.
　학습 독자는 독서 상황을 이해하기 위하여 자신의 독서 경험에 비추어 다양하게 반응하고 질문한다. 교사는 독서 상황에 대한 학습 독자의 이해와 반응을 듣고 책 선택의 과정과 결과와 관련하여 필요한 질문을 한다. 그리고 새로운 관점 및 지식과 기술로 책 선택 전략을 제시한다.

책 선택 전략을 안내할 때 교사는 독서 상황에 대한 학습 독자의 반응 및 질문과 연관 지어서 적절한 시범을 보인다. 이때 학습 독자는 모둠 활동에서 책 선택 전략에 대한 각자의 독서 경험을 설명하고 공유하면서 책 선택 전략을 이해해 나간다. 학습 독자는 책 선택 전략을 이해하고 자기 점검의 과정을 거쳐 '나의 Right Book'을 선택할 때 활용할 정보로 결정(informed decision)할 것인지 성찰한다.

■ 성찰하기

안내하기 단계에서는 '책 선택 전략 이해하기'에 관한 성찰이 주로 이루어진다.

'나는 독서 상황에 대하여 무엇을 알고 있고 무엇을 더 알아야 하는가?'
'나의 Right Book을 선택하기 위한 새로운 관점과 지식은 무엇인가?'

책 선택 전략을 자신의 Right Book을 선택하는 데 활용하기 위해서 학습 독자는 책 선택 전략을 이해해야 한다. 자신의 독서를 점검하면서 이 전략을 어떻게 정보로 활용할 것인지 결정(informed decision)하게 된다. 그리고 그 정보를 활용하면 어떤 결과가 나올지를 예상하여 짝이나 모둠에 공유한다.

2 책 선택하기

책 선택하기 단계는 앞 단계에서 결정한 정보를 바탕으로 자신의 읽기 목적에 맞는 책을 선택하는 단계이다. 여기에서 이루어지는 활동은

'읽기 목적 정하기', '전략 활용하여 책 선택하기', '책 선택 과정 공유하기', '성찰하기'이다.

학습 독자가 읽기 목적을 정하는 단계는 탐구 상황으로 제시된 독서 상황에 영향을 받게 되어 있어서 학습 독자의 주도적인 독서를 제한할 수도 있다. 그러나 안내된 탐구의 과정으로 학습을 이해하도록 하고 학습 독자가 원할 경우에는 자신의 읽기 목적에 맞는 책을 선택하는 데 책 선택 전략을 활용하도록 한다.

초급 독자는 자신의 읽기 목적을 분명히 하는 데 어려움을 겪는 편이다. 독서 상황에 따라 '문학책 독서'를 '마음에 감동을 주기 위한 독서'로 '정보책 독서'를 '정보를 얻기 위한 독서'로 안내할 수 있다.

'읽기 목적 정하기' 단계에서는 항상 학습 독자의 관심과 흥미 영역에서 책 선택 범위가 좁혀지는 경험을 하도록 하는 데 목적이 있다. 초급 독자는 학습 독자 중심으로 책을 선택하고 읽는 과정을 성찰하면서 '읽기 목적'을 분명히 하는 의미를 점진적으로 깨닫게 된다.

'책 선택 전략 활용하여 책 선택하기'에서는 학습 독자가 안내된 책 선택 전략을 활용하여 책을 선택한다. 이 단계에서 독자는 책을 선택한다는 것은 기준에 따라 판단하고 '던지는' 과정임을 이해하게 된다. 책을 선택하여 읽는 중에라도 독자의 'Right Book'이 아니라면 독자는 '던지고 자신의 책을 다시 선택할 수 있음을 지도하는 데 중점을 둔다.

이때 교사는 학습 독자의 독서 능력을 고려하고 관심과 흥미에서 책을 선택하도록 지도하면서 학습 독자가 활용하기로 결정한 정보(informed decision)을 바탕으로 질문하면서 학습 독자가 자신의 책을 선택하는 과정에서 책 선택 전략을 활용하는 방법을 지도한다.

책 선택하기 단계에서 이루어지는 성찰은 '책 선택 과정을 성찰하고 공유하기'를 중점으로 이루어진다.

> ■ 성찰하기
>
> 책 선택하기 단계에서의 성찰은 '책 선택 과정을 성찰하고 공유하기'로 이루어진다.
>
> '언제 책 선택 과정을 변경해야 하는가?'
> '이 책 선택 기준은 효율적인가?'
> '지금은 무엇을 수정해야 하는가?'
>
> 학습 독자는 책 선택 전략 기준에 따라 책을 선택할 수 있고 기준을 수정하고 변경할 수 있다. 다시 'Right Book'을 선택하는 학습 독자는 자기 점검을 바탕으로 책 선택 전략을 수정·보완함으로써 독서의 과정을 조정해 나간다. 읽기 목적과 자신의 독서 수준에 따라 책 선택 전략을 활용하고 계획을 변경하면서 책을 선택한 과정을 성찰하고 공유한다. 성찰과 공유의 과정에서 학습 독자는 자신이 초인지를 활용한 과정을 스스로 관찰할 수 있게 된다.

3 책 읽기

책 읽기 단계는 학습 독자가 자신의 읽기 목적에 맞게 선택한 책을 읽는 단계이다. 이 단계에서는 선택한 책을 읽을 수 있는 시간적·공간적 환경을 조성하는 것이 우선되어야 한다. 책 선택이 가진 주도성의 특징에 따라 선택한 책을 곧바로 읽고자 하는 독서 동기가 나타나므로 선택한 책을 곧바로 읽을 수 있는 시간을 제공한다면 학습 독자의 독서 동기를 뒷받침할 수 있을 것이다. 따라서 책 선택 학습에서는 책 선택과 책 읽기를 연속 차시로 구성하여 선택한 책을 바로 읽는 시간을 제공한다. 그리고 나머지 책을 읽을 시간을 충분히 제공한 이후에 읽은 후 활동을 3차시로 계획할 필요가 있다. 책 읽기 단계는 '책의 구조 파악하기', '선택한 책 읽기', '성찰하기'로 이루어진다.

책을 선택하는 단계에서 책의 내용을 알기 위해 '훑어보기' 방법으로 대강 '책의 구조 파악하기'를 하지만, 본격적으로 책을 읽기에 앞서 '미리 읽기'로 '책의 구조 파악하기'를 할 필요가 있다. '책의 구조'에 대해 이해하는 것은 '구조에 대한 지식'을 얻을 수 있는 중요한 방법이다. 책을 읽기 전에 책의 구조에 대해 이해하고 이에 맞는 독해 전략을 정하여 책을 읽는다면 더 많은 의미 구성을 할 수 있고, 독서의 과정에서 담화 지식을 쌓을 수 있다.

'선택한 책 읽기'는 책의 구조에 맞는 독해 전략을 정하여 읽는 것이다. 교사는 책의 구조를 파악하는 방법을 안내하고 책의 구조에 맞는 독해 전략을 질문하고 안내할 수 있다. 교사는 학습 독자가 책의 구조를 파악하고 독서 목적에 맞는 독해 전략을 적용할 때 국어과에서 학습한 독해 전략을 적용할 수 있도록 지도할 수 있다. 이는 학습한 독해 전략을 적용하여 읽는 실제적인 독서의 지도 방법이다.

책을 읽는 중에 성찰은 책이 읽기 목적에 맞는지, 독자의 독서 수준에 맞는지, 독해 전략이 적절하여 원만하게 독해가 이루어지는지 점검하기로 이루어진다. 학습 독자는 책을 읽는 중에라도 선택한 책이 독자에게 맞지 않으면 던질 수 있음을 알고, 독자에게 맞는 책을 다시 찾아야 한다. 교사는 학습 독자가 책을 읽는 중에라도 책의 내용이 독자의 사회·문화적 배경에 상처를 준다면 책 읽기를 멈출 수 있음을 지도해야 한다.

> ■ 성찰하기
>
> 　책을 읽는 중에는 '읽기 목적'에 맞는 책인지, 자신의 독서 능력에 맞는지, 독해가 자연스럽게 진행되는지를 스스로 점검하는 성찰이 이루어진다.
>
> 　'책 읽기에서 어려움에 처하면 무엇을 해야 할까?'
> 　'이 책에 효과적인 책 읽기 방법은 무엇이고, 효과가 없는 책 읽기 방법은 무엇인가?'
> 　'책 읽기에 어려움을 느끼는 이유는 무엇인가?'
> 　'책 읽기의 어려움을 해결하기 위해 무엇을 수정해야 하는가?'
>
> 　초급 독자가 독서의 어려움을 해결하고자 할 때는 교사의 도움이 필요하다. 교사는 의미 이해의 어려움을 만나는 학습 독자가 그냥 읽어 나가기만 하거나 한번에 읽기를 멈추지 않도록 독해 전략을 수정·보완하게끔 질문을 통해서 도움을 줄 수 있다.
> 　독서 수준에 맞는 책을 다시 선택하거나, 국어사전의 도움을 받아 가면서 의미를 이해하도록 안내할 수 있다. 그리고 책의 특징에 따라 사진 자료나 도표를 활용하는 방법을 지도할 수 있다.
> 　학습 독자는 성찰을 통해서 수정·보완하는 방법을 학습하고 자신의 독서를 주도적으로 조절하는 과정을 내면화할 수 있다.

4 공유와 평가하기

읽은 후 단계는 독서 상황에 맞는 책을 선택한 탐구의 결과를 정리하는 단계로, 성찰을 통하여 책 선택 과정을 포함한 독서 과정을 평가하고 공유하기가 주를 이룬다. 이 단계는 '책 선택 전략 평가하기', '책 선택 과정 공유하기', '성찰하기'로 이루어진다.

'책 선택 전략 평가하기'에서 학습 독자는 자신이 책 선택 전략을 정보로 활용하기로 결정했던(informed decision) 계획이 어떻게 적용되고 변경되었는지 그 과정을 성찰한다.

'책 선택 과정 공유하기'에서 학습 독자는 책 선택 전략을 적용하고 자신의 읽기 목적에 맞게 책 선택 전략을 활용한 성찰의 과정을 문식 공동체에 공유한다.

책 선택 전략을 학습하고 활용한 구체적인 상황과 결과를 문식 공동체 내에서 공유하면서 학습 독자는 저마다 책 선택 전략을 책 선택에 필요한 지식과 기술로 습득하게 된다. 그리고 동료의 책 선택 과정을 공유하면서 나와 다른 타인의 관점을 발견하고 개별 활동으로서 독서의 과정을 이해하게 된다.

책 선택 전략뿐만 아니라 독서의 과정에 대한 성찰과 공유는 문식 공동체의 사회·문화적 독서 맥락을 이해하는 데 영향을 준다. 동료들이 선택한 다양한 책은 다양한 책의 특성을 이해하는 자료가 되고 학습 독자의 비계 범위에서 새로운 관심과 흥미를 발견하게 한다. 이러한 상이한 배경지식의 공유를 통해 학습 독자는 책 선택과 독서의 영역을 확장해 나갈 수 있다.

■ 성찰하기

읽은 후 단계에서의 성찰은 자신이 사용한 책 선택 전략이 어떻게 적용되고 수정되었는지 과정을 성찰하는 데 주목적이 있다. 결과를 예상하는 선택, 변경된 선택을 경험하고 다음번에 자신이 다시 선택을 한다면 어떻게 할지 성찰하는 과정을 통해 책 선택 전략을 책 선택에 필요한 지식과 기술로 습득하게 된다.

'나의 Right Book을 선택하기에 더 효율적인 방법이 있는가?'
'내가 배운 것은 무엇인가?'
'다음에는 무엇을 다르게 해야 하는가?'
'어떻게 나의 성과를 향상시킬 수 있는가?'

선택에 대한 성찰은 탐구의 결과로서 선택한 책을 읽고 독서가 끝나는 것이 아니라 다음 독서의 시작인 책 선택을 준비하는 과정이라고 할 수 있다. 또한 선택에 대한 개념적 이해를 통해 초인지를 활용하는 방법을 내면화하는 과정이다.

2장 | 다양한 책 읽기 프로그램

　다양한 책 읽기 프로그램은 책 선택 전략을 학습하는 방법이면서, 실제적인 읽기 상황에서 독자가 자신의 책을 선택하고 다양한 읽기 방법을 적용하여 읽는 독서 프로그램이다. 교사는 학습 독자의 수준과 특성을 고려하여 다양한 책 읽기를 지도할 수 있다. 교과 학습의 배경지식을 활성화하고 상호 텍스트성을 고려하여 교과 독서에 활용할 수 있고, 특히 '한 학기 한권 읽기'를 반영한 국어과 독서 단원과 연계하여 활용할 수 있다.
　2015 개정 교육과정에서 신설된 독서 단원(초등학교 3학년~고등학교 지속)은 '독서 준비-독서-독서 후'의 3단계 독서 지도 모형을 적용하여 일련의 독서 과정을 강조하고 있다. 기존의 읽기 학습이 교과서에 제시된 텍스트로 제한되었던 한계를 극복하고자 독서의 전 과정을 다루는 실제 독서를 독서 단원으로 구성한 점에 주목할 수 있다.
　특히 학생들이 다양한 분야의 책을 읽을 수 있도록 독서 준비 단계에서 균형 있게 책을 선정해야 함을 안내하고 있다. 따라서 독서 단원에서는 국어 교과뿐만 아니라 다른 교과와의 통합 운영 방안을 제시하고 있다. 다양한 분야의 책 읽기는 책 선택으로부터 시작한다. 그러므로 독서 단원을 계획할 때 다양한 독서 상황에서 책 선택 전략을 활용하여 책을 선택하고 읽는 다양한 읽기 프로그램을 활용할 수 있다.

1 독자 자기 인식 전략 ABC

전략	선택의 초점화	책 선택 요인	독서 상황	독서 방법	주요 학습 요소	주요 학습 중점
독자 자기 인식		독자 내적 요인	자유 독서		독자 인식 성찰하기	협력적이고 독립적으로 탐구하기

전략	회귀	중심 내용	차시	지도 중점	비고
독자 자기 인식 전략	1	a. 독자의 탄생	1	• 독자 인식 • 문식 공동체 • 독립적이고 협력적인 학습 방법	학습 방법 익히기
			2	• 소그룹 활동 – 장르별 모임	
			3	• 독자의 탄생 – I am a Reader! • 성찰과 공유하기	
	2	b. 독자 자기 점검	1	• 책 선택권 • 독자 자기 점검 • 독자의 관심과 흥미에서 출발 • 안내 없이 스스로 책 선택하기 – Throw it away!	자유 독서
			2	• 책의 물리적 특성 파악하기 • 책 표지에서 찾을 수 있는 정보, 청구 기호 파악하기	책 표지 그림
			3	• 책 표지 그림 그리기 • 성찰과 공유하기	

2 북매치 전략 ABC

전략	선택의 초점화 / 책 선택 요인	독서 상황	독서 방법	주요 학습 요소	주요 학습 중점
BOOKMATCH	텍스트 요인	자유 독서	문학책 독서	연관 짓기	세상과 나를 연결하기

전략	회귀	중심 내용	차시	지도 중점	비고
북매치 전략	1	a. 북매치 criteria	1	• 북매치 criteria 안내하기, 시범 보이기 • 북매치 criteria 활용하여 책 선택하기 • 책 선택 과정 공유하기	자유 독서
			2	• 선택한 책의 표지 정보 살피기 • 던지기 • 책 읽기	
			3	• 북매치 기준 사용 과정 공유하기 • 독후 '연관 짓기' • 성찰과 공유하기	
	2	b. 북매치 – 소설	1	• 북매치 기준 활용하여 책 선택하기	자유 독서 문학책 (소설)
			2	• 작가, 번역가 살피기 • 예상하기 – 목차 읽기(장편, 단편) • 인물 캐스팅하기	
			3	• 독후 연관 짓기 • 인물·사건·배경 파악하기 • 주제 파악하기 • 성찰과 공유하기	

전략	회귀	중심 내용	차시	지도 중점	비고
	3	c. 북매치 - 시	1	• 북매치 활용하여 시집 선택하기 • 시집의 특성 알기	문학책 (시)
			2	• 가장 먼저 읽고 싶은 시 제목 　- 나와 연관 지어 설명하기	
			3	• 비슷한 소재의 시 찾기 • 같은 소재 시의 주제 알아보기 • 성찰과 공유하기	
※ 온라인 도서관 자료 검색 방법을 익힌 이후에					
	4	d. 북매치 - 다문서 읽기 1	1	• 온라인 검색으로 제목이 같은 책 찾아 읽기	자유 독서 문학책 (희곡)
			2	• 다문서 읽기(Double Reading)	
			3	• 독후 연관 짓기, 주제와 관점 파악하기 • 성찰과 공유하기	
	5	e. 북매치 - 다문서 읽기 2	1	• 그 작가의 다른 작품 찾아 읽기	자유 독서 문학책
			2	• 그 소재(제목)가 같은 책 찾아 읽기	
			3	• 독후 연관 짓기, 주제와 관점 파악하기 • 성찰과 공유하기	

3 한국 십진분류표 전략 ABC

전략 \ 선택의 초점화	책 선택 요인	독서 상황	독서 방법	주요 학습 요소	주요 학습 중점
한국 십진분류표 (KDC)	맥락적 요인 (상황 맥락)	교과 독서	정보책 독서	목차 읽기 발췌독 다문서 읽기	비판적으로 생각하기

전략	회귀	중심 내용	차시	지도 중점	비고
pre-KDC	1	a. 우리 도서관에 무지개 기차가 있어요		• 서가 위치 확인하기 활동 • 성찰과 공유하기	
KDC 전략	1	a. KDC 이해하기	1	• 대분류 이해하기 - 도서관 서가와 연결 • 중분류에서 새로운 관심 찾기	자유 독서 정보책
			2	• 목차 읽기, 발췌독	
			3	• 분류별 목차의 특징 파악하기 • 색 띠별 책 바구니, 목차 읽기 • KDC 전략 평가하기 • 성찰과 공유하기	
	2	b. KDC 활용하기	1	• 교과 독서, 목차 읽기 • KDC 활용하여 책 찾기(세 가지 중분류 활용하기)	교과 독서 정보책
			2	• KWL 전략 활용하여 읽기	

전략	회귀	중심 내용	차시	지도 중점	비고
			3	• 목차의 응집성 평가하기 • 목차 읽기 - 물레방아(새롭게 발견한 흥미) • 책 평가하기 • KWLS 전략 평가하기 • 성찰과 공유하기	
3		c. KDC - 다문서 읽기	1	• 교과 독서 - (단원 학습) 프로젝트 학습 마무리 • KDC 활용하여 책 찾기(세 가지 중 분류에서)	교과 독서 정보책
			2	• KWLS 전략 활용하여 읽기	
			3	• 책 평가하기, • 다문서 읽기평가하기 • 더 찾아 읽기 • 성찰과 공유하기	
	4	d. 내가 만드는 KDC 중분류표		• KDC 중분류 탐색하기	자유 독서

4 주제 통합 검색 전략 ABC

전략 \ 선택의 초점화	책 선택 요인	독서 상황	독서 방법	주요 학습 요소	주요 학습 중점
주제 통합 검색 전략	맥락적 요인 (상황 맥락)	교과 독서	주제 통합 독서	다양한 책 읽기	세상의 문제에 대한 관심 갖기

전략	회귀	중심 내용	차시	지도 중점	비고

주제 통합 자료 검색 전략	1	a. 온라인 도서관 자료 검색 방법 익히기	1	• 독서 교육 종합 지원 시스템 활용 방법
				• 작가 정보로 책 찾기
				  – 내가 좋아하는 작가의 다른 작품 찾기
				• 제목이 같은 책 찾기
				  – text to text
				• 온라인 우선 검색 후 도서관에서 2차 책 선택하기
					자유 독서

			2	• 상호 텍스트성을 파악하며 읽기	
			3	• 상호 텍스트성을 활용한 읽기 평가하기 • 성찰과 공유하기	

	2	b. 주제 통합 자료 검색
		
		교과 독서
			1	• 교과 주제로 책 검색하기
				  – KDCN으로 초점화하기
				• 3가지 KDCN 다루기(세 가지 중분류 활용하기)
				  – 연관 짓기로 책 선택하기
				• 1차 책 선택하기
				• 2차 책 선택하기
				• 책 선택 과정 공유하기
					교과 독서
					
					더블 리딩
					
					정보책

			2	• 다문서 읽기 • KWLS 전략 사용하기	
			3	• 독후 활동 – 연관 짓기 • 온라인 책 선택 전략 평가하기 • 다문서 읽기 평가하기 • 성찰과 공유하기	

다양한 책 읽기 프로그램

전략	회귀	중심 내용	차시	지도 중점	비고
	3	c. 주제 통합 독서	1	• 프로젝트 학습 마무리 독서 • 주제어로 검색하기 • 검색된 책을 자신이 좋아하는 분류에서 책 선택하기 • 연관 짓기로 책 선택하기	주제 중심 독서
			2	• 책 선택 과정 공유하기 • 독서 방법 정하기 • 책 읽기	
			3	• 독후 활동 – 다양한 책을 읽고 공유하기 • 함께 만드는 신토피콘 • 주제 중심 독서 방법 평가하기 • 성찰과 공유하기	
	4	d. 내가 만드는 Syn-topicon		• 독서 목적 정하기 　– 세상의 일에 관심 가지기 • 신토피콘 만들기 • 주제 통합 독서 • 성찰과 공유하기	주제 통합 독서

3장 교과 연계 지도 사례

　이번 장에서는 책 선택 전략을 활용하여 다양한 책 읽기를 지도하는 방법을 교과와 연계한 지도 사례 중심으로 안내한다. 기본적으로 책 선택은 독자의 주도적인 독서를 이끈다. 학습을 목적으로 하는 교과 독서 상황에서 독자가 자신에게 적합한 책을 선택하여 읽는다면 이는 학습의 주도성까지 이끌어 낼 수 있다. 교과 학습과 연계하여 다양한 책 읽기를 지도하는 장점은 바로 학습자의 발달과 적합하게 학습을 구성할 수 있다는 점이다. 그리고 학습자는 교과 학습을 통해 다양성을 발견하고 배워 나가는데 학습이 이루어지는 공동체에서 상이한 배경지식을 만나면서 다양한 관점에 대해 더욱 이해하게 된다.

　따라서 우리는 독서와 학습의 과정에서 늘 '선택'에 대해 말하면서 학습자가 주도성을 발휘할 수 있도록 지도해야 한다. 선택의 주도성은 책을 선택할 때마다 학습자로 하여금 그 책의 '독자로 탄생'하면서 주도적으로 의미를 해석해 나가게 한다. 그런데 독자의 주도성을 이끄는 책 선택 학습은 단기간에 끝나는 활동이 아니다. 독서 교육에서 독서를 시작할 때마다 독자가 자신의 독서를 조절하는 과정마다 학습된다. 그러므로 독서 교육에서는 늘 학생들을 '독자'로 인식시키고 다양한 책을 읽는 주도성을 발휘하여 결과적으로 자신의 독자 효능감을 발견하는 데 중점을 두어 지도한다.

다양한 책 읽기 프로그램은 초급 독자가 네 가지 책 선택 전략을 점진적으로 익히는 방법이면서, 실제적인 읽기 상황에서 Right Book을 선택하고 다양한 읽기 방법을 적용하여 읽는 독서 프로그램이다. 교사는 다양한 책 읽기 프로그램의 책 선택 전략을 활용하면서 학습 독자의 특성을 살려 교과와 연계하여 지도할 수 있다. 교과 학습의 배경지식을 활성화하고 상호 텍스트성을 고려하여 교과 독서에 활용할 수 있고, 특히 '한 학기 한 권 읽기'를 반영한 국어과 독서 단원과 연계하여 활용할 수 있다.

1 그림책 찾아 읽기

가. 1학년 국어과 연계

국어과 학습과 연계하여 그림책 서가를 한정하여 다양한 책 읽기를 지도할 수 있다. 그림책은 저학년 교실에서 다양하게 사용되는 학습 자료이기 때문에 그림책 읽기 방법으로 기초 문식성 발달 수준을 고려하여 말하고, 듣고, 읽고 쓰기를 통합적으로 지도할 필요가 있다.

① 한글 자음을 제목으로 찾아 읽기
- 한글 자모를 이제 막 학습한 단계에서 학습하고 있는 'ㄱ, ㄴ…' 자음으로 시작하는 그림책의 제목을 찾는다.
  - 'ㄱ'의 날에 찾은 책 제목(낱말)을 쪽지에 써서 모으고 교사와 함께 읽는다.(그림책에서 그 낱말이 어떤 느낌을 주었는지 설명한다.)
  - 교사와 함께 소리 내어 읽는다.

② 출처 정보 인식하기

- 자신의 '성'에 있는 자음으로 시작하는 글 작가와 그림 작가의 작품을 찾는다. 또는 한글 자음으로 시작하는 작가의 성을 찾는다.
  - 그림책은 글 작가와 그림 작가가 있음을 이해하고, 그림책을 위주로 출판하는 출판사의 출처 정보에 관한 인식을 갖게 할 수 있다. 외국 작가 이름의 특이점을 파악하여 번역 작품임을 이해한다.

③ 연관 짓기로 독후 활동 하기

- 제목이나 내용 중 마음에 드는 낱말을 찾아 모음 수첩에 적는다.
  - 작품 속의 캐릭터가 되어(나와 연관 짓기-text to self)로 좋아하는 그림책의 장면에 포스트잇 등을 사용하여 말 주머니를 붙인다.

[그림 32] 『강아지 똥』 말 주머니

■ 출처: 권정생 글, 정승각 그림, 『강아지 똥』, 길벗어린이, 2012.

독자와 책을 연관 지어 세상을 이해하는 독서를 위해서 초급 독자에게 연관 짓기를 중점에 두고 지도할 필요가 있다. 말 주머니 쓰기는 문식 공동체에서 작품에 공감하게 한다. 자신이 좋아하는 장면을 말하고, 캐릭터가 되어 말 주머니를 쓸 때 아직 쓰기에 익숙하지 않은 경우 학생의 말은 교사가 받아 써 준다. 학생들은 민들레가 핀 마지막 장면을 무척 좋아하였는데, 그 장면의 캐릭터는 돌담이었기에 돌담이 되어 말 주머니를 썼다. 말 주머니를 붙인 『강아지 똥』을 함께 다시 읽었을 때 학생들은 첫 장면 돌담길에 흰둥이가 똥을 눈 곳에서 민들레가 피었음을 새롭게 발견하였다. 그리고 이야기 속의 시간의 변화를 발견하고 그 모든 걸 지켜본 돌담길을 그림책 이야기의 배경으로 이해하였다.

연관 짓기를 통해 자신의 느낌을 말하고, 말 주머니 쓰기를 통해 쓰기의 즐거움을 알았으며, 친구들이 쓴 말 주머니를 읽으면서 공감이라는 경험을 맛보았다.

나. 1·2학년 통합 교과 연계

그림책을 선택할 때 통합 교과에서 학습한 주제와 관련해 책을 선택하여 읽을 수 있다. 학습한 주제와 연관 지으면서 책을 선택하면 자연스럽게 독후 활동까지 연관 짓기를 할 수 있다. 글자뿐만 아니라 그림에서 학습한 내용을 찾을 수 있도록 한다.

① 주제/화제와 연관 지어 제목으로 찾아 읽기
- 각 통합 단원을 마친 이후에 그림책 서가에 한정하여 통합 교과에서 학습한 내용과 연관된 제목으로 책을 찾는다.

- 기초 문식성 발달 단계를 고려하여 제목과 더불어 책 표지 그림에서 관련된 학습 내용을 찾아보도록 지도한다.
- 학생들이 찾은 책을 교사와 함께 읽으면서 통합 교과 단원과 관련하여 마무리 학습을 한다.
- 책을 읽고 난 후, 학습과 연관된 부분을 찾고 학습을 마무리한다.

② 출처 정보 인식하기
- 글 작가와 그림 작가와 출판사 등 출처 정보를 파악한다.

③ 연관 짓기로 독후 활동 하기
- 가장 좋아하는 그림책 장면을 펴서 설명하거나 좋아하는 문장을 찾아서 옮겨 쓰고 공유한다. 같은 책이라도 독자마다 좋아하는 부분(text to self)이 다름을 이해할 수 있도록 학생들이 발견하고 성찰한 부분을 발표하고 공유한다.
- 학생들이 찾은 책으로 학급에 꾸러미를 만들고 일정 기간 동안 함께 읽으면서 통합 교과 단원과 관련하여 연관 짓기(text to text)를 한다.

2 교과 독서 시작하기

내용교과 학습을 시작하는 3·4학년의 경우 단원 학습과 관련하여 해당 서가를 특정하여 정보책 읽기를 안내한다. 이때 학생들이 단원에서 학습한 배경지식을 활성화할 수 있도록 '단원 마무리'와 연계시킨다.

교과 연계 지도 사례

<순천 ㅇ초등학교 김 교사 지도>

(1) 운영 계획

 사회과 학습을 이제 막 시작하는 3학년 단계에서는 교과 단원 학습이 끝난 후에 '단원 마무리' 활동을 교과 독서와 연결한다. '더 알고 싶어요'로 구성하여 단원 학습의 마무리마다 학생들이 자신의 관심과 흥미에서 '더 찾아 읽기'를 할 수 있도록 지도한다.

 학생들이 찾은 책으로 학급에서 꾸러미를 만들고 일정 기간 동안 함께 읽으면서 통합 교과 단원과 관련하여 마무리 학습을 한다. 한 가지 주제에 관하여 다양한 책을 읽으면서 관점이 다양하다는 개념적인 이해를 해 나가도록 지도한다.

 이때 3학년 학생들에게 한국 십진분류표의 체계만을 반복하여 학습시키기보다 단원 학습 주제와 관련된 서가를 탐색하여 책을 찾으면서 한국 십진분류표 체계를 이해하게 한다. 그리고 책이 배열된 학교 도서관 공간을 이해하고 활용하는 방법에 중점을 둔다.

 '단원 마무리' 단계에서 '단원에서 배운 내용을 정리'하고 '공부하면서 새롭게 알게 된 사실이나 더 배우고 싶은' 내용을 중심으로 학생들이 관련된 책을 찾아 읽도록 안내한다.

 먼저 300번 서가를 안내하고, 단원 학습의 결과 더 알고 싶은 내용을 책 제목에서 찾을 수 있도록 한다. '교통수단'과 '통신 수단'과 관련 있는 제목을 찾을 때 '옛날'이나 '미래'를 포함하여 찾도록 안내할 수 있다. 그리고 목차에서 관련 어휘를 찾아볼 수 있도록 지도한다.

(2) 학습 활동

[그림 33] 단원 마무리 – '더 알고 싶어요'

- 3학년 1학기 단원 3. 교통과 통신 수단의 변화
  차시 목표: 단원을 정리하고 더 배우고 싶은 내용을 찾아 읽는다.

○ '교통과 통신 수단의 변화' 단원에서 배운 내용을 정리해 봅시다.
  - 교과서 활용

○ 공부하면서 새롭게 알게 된 사실이나 더 배우고 싶은 내용을 써 봅시다.
  - 교과서 활용

○ 독서 계획을 세워요
  여러분이 알고 싶은 내용에 관한 책은 어떻게 찾을 수 있을까요? 여러분이 생각하는 방법을 이야기해 봅시다.

○ 해당 서가에 가서 '더 알고 싶어요 책'을 찾아봅시다.
  독자가 선택한 '더 알고 싶어요 책'

○ 여러분이 '더 알고 싶어요 책'을 찾은 과정을 친구들과 공유해 봅시다.

○ 선택한 책을 읽고 독서의 과정을 친구들과 공유해 봅시다.
  • 이 책은 '더 알고 싶어요'의 목적에 맞았습니까?
  • 이 책은 독자가 알고 싶었던 것을 충분하게 알게 했습니까?

○ 친구들이 찾은 '더 알고 싶어요 책'을 꾸러미로 만들고 같이 읽어 봅시다.

(3) 기대 효과

① 단원 마무리 학습을 통해 '더 찾아 읽기'를 하면서 '배경지식 활성화 전략'을 학습할 수 있다. 단원 학습과 관련하여 학생이 관심과 흥미를 가진 책을 선택하여 읽는 과정은 책 선택 단계에서도 배경지식이 활성화되고 책을 읽는 과정에서도 배경지식을 활성화시킬 수 있다. 그러므로 단원 학습을 마무리하자마자 연결해서 지도할 필요가 있다.

② 단원 마무리 학습과 연계된 교과 독서를 '더 알고 싶어요' 활동으로 명명함으로써 독자의 주도성을 살리고 있다. 학생이 찾은 책을 '더 알고 싶어요 책'이라고 부르면서 학생들이 교과 독서와 정보책 독서의 독서 목적을 분명히 하게 되는 효과가 있다. 이는 책을 선택하는 단계에서도 더 알고 싶은 부분을 분명히 하면서 책 제목과 목차에서 독서 목적에 집중하여 책을 선택하고 읽게 하는 효과가 있다.

③ 단원 마무리 학습과 관련된 교과 독서를 한 경험을 바탕으로, 교과 학습과 관련된 자신의 관심에 따라 주도적으로 책을 선택하여 읽는 교과 독서를 기대할 수 있고 더불어 자기 주도적 학습력을 기를 수 있는 방법이 될 수 있다.

④ 한국 십진분류 체계를 단원 학습과 관련된 서가를 중심으로 점진적으로 익히면서 학교 도서관에서 책이 배치되는 원리에 관심을 가지고 활용할 수 있다. 그리고 학교 도서관에서 선택한 책으로 학생의 관심도에 맞춰 청구 기호 등을 설명할 수 있다.

3. 독서 단원과 국어과 내 통합

교과 연계 지도 사례

<세종 ㄷ초등학교 김 교사 지도>

(1) 운영 계획

독서 단원은 국어과 내 단원과 통합하여 재구성할 수 있다. 독서 단원에서 선택한 책을 국어 단원 학습의 제재로 사용하여 읽기 방법을 적용하여 실제적 읽기를 지도한다. 그리고 읽고, 생각을 나누고, 쓰는 통합적인 독서 활동을 학습자가 경험할 수 있도록 구성한다.

국어 교과 내 통합	7. 사전은 내 친구(9차시) + 독서 단원(8차시)
단원	7단원. 사전은 내 친구
	독서 단원. 책을 읽고 생각을 나누어요
단원 학습 목표	사전을 활용해 낱말의 뜻을 찾아볼 수 있다.
	책을 끝까지 읽고 중요한 내용이나 인상 깊은 장면을 말할 수 있다.
차시 학습 목표 및 주요 활동	
7. 1~2차시	• 낱말의 뜻을 짐작할 수 있다.
독서 단원 1차시	• 한국 십진분류표(KDC) 이해하기
7. 3차시	• 사전에서 뜻을 찾아 낱말 사이의 관계를 안다.
독서 단원 2차시	• 한국 십진분류표(KDC)를 활용하여 읽고 싶은 책을 정한다.

독서 단원 3차시	• 학교 도서관에서 한국 십진분류표(KDC)를 활용하여 읽을 책을 정하고 내용을 예상할 수 있다.
7. 4~5차시	• 여러 가지 사전에서 낱말의 뜻을 찾을 수 있다.
독서 단원 4~5차시	• 낱말의 뜻을 짐작하며 읽기 – 배경지식을 활성화하며 문장에 쓰인 낱말의 뜻 짐작하기
7. 6~7차시	• 낱말의 뜻을 사전에서 찾으며 글을 읽을 수 있다.
독서 단원 6~7차시	• 국어사전을 활용하며 책을 읽을 수 있다.
7. 8~9차시	• 나만의 낱말 사전을 만들 수 있다. • 책 내용을 간추리고 생각을 나눌 수 있다.
독서 단원 8차시	• 내가 읽은 책에서 찾은 낱말 사전 만들기: 책 내용을 간추리고 나에게 의미 있는 낱말 사전 만들기

(2) 학습 활동

○ 7단원 3차시

'사전에서 뜻을 찾아 낱말 사이의 관계 알기'를 하고 이어서 독서 단원 2차시 '한국 십진분류표(KDC)를 활용하여 읽고 싶은 책 정하기'를 한다.

○ 독서 단원 2차시

[그림 34] **독서 단원 2차시**

※ 다음 물음에 답하여 봅시다.
① 선생님이 불러 주신 낱말을 쓰고, 이 낱말에 포함되는 낱말을 적어 봅

시다. 〈가족〉

② 낱말 중에서 한 개를 고르고, 이 낱말과 관계된 책을 찾아봅시다.
- 내가 선택한 낱말 (   )
- 한국 도서관 십진분류표(KDC) 중 어느 곳에서 책을 찾고 싶은가요?
  (   )
- 왜 그렇게 생각하였나요?
  (   )
- 책의 어느 부분에서 해당 낱말을 찾고 싶은가요?
  (   )

○ 독서 단원 3차시

　학교 도서관에서 한국 십진분류표(KDC)를 활용하여 읽을 책을 정하고 내용을 예상한다. 이때 제목이나 목차에서 상의어와 하의어의 포함 관계 등을 활용하도록 지도한다.

(3) 학습자 반응

① 학생들은 가족에 포함되는 낱말을 적었는데, 친족의 범위뿐만 아니라 햄스터, 고양이, 강아지 등 애완동물을 가족의 범위에 포함한 학생이 많았다. 또한 '사랑', '행복'이나 '인내심', '배려', '싸움'을 가족에 포함되는 낱말로 생각하는 학생이 많았다.

② 가족에 포함되는 낱말 중에서 학생들은 자신이 관심을 가진 사람을 정하고 그 사람에 관한 주제 분류를 한국 십진분류표(KDC) 중분류에서 주제 분류를 결정하였다.

- 할아버지-520 / 농업, 농학-할아버지가 농사를 지으셔서
- 삼촌-550 / 기계 공학-우리 삼촌은 기계를 만져서
- 엄마아빠-590 / 가정학-5월은 가족의 달이니까요?
- 햄스터-490 / 동물학-햄스터는 동물이니 동물학에 있을 거 같아서
- 엄마-370 / 교육학-엄마가 선생님이어서
- 이모-890 / 기타 제문학-이모가 말레이시아에 사시기 때문에
- 엄마-610 / 건축술-엄마가 건축가이기 때문에
- 아빠-410 / 수학-아빠가 수학을 잘해서
- 엄마-590 / 가정학 및 가정생활-엄마에게 요리도 해 드리고 싶기도 하고 가정생활은 어떨까라고 생각해서
- 고양이-490 / 동물학-고양이를 키워서
- 발레-690 / 운동-가족들이 발레리나가 많고 발레를 좋아해서
- 엄마-690 / 예술 - 엄마가 만들기, 그림 그리기를 잘하길 원해서
- 싸움-590 / 가정생활 - 나와 동생이 자주 싸워서
- 할머니-230 / 기독교-할머니가 기독교인이기 때문에
- 외삼촌-220 / 불교-외삼촌이 스님이기 때문에

③ 학생들은 자신이 찾고자 하는 주제와 관련하여 한국 십진분류표 중분류를 정하였고 책 제목이나 목차에서 관심 있는 책을 찾을 계획을 수립하였다.

(4) 기대 효과

① 낱말의 포함 관계를 학습할 때에는 보통 상위어와 하위어 관계를 사전적 의미에서만 파악하게 된다. 그러나 가족에 관한 책을 선택할 때에는 자신에게 의미를 가지는 사람 또는 애완동물에 관하여 더 자세히 알고 싶은 마음에서 독서 동기를 가지고 책을 선택하려고 하였다. 따라서 가족의 직업이나 취미, 종교나 살고 있는 지역, 가족과의 관계 그리고 애완동물을 가족으로 포함하고 돌보는 방법에 관한 책을 적극적으로 찾고자 하면서 독서 목적이 분명해졌고, 한국 십진분류표의 중분류 주제 분류를 더 쉽게 이해하고 활용하게 되었다.

② 학생들은 자신의 독서 목적에 따라 적극적으로 읽을 책을 선택하면서 한국 십진분류표 전략을 활용할 수 있다.

- 애완동물인 고양이와 햄스터를 돌보는 책을 동물학 분류에서 찾을 수 없음을 알게 되었을 때 반드시 관련된 책을 찾고자 하였다. 애완동물을 기르는 일에 관한 책이 590 가정학에 분류되어 있음을 안내하였고, 학생들은 주제 분류의 의미를 이해하고 책을 선택하였다.

- 말레이시아에 살고 있는 이모에 대한 그리움으로 말레이시아에 대한 책을 찾고자 한 학생은 제목이나 목차에서 말레이시아에 대한 정보를 쉽게 찾을 수가 없었다. 따라서 상위어 개념으로 아시아에 관한 제목으로 책을 찾고, 목차에서 말레이시아에 대한 정보를 찾았다. 결국 이 학생은 총류에서 관련된 책을 찾았으며, 큰 도서관을 방문하여 한국 십진분류표를 활용하여 책을 선택해 보기로 하였다.

- 동생과 자주 다투기 때문에 '싸움'에 관한 책을 찾고자 하는 학생에게 심리학 주제 분류를 안내하고 '화', '감정', '마음'에 관한 제목에서 찾기로 안내하였다.
③ 학생들이 읽고자 하는 책을 선택할 때 주제 분류를 정하고, 제목, 목차에서 관련 어휘를 사용하게 되므로 '낱말의 분류', '낱말과 낱말의 의미 관계', '낱말의 확장 방법'과 같은 문법 영역의 성취 기준을 학습하는 데 도움이 될 것으로 기대된다.
④ 학생들이 독서 동기를 가지고 선택한 책이니 조금 어려운 단어가 나오더라도 문장에서 쓰인 낱말의 의미를 적극적으로 짐작하거나 국어사전을 찾아가면서 책을 읽을 것이다.

따라서 독서 단원을 7단원 '사전은 내 친구' 단원과 통합하여 운영함으로써 국어사전을 활용하여 책을 읽는 실제적 읽기를 통해 각 단원의 학습 목표를 효과적으로 성취할 수 있을 것으로 기대된다.

4 독서 단원과 내용교과 통합

(1) 운영 계획

5학년 1학기 독서 단원의 독서 준비 단계에서는 '도서관에서 책을 찾는 방법 알기'를 우리 학교 도서관 둘러보기로 안내하고 있다. 따라서 사회 2단원 '인권 존중과 정의로운 사회'와 통합하여 읽을 책을 한국 십진분류표 전략을 활용하여 선정하고자 한다.

앞서 주제 통합 독서 방법에서 5학년 1학기 사회 2단원 '인권 존중과 정의로운 사회'와 관련하여 학습의 마무리 단계에서 신토피콘을 만들어 가며 읽기를 안내하였다. 이번에는 단원의 도입 단계에서 책을 선택하여 읽는 교과 독서를 안내하고자 한다. 그러므로 독서 단원의 독서 준비 단계와 단원 도입의 차시 통합으로 계획할 수 있다.

(2) 학습 활동

[그림 35] 단원 도입

단원 2. 인권 존중과 정의로운 사회

차시 목표: (독서 단원) 단원을 살펴보고 관심 있는 주제에 관한 책을 선택할 수 있다.

○ 무엇을 배울까요?

○ 한눈에 보아요

소단원	중심어 찾기
1. 인권을 존중하는 삶	
2. 법의 의미와 역할	
3. 헌법과 인권 보장	

○ '중심어 찾기'에서 찾은 단어 중에서 여러분이 잘 알고 있는 단어에 ○표시를, 잘 모르고 있는 단어에는 △표시를, 알고 싶은 단어에는 ◎표시를 해 봅시다.

○ 독서 계획을 세워요
  - 나의 독서 계획

○ 찾은 단어 중에서 자신이 관심을 갖는 중심어는 무엇입니까? 그 주제에 관한 책을 도서관에서 어떻게 찾을 수 있을까요? 여러분이 생각하는 방법을 설명해 봅시다.

○ 한국 십진분류표를 활용하여 원하는 책을 찾는 방법도 살펴봅시다.
  ※ 한국 십진분류표(KDC) 제시하기

○ 내가 읽을 책 내가 선택하기

  Step 1 정보책 선택하기
  - 정보 수집을 위한 책 선택하기
    나는 _____에 대한 정보를 찾으려고 한다.
      ⓚ 내가 _____에 대해 알고 있는 것은
         _____이다.
      ⓦ 내가 책을 찾아 읽고 알고 싶은 것은 _____
         _____이다.

  - 독자가 찾고자 하는 주제는 어느 대분류에 해당합니까?
    (   )
    그리고 어느 중분류에서 그 주제를 찾을 수 있을까요?
    (   )

  - 독자는 그 주제를 어떻게 찾을 수 있을까요?
    〈방법 I〉

① 중분류 (　　　　), (　　　　　　)에서
② 제목이 (　　　　), (　　　　　　)과/와 관련하여 찾고
③ 목차에서 해당 주제가 있는지 살펴봅니다.

〈방법 Ⅱ〉
① 해당 대분류의 중분류(n00)에서
② 제목이 (　　　　), (　　　　　　)과/와 관련하여 찾고
③ 목차에서 해당 주제가 있는지 살펴봅니다.

〈방법 Ⅲ〉
① 000총류에서
② 백과사전류(중분류 030)를 찾아서
③ 목차에서 해당 주제가 있는지 살펴봅니다.

☆ 정보책을 선택할 때는 책에 실린 사진과 그림 자료도 살펴보도록 합니다. 목차에는 책에 담긴 내용의 순서를 제시해 놓았으니 목차를 잘 파악하면 독자가 알고 싶은 내용을 찾는 데 도움이 됩니다.

독자가 선택한 책은
제목: _____
작가: _____
청구 기호: _____

Step 2 책 판단하기

- 이 책은 독자가 읽기에 어렵지 않고 적당한가요?
  (어렵다)　　(적당하다)　　(너무 쉽다)

- 책을 읽기 전에 목차를 먼저 읽어 봅시다.(미리 읽기)

① 독자가 가장 알고 싶은 _____이/가 담긴 소제목은 무엇입니까?

② 독자가 ①번의 소제목 내용을 이해하기 위해서 우선적으로 읽어야 할 소제목은 무엇입니까?

_____

- 이 책은 독자의 독서 목적에 적합하다고 생각됩니까?

          (그렇다)   (아니다)

☆ 책이 너무 쉽거나 어렵다면 책을 다시 찾아봅시다.

☆ 목차에서 독자가 알고자 하는 내용이 없다면 책을 다시 찾아봅니다.

☞ Step 1 로 돌아가세요.

Step 3 책 읽기

- 읽을 소제목의 순서를 정하여 책을 읽어 봅시다.

☆ 읽는 중에라도 책의 내용이 너무 어렵거나 이해하기에 힘이 든다면 독자에게 맞는 책을 다시 선택할 수 있습니다.

☞ Step 1 로 돌아가세요.

☆ 정보책을 읽을 때에는 책에 실린 사진과 그림 자료도 파악하며 읽습니다.

Step 4 책 선택 평가하기

- 책을 읽은 후, 독자가 선택한 책이 독자에게 맞는 책인지 평가해 봅시다.

이 책에는 독자가 알고 싶었던 내용이 있었습니까?

ⓛ 이 책을 읽고 내가 새롭게 알게 된 것은 _____
_____이다.

Ⓢ 내가 더 알고 싶은 것은 _____
_____이다.

- 책 선택 과정과 독서의 과정을 친구들과 공유해 봅시다.
  - 책을 끝까지 읽었습니까?
  - 이 책은 독자의 독서 목적에 맞았습니까?
  - 이 책은 독자가 알고 싶었던 것을 충분하게 알게 했습니까?
  - 책이 너무 어렵거나 쉬웠나요?
  - 이 책은 독자의 Right Book이라고 할 수 있습니까?
  - 한국 십진분류표는 독자의 Right Book을 선택하는 데 도움이 되었습니까?

(3) 기대 효과

① 사회과 학습의 주제는 사회 현상을 다루고 있기 때문에 교과서 수준의 제한된 범위의 자료만으로 학습을 준비하기가 쉽지 않다. 교사는 보통 사회과 단원 학습을 위해 미디어 자료를 포함한 효율적인 학습 자료를 준비한다. 학습 자료를 구성할 때, 사회 현상을 보는 관점에 따라 해석이 달라진다는 점에 집중하여 다양한 관점을 비판적인 시각으로 접근할 수 있도록 중점을 둘 필요가 있다. 특히 초등학생 수준에서 다양한 관점에 대해 인식할 수 있는 자료들에 접근할 수 있는 방법에 대한 안내도 중요하다. 따라서 단원의 도입

에서 학생들이 관심을 가진 주제에 대해 책을 선택하고 단원 학습을 해 나가면서 함께 읽는다면 작가의 관점에 대해 파악하는 데 도움이 될 것이다.

② 학습 공동체에서 선택한 책들을 책 꾸러미로 모아 두고 함께 읽으면서 한 가지 주제에 관한 다양한 관점을 접할 수 있도록 구성할 수 있다. 이렇게 함께 읽는 교과 독서 과정에서 학습 독자는 사회과 학습의 배경지식을 활성화하며 주제 중심 독서 방법을 익힐 수 있다. 그리고 독서 과정을 공유하면서 한 가지 주제에 대한 작가마다의 다양한 관점과 독자마다의 다른 해석을 경험할 것으로 기대된다.

③ 독서 단원을 내용교과 단원과 통합하여 운영함으로써 광범위한 주제와 분야로 독서의 영역을 확장해 나갈 수 있다. 학생들은 내용교과 단원을 학습하면서 자신의 관심과 수준에 맞는 책을 선택하여 주도적으로 독서를 해 나간다.[46] 다양한 책을 선택하는 방법과 배경지식 활성화하기, KWL 전략 등의 읽는 방법을 적용해 책을 읽으면서 독서 단원의 목표에 점진적으로 다가갈 수 있게 된다.

④ 5학년 1학기 독서 단원에서는 한국 십진분류를 활용하여 '도서관에서 책을 찾는 방법 알기'를 안내하고 있다. 스스로 읽을 책을 찾아

---

[46] "학생들이 온 책 읽기와 같이 주어진 책을 읽을 때와 다르게 자신의 관심과 읽기 능력에 맞게 스스로 선택한 책을 읽을 때 몰입도가 높아짐을 관찰할 수 있었습니다. 뿐만 아니라 선택한 책이 자신의 관심에 딱 맞지 않거나 조금 어렵더라도 자신이 선택했기 때문에 끝까지 읽고 싶었다고 말하는 학생들이 있었습니다(세종□초등학교 오 교사 인터뷰)." 학교 현장에서 '온 책 읽기' 또는 '온 작품 읽기'로 불리는 '한 학기 한 권 읽기'의 책을 선택할 때, 학년 단위나 학급 단위로 결정하면서 '온 책'을 주어진 읽기로 인식하게 된다. 따라서 학습자의 관심과 수준에 맞는 책을 선택하여 독서 단원을 학습할 필요가 있다.

읽는 독서의 과정을 지도하는 독서 단원에서 학생들이 학교 도서관을 활용하는 방법은 매우 중요한 시스템 리터러시에 해당한다. 학생들은 내용교과와 관련된 책을 선택하여 광범위한 영역에서 책을 선정함으로써 학교 도서관을 활용하는 방법을 익히게 된다. 이렇게 향상된 시스템 리터러시를 바탕으로 독서 목적에 따라 우리나라의 공공 도서관을 자유롭고 효과적으로 활용할 수 있을 것으로 기대된다.

제안하기

모든 교육이 그러하지만 독서 교육의 가치는 독서를 통해서만 학습되고, 습관화되고 난 후에 즉 독자로 성장한 이후에 인지하게 된다. 그러한 이유로 독서 교육의 현장에 있는 교사와 학교 도서관은 다양한 방법으로 학생들을 책 가까이로 이끌고자 노력하고 있다.

나는 오랜 관찰의 결과로 독서와 독서 지도에 대한 교사의 관심과 역량의 차이, 학교 도서관 운영의 차이가 학생들의 독서에 미치는 영향이 매우 크다는 것을 알게 되었다. 그리고 학생들이 국어과에서 학습한 독서 방법을 활용하여 실제적으로 읽어야만 독서 능력이 길러진다는 점을 생각하면 지금 우리 학교 현장에서 나타나는 국어과 학습과 학교 도서관의 괴리는 학생들의 독서 지도에 부정적인 영향을 주고 있다.

기본적으로 학교에서는 업무의 공간으로서 교실과 도서관을 나누고 있다. 독서를 지도하는 교사는 국어과 학습뿐만 아니라 독서 시간을 확충하여 학생들에게 독서의 즐거움을 알게 하고자 노력하나 학생들의 책 선택과 관련하여 도서관 활용에 관한 지도이기에 학교 도서관 사서(교사)의 역할이라고 생각한다. 한편 학교 도서관의 사서(교사)는 대출 반납의 업무를 주로 하며 도서관 중심으로 특색 있는 독서 프로그램을 구성한다.

책 선택 학습을 진행하다 보면 학생들이 한국 십진분류표를 활용하는 방법뿐만 아니라 한국 십진분류표에 의해 배가된 서가의 위치조차 잘 파악하지 못함을 발견한다. 학생들이 학교 도서관을 활용하여 책을 읽고 있지만 고학년 학생들조차도 한국 십진분류표를 새로운 지식으로 받아들이고 있다.

이는 독서를 지도하는 교사가 책 선택이 독서에 포함됨을 인지하지 못한 결과이다. 책 선택을 독서 전에 끝나는 단계로 보고 학교 도서관에서 이루어지는 행위로만 보았기 때문에 책 선택의 어려움이 독서의 방해 요인임을 인식하지 못하고 해결 방법을 제시하지 못하였다. 학교 도서관 또한 학생들에게 도서자료의 대출 반납 방법을 위주로 도서관 활용 지도를 하였기 때문에 학교 도서관은 독서 습관이 잘 형성된 학생들만의 서가로 사용되고 있다.

독서는 복합적인 사고 과정이기에 다양한 장면에서 학생들의 독서가 영향을 받는다. 그런 이유로 국어과 교육과정에서는 교실뿐만 아니라 학교 차원에서 다양하고 풍부한 독서가 가능한 환경을 구축함으로써 학생들의 폭넓은 독서 경험을 지원해야 함을 강조하고 있다.

학생들의 자율적인 책 선택 능력은 자기 주도적 독서의 바탕이 되므로 독서 교육에서 책 선택 방법을 지도해야 한다. 책 선택의 과정은 다양한 요소에 의해 영향을 받으나 그중에 학생들이 주로 책을 선택하는 공간인 학교 도서관의 시스템을 알고 활용하는 시스템 리터러가 책 선택뿐만 아니라 독서의 결과에 큰 영향을 준다는 점을 고려할 필요가 있다.

그러므로 나는 모든 교사가 학생이 책을 선택하는 학교 도서관의 온·오프라인 시스템에 대해서 잘 알고 있어야 한다고 생각한다. 국어과에서뿐만 아니라 자신이 가르치는 교과 학습과 관련된 책이 학교 도서관에 확충되어 있는지 확인하고 학교 도서관에서 교과 학습과 관련한 책을 선택하여 읽을 수 있도록 안내해야 한다. 즉 교과 독서의 시작도 책 선택에서 시작하기 때문이다.

학생들과 교사가 학교 도서관을 활용하여 책을 선택하는 방법을 익히고 사용하기 위하여 학교 도서관의 지원이 필요한 부분이다. 독서 단원이 초등학교 3학년부터 고등학교까지 교육과정에 포함된 만큼 학교 도서관은 교육과정을 지원하는 역할로서 학생들이 온·오프라인 학교 도서관에 관한 시스템 리터러시를 기를 수 있도록 지원해야 한다.
　자기 주도적 독자를 기르고자 하는 독서 교육의 중심축인 학교 도서관과 교과 수업이 연계하여 효과적인 독서 교육이 이루어질 수 있도록 협력할 필요가 있다.

참고 문헌

1. 단행본

남태우(2015), 『지식 구조론 제 1권』, 서울:한국도서관협회.

방인태 외(2007), 『초등학교 독서 교육』, 서울:도서출판 역락.

박주현·이명규(2016), 『아동 독서 지도에 필요한 독서 태도 검사의 이해와 실제』, 광주:전남대학교 출판부.

신헌재 외(2000), 『독서 교육의 이론과 방법』, 서울:박이정.

오길주(2014), 『현장 적용을 위한 독서 교육의 이해』, 서울:도서출판 기역.

오동근·여지숙·배영활(2014), 『한국 십진분류법 제6판의 이해와 적용』, 대구:태일사.

이경화(2001), 『읽기 교육의 원리와 방법』, 서울:박이정.

이경화·박영민 외(2007), 『교과 독서와 세상 읽기』, 서울:박이정.

한국도서관협회 편(2013), 『한국 십진분류법, 제6판』, 서울:한국도서관협회.

한철우 외(2007), 『표준화 독서 능력 및 독서 태도 환경 진단 검사 개발 연구』, 독서능력진단검사 개발위원회.

Anne Polselli Sweet·Catherine E. Snow(2003), 엄해영 외 옮김(2010), 『Rethinking Reading Comprehension』, 서울:한

국문화사.

Eugene H. Cramer·Marreitta Castle(1994), 이경화 외 옮김(2017), 『행복한 독서를 위한 독서 태도 교육』, 서울:박이정.

Gretchen Owocki(2003), 천경록·조용구 옮김(2013), 『유·초등 독서지도』, 서울:박이정.

Irwin, J. W.(2012), 천경록·이경화·서혁 옮김(2013), 『독서 교육론』, 서울:박이정.

Mortimer J. Adler·Charles Van Doren(1972), 오연희 옮김(1997), 『논리적 독서법』, 서울:한국도서교육연구원

Jay McTighe·Grant Wiggins(2013), 정혜승·이원미 옮김(2016), 『핵심 질문』, 서울:사회평론아카데미.

Kath Murdoch(2015), 『The Power of Inquiry』, Seastar Eucation, Australia.

Linda Wedwick·Jessica Ann Wutz(2008), 『BOOKMATCH: How to scaffold student book selection for independent reading』, International Reading Association, Inc, USA.

Maurren McLaughlin·Glenn L. DeVoogd(2004), 이경화 외 역(2018), 『다양한 관점으로 세상 읽기』, 서울:미래엔.

2. 논문 및 학술지

강미정(2016), 「해소되지 않은 질문(lingering question)이 텍스트 선택과 담화 종합에 미치는 영향 – 정보 텍스트를 대상으로 –」, 『청람어문교육』, 제58집, 청람어문교육학

회, pp. 7~36.

강혜진(2000), 「읽기 교육의 최근 동향과 국어 교육에의 시사」, 『국어교육학연구』, 제10집, 국어교육학회, pp. 107~139.

공혜란(2017), 「상호 텍스트성 기반 읽기 지도 프로그램이 초등학생의 독해력과 독서 태도에 미치는 영향」, 가톨릭대학교 교육대학원 석사 학위 논문.

권은경(2012), 「독서 태도와 읽기 성취도 분석이 시사하는 학교 도서관 독서 교육의 방향」, 『학교도서관·정보학회지』, 제43권 4호, 한국도서관·정보학회지, pp. 139~164.

김도남(2000), 「상호 텍스트성을 바탕으로 한 읽기 수업 방법 탐구」, 『한국초등국어교육』, 제17집, 한국초등국어교육학회, pp. 5~37.

김순남 외(2012), 『초중등학생의 독서 실태 진단 및 활성화 방안 연구』, 한국교육개발원.

김은하(2005), 「권장 도서 목록을 버려야 하는 이유: 어린이도서연구회 권장 도서 목록 비판」, 『창비어린이』, 가을호, pp. 49~67.

김윤옥·신의경(2022), 「총체적 언어 접근에 기반한 기초 문식성 지도 사례 연구」, 『새국어교육』, 제130호, 한국국어교육학회, pp. 169~201.

김지은(2014), 「자기 선택적 진로 독서 프로그램이 특성화 고등학교 학생들의 읽기 동기에 미치는 영향 연구」, 한국교원대학교 교육대학원 석사 학위 논문.

김현주(2014), 「교과 통합을 활용한 주제 통합적 독서 교육 방안 연구」, 경북대학교 석사 학위 논문.

류보라(2010), 「청소년 독자의 독자 인식과 독서 실행 연구」, 『독서연구』, 제24집, 한국독서학회, pp. 259~287.

_____(2013), 「청소년 독자의 독서 경험 특성 연구」, 『새국어교육』, 제94호, 한국국어교육학회, pp. 109~131.

박수자(2005), 「교과 교육과 독서 지도의 방향: 교과 독서의 본질과 과제」, 『독서연구』, 제14집, 한국독서학회, pp. 35~54.

박영목(2000), 「독서 교육 활성화 방안 연구」, 『국어교육』, 제103권, 한국어교육학회, pp. 1~51.

박영민·최숙기(2008), 「읽기 동기 신장을 위한 자기 선택적 독서 프로그램 구성 방안」, 『독서연구』, 제19집, 한국독서학회, pp. 201~228.

박정진(2014), 「"주제별 통합 독서(신토피컬 리딩)"의 의미와 독서 교육적 맥락」, 『독서교육』, 제32집, 한국독서학회, pp. 191~212.

박주현(2016), 「독서 태도에 관한 암묵적 지식 연구 – 사서 교사와 초등 교사 및 초등학생의 인식 조사를 중심으로 –」, 『한국도서관·정보학회지』, 제47권 1호, 한국도서관·정보학회지, pp. 305~337.

신의경(2018), 「책 선택 전략을 활용한 독서 지도 방안 연구」, 한국교원대학교 대학원 석사 학위 논문.

오미진(2007), 「자기 효능감에 따른 과제의 선택 범위와 경쟁이 과제 흥미에 미치는 영향」, 고려대학교 교육대학원 석사 학위 논문.

왕효성(2014), 「청소년 독자의 도서 선정과 준거에 관한 연구: 자유 독서와 학습 독서 상황을 중심으로」, 고려대학교 대학원 박사 학위 논문.

원진숙·윤준채·전아영(2002), 「SSR 활동이 학습자의 읽기 태도 및 읽기 이해에 미치는 영향」, 『국어교육』, 제108권, 한국어교육학회, pp. 181~207.

이병기(2012), 「'위대한 저서'의 토픽 색인, 신토피콘의 구조와 효용성 분석에 관한 연구」, 『한국문헌정보학회지』, 제46-2호, 한국문헌정보학회, pp. 5~28.

이경화(2005), 「교과 학습 독서와 독서 교육의 방향」, 『학습자중심교과교육연구』, 제10호, 학습자중심교과연구학회, pp. 145~162.

_____(2012), 「독서, 교과 수업과 어떻게 연계되어야 하는가?」, 『초등교과교육연구』, 제15호, 한국교원대학교 초등교육연구소 pp. 93~108.

이경화·신의경(2017), 「다양한 책 찾아 읽기 지도 현황 및 개선 방안」, 『초등교과교육연구』, 제26호, 한국교원대학교 초등교육연구소, pp. 59~75.

이성영(2011), 「초등 중학년의 읽기 학습 과업」, 『한국초등국어교육』, 제45집, 한국초등국어교육학회, pp. 154~178.

이연옥(2011), 「초등학교 학생들의 독서 태도에 관한 연구」, 『한국도서관·정보학회지』, 제42권 3호, 한국도서관·정보학회지, pp. 293~309.

이지영·박소희(2011), 「초등학생의 책 선택 요인에 대한 이론적 고찰」, 『한국초등국어교육』, 제46집, 한국초등국어교육학회, pp. 269~299.

이재기(2006), 「사회 구성주의 관점에서의 독자 – "결정"과 "자율"의 사이에서 성찰하는 독자 –」, 『독서연구』, 제16집, 한국독서학회, pp. 77~109.

이현진(2015), 「권장 도서 목록에 대한 교사 인식과 선정 실태 연구」, 『독서연구』, 제35집, 한국독서학회, pp. 196~227.

이희정(2010), 「자기 선택적 독서 프로그램의 효과 분석」, 한국교원대학교 교육대학원 석사 학위 논문.

전제응(2005), 「읽기 성취 수준에 따른 읽기 동기 유형 연구」, 한국교원대학교 대학원 석사 학위 논문.

정옥년(2007), 「독서의 정의적 영역과 독서 발달」, 『독서연구』, 제17집, 한국독서학회, pp. 139~180.

정진수(2011), 「어린이 독자의 도서 선택에 관한 연구」, 『한국문헌정보학회지』, 제45권, 한국문헌정보학회, pp. 417~437.

정혜승(2006), 「읽기 태도 구인과 검사 도구의 요건」, 『국어교육연구』, 제27권, 국어교육학회, pp. 467~492.

진선영(2011), 「독서 태도 향상을 위한 학교 도서관 활용 수업 연구」, 인천대학교 교육대학원 석사 학위 논문.

최민지(2015), 「주제 통합적 교과 독서 프로그램 개발 연구」, 서울교육대학교 교육전문대학원 석사 학위 논문.

한철우(2005), 「교과 교육과 독서 교육: 학교 독서 지도의 방향과 과제」, 『독서교육』, 제14집, 한국독서학회, pp. 9~33.

Alfie Kohn(1993), 「Choices for Children: Why and How to Let Students Decide」, PHI DELTA KAPPAN, September.

Bernice E. Cullinan(2000), 「Independent Reading and School Achievement」, School Library Media Research, Volume 3, pp. 1~24.

Brenda Steind Dzaldov & Shelley Pereson(2005), 「Book leveling and readers」, The Reading Teacher, Vol. 59, No. 3, pp. 222~229.

Broz, B. & Dunn, S(2003), 「Supporting and Teaching Student Choice Offering Students Self-Selected Reading: The Professional Resource Connection」, ALAN REVIEW, Vol. 31, No. 1.

Donovan, C. A.·Smolkin, L. B.·Lomax, R. G.(2000), 「Beyond the independent-level text: Considering the reader-text match in first graders' self-selections during recreational reading」, Reading Psychology, 21(4), pp. 309~333.

Elizaveth J. Sewell(2003), 「Student's Choice of Books During Self-Selected Reading」, Graduate Student Spring.

Jennifer Lynn Shaffer(2007), 「Readers' workshop: Giving students time, choice, and flexibility in the classroom」, University of Northern Iowa Graduate Research Papers.

Kara Reuter(2008), 「Teaching Effective Book-Selection Strategies and Inspiring Engaged Readers in the

Library Media Center」, *Library Media Connection*, April/May, pp. 18~20.

Kathleen Rogers(2008), 「A Practical Guide to Selecting "Just Right" Books for Independent Reading」, *www.readingtogether.org*.

Linda Giordano(2011), 「Making Sure Our Reading "CLICKS"」, *The Reading teacher*, 64(48), pp. 612~619.

Mackey, M(2014), 「Learning to choose: The hidden art of the enthusiastic reader」, *Journal of Adolescent & Adult Literacy*, 57(7), pp. 521~526.

Samuel S. Wineburg.(1991), 「On the Reading of Historical Texts: Notes on the Breach between School and Academy」, *American Education Research Jorurnal*, 28(3), pp. 459~519.

Sherry Kragler·Christine Nolley(1996), 「Student Choices: Book Selection Strategies of Fourth Graders」, *Reading Horizons*, 36(4), pp. 354~365.

Sherry Sanden(2014), 「Out of the Shadow of SSR: Real Teachers' Classroom Independent Reading Practices」, *Language Arts*, Volume 91, Number 3, pp. 161~174.

Wutz, J.A.·Wedwick, L.(2005), 「BOOKMATCH: Scaffolding book selection for independent reading」, *The Reading Teacher*, 59(1), pp. 16~32.

3. 검색 자료

2009 개정 국어과 교육과정, 2022 개정 국어과 교육과정, 한국교육과정평가원 국가교육과정정보센터(http://www.ncic.go.kr)

4. 사진 자료

Leveled Reading-Castlewood Library' E-mail(Arapahoe Libraries)

독서로 자료 화면(https://read365.edunet.net/PureScreen/SchoolSearch?schoolName=미르초등학교&provCode=I10&neisCode=I100000122)

독서 교육 종합 지원 시스템 자료 화면 - 세종 미르초등학교 독서 교육 종합 지원 시스템(https://reading.sje.go.kr/r/newReading/search/schoolSearchForm.jsp)

Banned books - ISB Library(https://www.isb.ac.th)

5. 내용 출처

'독자의 탄생' 활동지 - Shull, Jill(Haycock Elementary School teacher)

부록

Questions for sixth Graders Willing to Share Book wisdom with younger students

Mrs. Shull's 6th grade class of 2018

Haycock Elementary School

1. When did you become a reader?
2. What was your experience like learning to read?
3. What books and authors did you really enjoy when little?
4. Do you have a favorite memory from reading when younger? If yes, please share.
5. Where is your favorite place to read? Why?
6. What do you think about audio-books and e-books?
7. What do you usually like better the book or movie? Why?
8. Do you have any favorite authors or series now? If so, what makes them so good?
9. Do you have any favorite genres?
   If yes, what do you like about them? dystopian?
10. Do you have any favorite topics or sections when it comes to nonfiction?
    If yes, please share.
11. What makes a book interesting to you?
12. Has a book ever surprised you?

If yes, please share an example.(Ideas to get you thinking: the ending was different than you thought it would be, a character changed, etc)

13. If you could meet one author, who would it be? why?
14. Would you read a book with an ugly cover? mortal?
15. Do you have a reading plan of books or topics you hope to read about in the future?

    If yes, please share.
16. Has a book ever changed your opinion?

    If yes, please share an example
17. What advice would you give younger student when it comes to reading?
18. Are there any books or authors you think younger student should read?
19. How have books changed your life?
20. How books have helped me a ton in my life?

**한국초등국어교육연구소
미래엔 연구총서**

1. 상호주관성에 바탕을 둔 화법 교육
2. 쓰기 전이와 글쓰기 교육
3. 국어 수업 연구자로서 교사의 수업 전문성
4. 쓰기 멈춤 현상과 쓰기 교육 이해
5. 텍스트 기반 어휘 교육
6. 문학 교육에서의 태도 교육 내용 연구
7. 통일시대 국어과 교과서를 위한 남북한 전래 동요 연구
8. 한 학기 한 권 읽기를 위한 다양한 관점으로 세상 읽기
9. 문화능력을 기르는 세계동화 독서지도
10. 세상을 향한 첫걸음 한글 교육 길라잡이
11. 초등학교 국어 교과서 집필진이 쓴 한 학기 한 권 읽기 길라잡이
12. 깊이 있는 배움을 위한 사회 교과서·과학 교과서의 학습 읽기와 학습 쓰기 활동
13. 문학적 마음, 서사, 그리고 교육
14. 디지털 글쓰기 소통 양상과 교육적 수용
15. 가상 놀이를 통한 이야기 창작 교육
16. 한 학기 한 권 읽기를 위한 주제 중심 독서
17. 예비 교사와 현장 교사를 위한 초등학생 국어 오개념 바로잡기
18. 똑소리 나는 우리말 실력
19. 한 학기 한 권 읽기 토의, 토론 수업
20. 디지털 문식성과 인터넷 텍스트 읽기 교육
21. 작문 능력 신장을 위한 메타언어적 인지 교육
22. 동화 감상 교육의 공간적 접근
23. 놀이 중심 한글 지도를 위한 한글, 놀이로 배워요
24. 국어과 교육과정과 학습자 중심 국어 교육
25. 인물의 정념 이해와 서사 감상 교육
26. 국어과 의사소통 역량 평가
27. 다중 텍스트 몰입 읽기 교육의 뇌 과학적 접근
28. 서사 교육과 윤리적 판단
29. 학습자의 가능 세계 구성과 문학 교육
30. 정동 중심 쓰기 교육
31. 쓰기에서 긍정적 필자 정체성 교육
32. 교실에서 바로 적용하는 초등 쓰기 교육론
33. 집단과 조직을 살리는 협력적 의사소통의 기술